市场研究——数据技术与情境案例

曾宇容　杨　静　杨菊萍　主　编

电子工业出版社
Publishing House of Electronics Industry
北京·BEIJING

内 容 简 介

本书融合"管理学+社会学+数据技术"多学科领域，渗透了管理学中"计划、组织、领导、控制"的基本思想，融入了社会调查的基本方法，同时将数据技术与市场研究的传统理念和情境案例融合起来，响应信息时代，将大数据技术和人工智能技术应用于市场研究领域。

在理论上，本书按照"设计调查方案→选择调查方法→选择调查工具→设计抽样方法→收集现场数据→整理数据资料→分析数据→撰写调查报告"的流程进行编排，符合市场研究的工作过程，有助于读者完整地体验工作方法和内容；在操作上，本书不仅有详细的操作步骤，还配有操作视频，使读者可以跟着步骤和视频进行学习。

本书既可作为高等院校工商管理类专业"市场研究""市场调查与分析"等相关课程的教学用书，也可作为"挑战杯"全国大学生课外学术科技作品竞赛、"挑战杯"中国大学生创业计划竞赛的参考书，亦可作为从事经济管理、市场营销等工作的人员的学习用书。

未经许可，不得以任何方式复制或抄袭本书之部分或全部内容。
版权所有，侵权必究。

图书在版编目（CIP）数据

市场研究：数据技术与情境案例 / 曾宇容, 杨静, 杨菊萍主编. -- 北京：电子工业出版社, 2024.8.
ISBN 978-7-121-48419-3
Ⅰ. F713.52
中国国家版本馆 CIP 数据核字第 2024GH6424 号

责任编辑：刘　洁
印　　刷：三河市龙林印务有限公司
装　　订：三河市龙林印务有限公司
出版发行：电子工业出版社
　　　　　北京市海淀区万寿路 173 信箱　邮编：100036
开　　本：787×1092　1/16　印张：14.5　字数：368 千字
版　　次：2024 年 8 月第 1 版
印　　次：2024 年 8 月第 1 次印刷
定　　价：49.80 元

凡所购买电子工业出版社图书有缺损问题，请向购买书店调换。若书店售缺，请与本社发行部联系，联系及邮购电话：(010) 88254888，88258888。
质量投诉请发邮件至 zlts@phei.com.cn，盗版侵权举报请发邮件至 dbqq@phei.com.cn。
本书咨询联系方式：(010) 88254178，liujie@phei.com.cn。

前　言

习近平总书记在党的二十大报告中对"办好人民满意的教育"作出战略部署，强调"坚持教育优先发展""加快建设教育强国"，充分体现了教育的基础性、先导性、全局性地位和作用，为到2035年建成教育强国指明了前进方向。

消费升级是我国经济平稳运行的"顶梁柱"，也是高质量发展的"助推器"，更是满足人民美好生活需要的直接体现。我国已经进入了消费升级的窗口期，"促消费，稳经济"成为经济发展的关键任务。企业只有科学地认识市场，在充分了解消费者需求的基础上将市场需求和创新思维结合起来，并根据市场的变化快速调整自己的营销策略，才能在竞争中立足。市场研究是企业搜集、整理、分析市场信息的重要手段，也是企业实现科学化管理、贯彻市场导向理念、形成核心竞争力的基础条件。

随着我国企业营销实践的不断发展和市场营销教育的逐步深入，"市场研究"作为一门实践性很强的应用型课程，受到高等学校市场营销、工商管理等专业的学生以及企业管理者的重视。在此背景下，本书编者总结了多年的教学经验和实践经验，编写了本书。具体来说，本书具有以下特点。

（1）体现"新文科"教材的特点

本书融合"管理学+社会学+数据技术"多学科领域，渗透了管理学中"计划、组织、领导、控制"的基本思想，融入了社会调查的基本方法，同时将数据技术与市场研究的传统理念和情境案例融合起来，响应信息时代，将大数据技术和人工智能技术应用于市场研究领域。

（2）"理论+操作实践+情境案例"教学

本书按照"设计调查方案→选择调查方法→选择调查工具→设计抽样方法→收集现场数据→整理数据资料→分析数据→撰写调查报告"的流程进行编排，符合市场研究的工作过程，有助于读者完整地体验工作方法和内容；同时，本书不仅有详细的操作步骤，还配有操作视频，使读者可以跟着步骤和视频进行学习。

（3）融入思政教学

本书使用大量情境和案例，突出国内品牌在市场中的优异表现，激发读者的爱国情、强国志、报国行。一方面，国内品牌的案例可以让读者了解中国品牌在市场研究与分析领域的建树；另一方面，行业、居民生活的调查可以让读者对中国的现状有更深入的认识，培养读者的爱国热情。同时，本书注重引导读者培养实事求是、诚实守信的优良品质；尊重数据、尊重实际的市场研究基本素质；钻研探索、追求真理的科学精神。

（4）易读、易学、易用

本书内容丰富、版式灵活，尽量用图表的形式表达知识点，增强读者的学习兴趣，提高读者的学习效率。本书引入了较多案例和示例，有利于读者更快、更好地掌握知识点，同时穿插了一定的情境，以问题导向的方式让读者融入其中，有助于其系统和完整地掌握市场研究方法。

本书既可作为高等院校工商管理类专业"市场研究""市场调查与分析"等相关课程的教学用书，也可作为"挑战杯"全国大学生课外学术科技作品竞赛、"挑战杯"中国大学生创业计划竞赛的参考书，亦可作为从事经济管理、市场营销等工作的人员的学习用书。

本书由中国计量大学曾宇容、杨静、杨菊萍担任主编。其中，曾宇容负责编写第三章、第四章、第六章、第九章、第十二章、第十三章；杨静负责编写第五章、第七章、第十章、第十一章、第十四章；杨菊萍负责编写第一章、第二章、第八章、第十五章、第十六章。曾宇容负责全书的统稿和定稿工作。

本书获得了中国计量大学经济与管理学院特色教材项目计划的出版资助，在此表示感谢！

由于编者水平有限，书中难免存在不足或缺陷，敬请读者批评指正。

编者

2024 年 3 月

目 录

第一章 市场研究导论 ··· 1
 第一节 市场研究的概念 ··· 1
 第二节 市场研究行业的产生及发展 ··· 3
 第三节 市场研究和职业道德 ··· 5

第二章 市场研究方案设计 ··· 7
 第一节 市场研究的流程 ··· 9
 第二节 市场研究方法 ··· 12
 第三节 市场研究计划 ··· 16

第三章 二手资料收集 ··· 21
 第一节 二手资料概述 ··· 22
 第二节 二手资料的应用 ··· 23
 第三节 二手资料的评估 ··· 24
 第四节 二手资料的来源 ··· 26

第四章 定性调查 ··· 31
 第一节 观察法 ·· 32
 第二节 焦点小组访谈法 ··· 38
 第三节 深度访谈法 ·· 43

第五章 定量调查 ··· 51
 第一节 人工操作方法 ··· 52
 第二节 自我管理调查 ··· 55

第六章 测量 ·· 62
 第一节 测量的概述 ·· 63
 第二节 测量技术 ·· 63
 第三节 态度测量 ·· 67

第七章 问卷设计 ··· 72
 第一节 问卷设计概述 ··· 73
 第二节 问题设计 ·· 74
 第三节 问卷结构设计 ··· 78

第四节　问卷版式设计 ………………………………………………………… 82
　　第五节　网络问卷设计 ………………………………………………………… 83

第八章　抽样技术与管理 …………………………………………………………… 86
　　第一节　抽样调查的概念和步骤 ……………………………………………… 86
　　第二节　抽样方法 ……………………………………………………………… 89
　　第三节　确定样本容量 ………………………………………………………… 91
　　第四节　抽样误差的控制 ……………………………………………………… 95

第九章　现场数据收集与误差控制 ………………………………………………… 98
　　第一节　市场研究中的非抽样误差 …………………………………………… 99
　　第二节　现场数据收集误差控制 ……………………………………………… 101
　　第三节　数据收集的其他误差 ………………………………………………… 103
　　第四节　调查问卷检查 ………………………………………………………… 104

第十章　数据资料的整理 …………………………………………………………… 107
　　第一节　数据分析准备 ………………………………………………………… 107
　　第二节　数据编码与录入 ……………………………………………………… 109
　　第三节　信度分析 ……………………………………………………………… 111
　　第四节　描述统计分析 ………………………………………………………… 114

第十一章　均值检验 ………………………………………………………………… 120
　　第一节　均值检验与市场细分 ………………………………………………… 120
　　第二节　单样本均值假设检验 ………………………………………………… 122
　　第三节　两个独立样本的均值假设检验 ……………………………………… 124
　　第四节　多个独立样本的均值假设检验：方差分析 ………………………… 128

第十二章　关联分析 ………………………………………………………………… 136
　　第一节　变量间的关系 ………………………………………………………… 137
　　第二节　列联表分析 …………………………………………………………… 140
　　第三节　皮尔逊相关分析 ……………………………………………………… 144
　　第四节　回归分析 ……………………………………………………………… 150

第十三章　降维分析 ………………………………………………………………… 163
　　第一节　主成分分析 …………………………………………………………… 164
　　第二节　因子分析 ……………………………………………………………… 168

第十四章　聚类分析与判别分析 …………………………………………………… 179
　　第一节　聚类分析 ……………………………………………………………… 180
　　第二节　判别分析 ……………………………………………………………… 186

第十五章	Python在市场研究中的应用	194
第一节	Python概述	194
第二节	利用Python爬取数据	196
第三节	利用Python进行市场数据分析	199
第四节	利用Python进行文本分析	204
第十六章	调查结果表述	210
第一节	书面报告	211
第二节	口头报告	214
附录 A	市场环境数据动态研究与决策模拟仿真系统介绍	215
参考文献		221

第一章　市场研究导论

 **学习要点**

◇ 理解市场研究的内涵
◇ 了解市场研究的各阶段
◇ 了解市场研究行业的现状与发展
◇ 理解市场研究中的职业道德问题

第一章课件　第一章习题

 **情境 1-1**

中国美好生活大调查

传递真实的百姓民生——《中国美好生活大调查》

《中国美好生活大调查》（曾用名：中国经济生活大调查）于 2006 年创办，由中央电视台财经频道、国家统计局、中国邮政集团有限公司联合发起。《中国美好生活大调查》每年面向全国 10 万个家庭，发放 10 万张明信片问卷，进行入户调查。其样本框由国家统计局制订，是中国规模最大的民生调查活动。

《中国美好生活大调查》呈现的是一种独特的感受型数据，累计的民生基础数据传递了百姓最真实的生活感受与经济主张。这种感受型数据像温度计一样，能感知社会的冷暖，也能洞察民生百态。2020 年《中国美好生活大调查》聚焦美好生活城市，从民生保障、营商环境、公共服务力、宜居宜业等维度，重磅发布了"中国十大美好生活城市"排行榜。

① 未来一年您计划在哪些方面增加消费？
② 未来一年您打算在哪些方面进行投资？
③ 您家的主要困难在哪些方面？
④ 您努力工作是为了什么？
⑤ 您对本地治理能力感觉比较满意的方面有哪些？
⑥ 您对所在的城市满不满意？

这些与生活紧密相关的问题反映着每一个中国百姓在个人生活和工作、政府行政和公共服务、经济发展、社会发展、文化发展、生态环境等方面的满意度，以及在获得感、幸福感、安全感三个维度上对美好生活的感受。

第一节　市场研究的概念

市场研究的定义

关于市场研究的含义和作用，人们有各种观点，例如以下几种。

① 市场研究没有用处，老板"考察"或"参观"一下就好。
② 市场研究就是找人问问看这个项目能不能赚钱。
③ 市场研究是销售人员或营销人员的事情，与其他岗位的人员没有关系。
④ 市场研究不需要专业技能，随便设计几个问题就可以了。
⑤ 未来是不确定的，市场研究不能预测未来。
⑥ 资料和数据都是假的，市场研究和分析是不可靠的。

要对以上观点做出判断，首先要全面地理解市场研究。市场研究（Marketing Research）也叫作市场调查、（市场）营销调查、市场分析、营销研究等。根据美国市场营销学家阿尔文·C. 伯恩斯的观点，市场研究是系统地进行信息设计、收集、分析、解释，并用以解决企业某一营销问题的过程。

在本书中，市场研究是指个人或组织针对企业的特定营销问题，采用科学的方法，全面、系统地收集、整理、分析与企业营销活动有关的数据，为制订和改进营销决策提供依据。这里的特定营销问题包括：寻找市场机会；发现存在的问题；产生、提炼、评价企业采取的市场行动，控制企业的市场表现；改进企业的营销策略等。

从资料到决策的过程如图 1-1 所示。

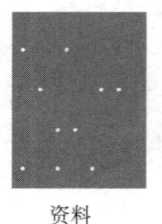
资料

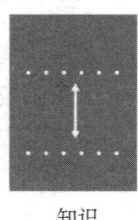
信息

知识

决策

数据、信息和知识

图 1-1　从资料到决策的过程

例如，调阅某男性消费者 A 的资料时发现了以下信息。
2022 年 2 月 14 日 17:49，A 在某商场购买了一枚价值 30000 元的钻戒。
2021 年 2 月 14 日 12:36，A 在某电商平台上购买了两台价值 5999 元的手机。
2020 年 2 月 14 日 15:36，A 在某超市购买了一盒价值 128 元的巧克力。

根据以上三条消费信息，可以归纳出该男性消费者会在重要节日购买价值不菲的礼物给女友（或爱人），然后我们可以运用类似的知识进行有针对性的决策。然而，可能会有人反对这个结论，因为依赖过去的经验进行决策非常"危险"。如果决策精度要求较高，所需要的知识和信息超出个人的经验范围，那么基于市场研究进行决策是更佳的选择。

经济全球化为企业提供了新的发展空间，同时使企业面对更多不确定因素，增加了决策风险。而市场研究的基本作用就在于为决策者及时提供更准确、系统的信息，降低企业进行决策的不确定性，降低决策风险。

依赖直觉进行决策具有快速、低成本的优势，然而风险较大。采用哪种方式取决于决策精度要求，以及决策的时间和成本。

第二节　市场研究行业的产生及发展

一、国外市场研究行业的产生和发展

1. 萌芽阶段

市场研究源自选举调查，首次运用于营销决策的市场研究是广告代理公司 N. W. Ayer& Son 于 1879 年进行的调查。柯斯蒂出版公司在 1911 年最先设置了市场营销研究部门（当时称为商业研究部门），研究重点是汽车工业。受到经济及调查技术的限制，市场研究在当时未得到充分的运用。

2. 发展阶段

AC 尼尔森公司于 1922 年进入商业研究领域，发展了市场研究的有关概念和方法，并提供了许多其他服务。20 世纪 30 年代后期，市场研究开始进入大学课堂，市场研究的统计技术有了一定的发展，简单的分类比较及相关分析技术开始被运用。第二次世界大战爆发后，许多社会科学家到军队中服务，将新的技术用于研究士兵和家庭的消费行为。20 世纪 40 年代，焦点小组访谈法在美国社会学家罗伯特·莫顿的领导下被开发出来。在此期间，随机抽样被普遍认识并逐步运用。

3. 成熟阶段

第二次世界大战后，经济高速增长，市场由卖方市场向买方市场转变，使生产者必须事先确定市场的需要，这一转变为市场研究的发展开辟了广阔的前景。20 世纪 50 年代中期，依据人口统计特征进行市场细分的研究和消费者动机研究出现。伴随着描述和预测的数学模型以及计算机科学技术的快速发展，数据分析、储存、提取能力有了实质性提高。

由于企业日益重视市场信息，对市场研究的需求量不断增加，目前市场研究行业已颇具规模。近三十年来，全世界的市场研究行业已发展为一个年增长率超过 10%，年营业额达数千亿美元的庞大行业，出现了一批知名的综合调查机构。为了规范市场研究行业从业人员的行为及道德，各国都制订了相关的行业标准和自律条例，其中最著名的是国际商会（ICC）和欧洲民意与市场研究协会（ESOMAR）制订的关于市场和社会研究的国际准则。

二、我国市场研究行业的发展

市场研究行业在我国起步较晚。20 世纪 80 年代后期到 90 年代初期，商业化的市场研究才开始兴起。第一家行业公认的专业市场研究公司是 1988 年 7 月 1 日成立的广州市场研究公司。20 世纪 90 年代中期开始，专业的市场研究公司相继成立，国外著名的市场研究公司纷纷以合资的形式在我国设立分公司。1998 年 9 月，设立在中国信息协会之下的市场研究分会筹备委员会成立，标志着我国市场研究行业正式迈入起步阶段。

目前，我国的市场研究公司主要有以下三类。

第一类是以 AC 尼尔森、盖洛普、益普索等为代表的世界知名外资企业。外资企业进入中国市场的直接动力是其服务的大型跨国公司对中国市场的调查需求，间接动力是中国庞大

的市场服务潜力。这类公司的培训能力强，业务人员的素质较高，主要客户是在中国投资的跨国公司，是行业标杆企业。

第二类是国有调查公司。这类公司拥有政府信息和资源，能获得很多行业背景数据。

第三类是民营专业调查公司。此类调查公司大多以股份制的方式创办，投资人和经营人一体化，合伙制的色彩较浓。这类企业的数量最多，其优势是市场营销能力较强，灵活性大，在报价方面具有较强的竞争力，但往往企业规模不大，人员素质参差不齐。

三、我国市场研究行业的现状和特点

1. 稳健、高速增长

为了更了解市场现状、洞察消费者的行为特征、提升市场竞争力，本土企业逐步养成了市场调查意识。在此背景下，可提供专业服务以协助企业进行品牌研究、消费者研究、市场行情研究的市场研究行业深度受益。2015年—2021年，中国市场研究行业的市场规模由115亿元增长至208.35亿元，2021年同比增长9.53%。

2. 技术引领行业发展

互联网技术的快速发展为市场研究行业带来了机遇。市场研究企业逐渐将传统的调查方式与互联网结合，丰富数据来源，缩短数据获取时间，降低实际调查成本，拓宽调查应用场景。随着科技迅速迭代更新，用于市场研究的方法与技术不断增多，如眼动与脑电数据分析、互联网与大数据采集分析方法等。传统的市场研究方法面临革新，市场研究企业的运作效率得以提升，提高了数据的准确性与真实性，推动着中国市场研究行业走向成熟。

3. 本土客户对市场研究服务的投入大幅增长

在市场研究行业发展之初，业内公司主要服务于外资客户。但近些年来，越来越多的本土企业开始使用市场研究服务，这与各行业市场开放、竞争加剧是直接相关的。电信、金融行业，甚至政府、教育机构都是中国市场研究行业的新增长点。目前，本土客户占我国市场研究营业额的50%以上，且在市场研究方面的投入增长速度高于外资客户。所以从趋势来看，本土客户带来的营业额比例还会增加。

4. 不同行业、地区的客户使用市场研究的频度和广度差别很大

虽然市场研究行业在我国得到了快速发展，但地区差异、行业差异还非常显著。各个行业的客户水平参差不齐，有些行业发展得非常成熟。市场研究服务的客户主要分布在一线和二线城市的几个市场化程度较高且企业规模较大的行业，如日化、饮料、乳品、汽车、IT、电信、电器等。这些行业竞争比较激烈，产品更新非常快，行业本身比较成熟，基本面向个人消费者，处于发达城市。除少数行业外，多数行业的市场研究成熟度还有待提高。

四、我国市场研究行业面临的主要问题

1. 大公司发展模式趋同

现在业内的公司（尤其是大公司）在发展模式上有趋同的现象，表现为提供的服务差异

性不大，很多公司展开了全线竞争，甚至打起了价格战。很多大公司通过融资并购来扩大规模，以争夺市场份额，其结果是越来越多的公司能提供全产品线的服务，各公司业务重叠的现象越来越多；同时服务于多个行业，涉足多个发展方向，产品同质化、技术同质化、方法同质化的问题不断加重。这不仅导致了服务特色不突出，专业程度下降，还大大降低了客户对市场研究行业的整体信任度。

上述行为会严重伤害市场研究行业，其后果是：企业在面向客户时，有时不得不打价格战，甚至很有名的公司也参与或挑起价格战，从而导致整个行业不能保持合理的利润率，不仅使整个行业的利益受损，还严重威胁了行业的健康、可持续发展。与此同时，由于融资并购后人员增多，在整体利润率降低的情况下，只能靠更大的规模来支撑公司的运作，于是新一轮的融资并购需求就产生了，陷入了恶性循环。

2. 人力资源短缺

人力资源短缺似乎不是市场研究行业的专属问题，但确实是业内公司共同面临的问题。市场研究行业发展迅速，但从业人员的培养速度却远远跟不上行业的增长速度。人力资源短缺造成人员流动性偏高，一方面制约了从业公司的发展，另一方面在一定程度上造成了人力成本的上升。人力资源短缺不仅是中小公司面临的问题，也是大公司面临的问题，同时也是本土和外资公司共同面临的问题。

第三节　市场研究和职业道德

与大部分商业活动一样，市场研究行业中存在很多有违道德伦理的行为，常见的不道德行为如下。

一、以调查名义进行销售或筹集资金

以调查名义进行销售或筹集资金时，所谓的调查人员通常会利用参与者的善意谋求私利。

① 以调查名义进行销售。在被调查者同意参与某项调查活动后，"调查人员"却利用这样的机会销售商品或服务。

② 以调查名义筹集资金。一些政治或社会组织以调查为名索要支持、赞助、礼物，例如某些组织的信封上有"调查附上"字样。这些所谓的调查通常只包括几个简单的问题，每个问题都有明确的答案，例如"你是否希望我们的孩子远离伤害"，并通常通过问卷的最后一个问题索要钱、支持或要求成为会员。

二、人为操纵市场研究结果

市场研究结果通常用于重要的决策，这些决策可能会影响公司未来的预算、组织等。但是，有些组织或个人为了利益删除、修改、伪造信息，或故意错误地表述调查结果，人为操纵市场研究结果，使结果缺乏客观性。

三、欺骗调查人员

欺骗一般以两种形式存在。一种是隐瞒某些信息，即消极欺骗。例如，要求被调查者参加一项名为"银行的选择"的调查，但不说明是哪家银行资助了这次活动。另一种是故意提供虚假信息，也叫积极欺骗。任何类型的欺骗在调查中都应尽量少用，如果不得不"欺骗"被调查者，则应该向被调查者提供完全真实的调查情况。调查人员要真实地描述所使用的任何一种"欺骗"手段，并说明使用这些手段的理由，以弥补"欺骗"带来的负面影响。

四、侵犯被调查者隐私

侵犯他人隐私不仅会出现道德问题，有时甚至会违法。例如，某公司想进行一次入户调查，以观察被调查者的态度、购买偏好等情况。如果在被调查家庭知晓的情况下，这种调查或许是可接受并被理解的。然而，如果调查人员假装成一名交换生，住进一户家庭中，出于某种商业目的观察家庭行为，而该家庭的成员完全没有意识到被观察，很明显，这是一起非常严重的侵犯隐私事件。

五、调查方式不道德

为了实现调查目标，调查人员可能会采用不道德的调查方法。

全世界的市场研究组织都在致力于使调查人员的行为符合道德准则，我国的从业人员也应遵守市场研究的职业道德标准，推动我国市场研究行业规范、有序发展。

 **思考题**

1. 为什么在市场研究行业萌芽之前人们不需要进行市场研究？
2. 为什么随着时代发展企业越来越需要进行市场研究？
3. 请查阅资料，分析我国市场研究行业的发展机会和趋势。
4. 请对下面的每种活动进行评论。这些活动符合道德准则吗？给出你的理由。
① 一家调查公司进行电话调查，销售人员据此去有意购买这种商品的潜在消费者家中推销商品。
② 上门推销的销售人员发现，如果告诉消费者在进行调查，他更愿意听你的介绍。
③ 绿色和平组织向人们寄发调查信件，并在最后一个问题中要求人们捐款。
④ 问卷的首页写着"几分钟就可以填完"，而相关测试表明需要15分钟来完成问卷。
⑤ 调查人员只有在被调查者要求对姓名保密时才有责任确保调查的保密性。
⑥ 在研究报告的附录里，调查人员列出了所有被调查者的名单，而且在愿意接受推销的被调查者名字前标注了星号。
⑦ 调查人员随机产生电话号码列表，用于电话调查。
⑧ 调查人员使用特定软件在网络上寻找被调查者的电子邮件地址，进行网络调查。
⑨ 一家百货公司要求消费者提供电子邮件地址，该公司随机挑选电子邮件地址进行调查。

 # 第二章　市场研究方案设计

 **学习要点**

- ◇ 掌握市场研究的流程
- ◇ 理解市场研究各阶段的关系
- ◇ 掌握三种研究方法的功能与差异
- ◇ 理解市场研究方案的含义、内容
- ◇ 了解市场研究方案的评估方法

第二章课件　第二章习题

 **情境 2-1**

肯德基如何应对市场定位的调整

20世纪90年代初，肯德基已在英国开设了300多家连锁店。为了直接与当地流行的鱼肉薄饼店竞争，肯德基最初的定位是"外卖"，店内座位很少，甚至没有座位。肯德基当时的消费者是年轻男性，他们时常在与朋友聚会后光顾肯德基。当地还有一些家庭氛围很浓的餐馆，这些餐馆有很强的竞争力；同时，竞争者麦当劳及其他快餐公司的流行，使肯德基很难保持现有的局面，面临发掘竞争优势的挑战。

1. 特定的营销问题

肯德基的市场总监约翰·沙格（John Shuker）期望肯德基的消费对象从青年男性扩展到家庭领域。诸多迹象表明，家庭是快餐行业最大且增长最快的一部分消费者。肯德基在设计新定位策略的过程中遇到了棘手的问题。首先，多年来肯德基已在英国消费者心中形成了一种强烈的外卖式餐馆的形象。其次，肯德基的忠实消费者一直是青年男性，甚至是喝醉了的男性，给人一种否定女性消费者的感觉，母亲们认为把孩子带进肯德基很不安全。因此，肯德基的管理层面临的特定营销问题是：如何改变公司在英国消费者心中的形象，使公司对母亲们具有足够的吸引力，使她们经常购买肯德基的食品作为家庭膳食。

2. 确立调查目标

通过对这一特定营销问题进行分析，肯德基的管理层发现，要想把现有的品牌形象转变为"家庭聚会"的概念，有必要调查英国家庭对于家庭膳食的价值观，以适应英国市场。

在英国市场，当时肯德基的家庭膳食（比个人膳食的价格高很多，因此也可以称为豪华膳食）销售量所占的比例最低，但近年来家庭膳食在澳大利亚却取得了成功。在一个国家取得成功的项目是否可以被引入其他国家，而且也能获得成功？市场会有什么反应呢？据此，肯德基需要调查的两个主要问题如下。

（1）"家庭聚会"是否会吸引英国的母亲们？

（2）"家庭聚会"的推出是否会使肯德基在英国的整体形象及知名度有所提高？

3. 确定调查方法

如果成功解决了上述两个问题，发现"家庭聚会"对母亲们具有吸引力，则肯德基"家庭聚会"的概念可以在英国全面推行。要研究"家庭聚会"概念，就需要制订相关的调查方案，包括二手资料分析、焦点小组访谈、对英国母亲们的比较分析，以及消费者追踪研究。

4. 确定资料的类型和来源

在研究快餐业问题时，已公布的二手资料能提供有关竞争者动向的信息，但其作用是有限的，因为竞争对手通常也对这些资料密切关注，因此取得原始资料是肯德基努力的方向。对于肯德基来说，这种资料有两种来源，即定性研究和定量研究。定性研究可以使公司基本了解目标消费者对某一问题的深层看法。利用定量研究，可以对关键问题进行研究。

5. 确定收集资料的方法

肯德基在完成了对澳大利亚成功案例的研究并收集和分析了相关的业务资料后，就开始进行焦点小组访谈。访谈对象是有12岁以下小孩的英国母亲，目的是研究这些家庭的饮食习惯和她们供应家庭膳食的方法。另外，通过问卷调查对"家庭聚会"膳食的选择数量进行特定的比较分析研究，以了解在不同价格的情况下母亲们认为的合理家庭饮食结构。如果决定开始推行"家庭聚会"膳食，则每月要进行市场追踪研究。这将使肯德基在实际成本很小的情况下研究"家庭聚会"膳食对各种营销因素的影响，例如广告知名度、品牌特性等。

6. 设计问卷

在焦点小组访谈阶段，肯德基的调查人员走访了英国各地有12岁以下小孩的母亲们，与她们展开了一系列的讨论，例如她们喜欢的餐馆及快餐店等。由于不希望造成母亲们的偏见或反对，在此过程中调查人员并没有提及调查委托人。所有焦点小组访谈都被摄像机录下来，母亲们的观点被制作成文件以备分析。

比较分析研究是指对不同变量进行一系列比较，如价格、食物的数量、套餐是否包括餐后甜点或饮料等。公司设计了一份结构性问卷以获得这些资料。同时，为了减轻现场执行的压力，还对该问卷进行了预测试。

7. 确定抽样方案

在定性研究阶段进行的焦点小组访谈的访问对象是来自英国伯明翰、利兹、伦敦的母亲。每个小组都有10~12位过去3个月在快餐店消费过的妇女。比较分析研究的访问对象是在英国具有代表性的区域内的10条道路上随机抽取的200位妇女。市场追踪研究的样本来源和数量与比较分析研究相似，也是通过在具有代表性的区域内进行拦截访问来完成的。

8. 收集资料

收集资料需要花费很多时间。焦点小组访谈要求一组人员先后到达伯明翰、利兹和伦敦，在每个城市参与4次会议，每次会议的时长为2小时。会议结束后，还要和会议主持人一起总结会议纪要。

比较分析研究以及市场追踪研究由专业的调查公司完成，比较分析研究的调查过程大约需要2周。而一旦决定在全国推行"家庭聚会"概念，则要在市场追踪研究中加入有关"家庭聚会"的问题，这需要6个月。

9. 资料分析和撰写调查报告

焦点小组访谈和比较分析研究实现了第一个调查目标。原始资料表明，参加焦点小组访谈的母亲都对"家庭聚会"的概念非常感兴趣，并且认为这将促使她们购买肯德基的食品，以作为方便、经济的家庭膳食来源。

根据调查，肯德基当时正在英国供应一种被称为"经济套餐"的膳食，它包括8个鸡块和4份常规薯条，售价为12美元；而准备推行的"家庭聚会"膳食包括8个鸡块、4份常规薯条、2份定食（如豆子和沙拉），以及一个适合4人食用的苹果派。在调查过程中，调查人员对这两种膳食进行了比较。分析结果表明，如果"家庭聚会"膳食的售价在10英镑以下，则会更受人们的欢迎。在这些研究的基础上，最终肯德基在英国推出了"家庭聚会"膳食。

第一节 市场研究的流程

市场研究的流程

一、确定市场研究的问题

确定问题是决定调查方向的关键。通常，客户与调查人员要进行多次讨论，以便定义问题和确定调查的实质，从而解决问题。例如，某连锁酒店提出要进行营销调查，因为它认为自己的预订系统出现了问题。在与调查公司签订合同时，酒店谈到电话常常占线，许多商务游客出差时会拨打预订电话却因为等待时间过长而挂断了电话，由此失去了不少客人。如果问题由此产生，调查人员可以开展电话调查，从而确定有多少商务游客打电话，为什么他们必须等待，在接通酒店预订系统前等待了多长时间等。

虽然这个调查会使酒店收集许多关于预订系统的信息，但不能真正解决问题，因为它忽视了一个事实，即许多商务游客在出差时会委托秘书或旅行社预订房间，并且竞争对手已制订了激励制度来奖励那些预订房间的秘书和旅行社的代理人员。如果不考虑"购买代理人"是谁，那么该问题的定义就是不完整的。可见，只有考虑问题的所有方面，才能满意地定义问题。如果对问题的定义不正确，在其他阶段的表现再完美，也不能补救这一错误。

如何确定市场研究的问题？

第一步：区分问题的表象和实质，对问题与现象之间的关系进行推测性判断和设想；

第二步：将要解决的问题用术语或概念表述出来；

第三步：将术语和概念表述为具体的调查问题。

在确定问题阶段，调查人员必须将问题和问题的表象区分开。问题不可能凭空产生，其背后总潜藏着某个原因。如果基于问题的表象进行调查，就无法提供根本性的、关键而有效的信息；如果对问题的本质展开调查，有助于找到有针对性、关键的信息。

情境 2-2

如何把冰箱品牌改造成面向年轻人的潮流品牌？

某大型家电品牌的市场总监提出了一个问题——如何把冰箱品牌改造成面向年轻人的潮流品牌？要将该问题转化为市场研究问题，可以从三个方面展开。

首先，提出该问题的是市场总监，市场部关心什么？他们关心品牌在消费者心里的形象。明确了这一点，就应该把注意力放在品牌与消费者的关系上。要想把目标受众转向一线城市的年轻人，就得先树立一个年轻人偏爱的品牌"人设"。怎么找到这个"人设"呢？那得先知道一线城市的年轻人的生活形态和审美标准是什么样的。

然后，再看行业。家电行业的特点是技术密集度高，谁掌握了核心技术谁就有发言权；产品更新快；消费者需求多元化。环视完行业背景，要想抢占年轻人市场，就得及时、准确地定义"什么样的冰箱是年轻人眼里的好冰箱？"

最后，再看看能提供的产品和服务，把产品和服务放进它自己的时间线里去看。它处于研发阶段还是新品上市阶段？是销售上升期、平台期，还是衰退期？这就是三维商业时空的最后一个维度，即时间维度。冰箱正处于衰退期，但决策者并不想挽留或召回原来的用户，而是想变换赛道，把产品转向年轻群体，来刺激产品销量上升。所以，这个产品表面上看处于衰退期，实际上应该当成新品来看。明确了这一点，我们就不能再把关注点放在唤回流失用户或服务好现有用户上，而要识别进入年轻人市场的机会。怎么识别？必须先知道那些销量好的、年轻人追捧的潮流品牌有什么特点。

综上所述，我们可以把抽象的商业问题"如何把冰箱品牌改造成面向年轻人的潮流品牌？"转化成以下三个可调查的问题。

（1）年轻人的生活形态和审美标准是什么样的？
（2）年轻人心中的好冰箱是什么样的？
（3）年轻人眼中的潮流品牌具备什么特点？

二、确定研究方法

研究方法因所依据的本体论和认识论的假设前提不同而不同，一般分为实证法和表象法。

实证法可以揭示事物表象和内在规律之间的因果关系，在社会科学特别是企业调查活动中被视为最重要的研究方法。在实证法中，本体论的假设前提是把社会看作外在环境，在这个环境里，社会结构影响着人们，人们也以同样的方式理解社会结构，并以相同的方式做出反应。在实证法中，认识论的假设前提是调查人员和被调查者之间不是相互独立的，他们的任务是观察和衡量社会结构。因此，实证法在本质上是推论性的，如同从文献中提炼理论并用它去证明或反驳命题一样。

表象法是实证法在社会调查中的主要备选方法，是一种描述说明性方法。其存在的假设前提不是人们对社会结构的一种被动的、简单的应答，相反，它是社会结构本身。认识论的假设前提是调查人员与所调查的主题互动，调查人员的任务是关注人们对事物的认识，而不是事物本身。这种方法的重点是发现事物的含义，而不是衡量事物本身。

实证法和表象法在本质上是相互补充的。实证法强调规律，通过规律我们可以客观地揭示和解释现象，定义有用的知识，界定科学术语。表象法则着重于描述和解释。

> 没有一种研究方法适合所有问题。每种方法都有自己的独特性，它们的假设前提、偏差、有用程度都不相同。在研究方法的选择中，调查人员在方法的可靠性、有效性、通用性方面受到的制约一般是其在知识和经验方面的局限性造成的。

三、收集数据

客户的动态性质可能导致调查人员在销售数据、普查报告、产业销售趋势中找不到研究所需要的信息。在这种情况下，必须依靠原始资料，即专门为满足研究需要而收集的数据。然而，如何收集原始资料？应该通过观察还是问卷来收集数据？其结构形式应该是固定选项还是开放式问题？应该向被调查者明示研究目的，还是掩饰？这些问题是基本关注点。数据收集要由工作人员实地进行，其方法取决于所要获取的数据类型及抽样要求。

在这个阶段，调查人员需要开展数据收集工作，在收集过程中应避免各类非抽样误差的产生。除了对数据收集工具进行不断打磨，还要通过严谨的组织工作降低误差。

四、分析和解释数据

调查人员可以收集到海量数据，然而，只有进行分析并对结果进行解释，这些数据才是有用的。数据统计和处理是对调查信息的初加工和开发。数据分析涉及多个阶段，首先必须对调查问卷进行编辑，以确保其完整性和一致性。编辑完毕后，需要对其进行编码。之后要对不符合逻辑或错误的数据进行修正，以保证数据资料的完整性和一致性。然后，选用适当的数据处理步骤和方法进行分析。

> 一旦完成数据收集，就不可能再对研究流程进行修改。因此，在收集数据之前，就要明确数据分析的方法。

五、撰写研究报告

研究报告要总结研究结果并提出结论和建议。无论先前的研究步骤如何完善，如果没有好的研究报告，研究就不算成功。因此，研究报告必须清晰而准确。

研究过程的每个步骤涉及的问题很多，不是一项或几项简单的决策，研究过程中的典型问题如表 2-1 所示。

> 研究过程的各个步骤之间是高度关联的。某个步骤的决策会影响其他步骤的决策，对某一步骤进行了修改往往也要对其他步骤进行修改。

表 2-1　研究过程中的典型问题

顺序	阶段	典型问题
1	确定市场研究的问题	・研究目的是什么？ ・需要更多背景信息吗？ ・需要何种信息？ ・如何利用信息？ ・是否应该进行该研究？
2	确定研究方法	・目前对研究了解多少？ ・是否可以提出假设？ ・需要回答何种问题？ ・何种研究方法最能解决研究问题？

续表

顺序	阶段	典型问题
3	收集数据	• 可以利用现有数据吗？ • 测量什么？如何测量？ • 数据的来源有哪些？ • 设计数据收集方法时需要考虑文化因素的影响吗？ • 收集数据时存在法律限制吗？有哪些法律限制？ • 可以通过询问取得客观的回答吗？ • 应该如何向人们提出问题？ • 用什么方式组织问卷？ • 观察时需要用电子或机械手段吗？ • 观察者应该记录哪些特定行为？ • 问卷是否应该用评价量表？ • 谁来收集数据？ • 数据收集要用多长时间？ • 要遵循何种操作程序？ • 用什么方法来保证数据收集质量？
4	分析和解释数据	• 谁从事数据分析工作？ • 如何进行数据编码？ • 谁监督数据编码？ • 使用计算机还是手工编辑？ • 要求使用何种列表？ • 用何种分析技术？
5	撰写研究报告	• 谁将阅读研究报告？ • 他们的技术水平如何？ • 书面报告用什么格式？ • 需要进行口头汇报吗？

第二节 市场研究方法

一、探索性调查

探索性调查

探索性调查又称为非正式调查、试探性调查，是指在研究的问题或范围不明确时，为了发现问题、明确调查的具体内容和重点而进行的市场研究。探索性调查的目的是发现问题，其调查结果一般是试探性的、暂时的。

> 探索性调查一般采用的调查方法包括二手资料的收集和研究、小规模的试点调查、专家或相关人员意见的收集、案例整理与分析等。

1. 探索性调查的使用情形

探索性调查主要用来发现问题，解决"可以做什么"的问题，一般不制订详细的调查方案。例如，某企业发现最近商品销量下降，要寻找销量下降的原因。造成销量下降的原因有很多，例如质量问题、价格问题、销售网络问题、促销力度问题、其他新产品上市、消费者的消费观念发生变化等。具体原因不明，企业只能采用探索性调查，可以找一些专家、业务人员、用户等，以座谈会的形式进行初步的询问调查，或参考类似的实例与资料，发现问题所在，为进一步调查做准备。

2.探索性调查的特点

① 调查方式灵活。通常不采用正规的问卷，而是采用灵活的自由访谈方式，有助于更多、更深入地从调查对象那里了解问题的原因。

② 调查对象广泛。调查对象通常还包括文献资料、知情者、实例等，有助于从新的角度考察问题。

二、描述性调查

描述性调查是指进行事实资料的收集、整理，对客观情况如实地加以描述和反映。它要解决的是"是什么"，而不是"为什么"。描述性调查比探索性调查更深入、细致，要求有详细的调查方案，进行实地调查，掌握原始资料和二手资料，尽量将问题的相关因素描述清楚，为进一步进行市场研究提供信息。

1.描述性调查的使用情形

① 描述相关群体的特征，例如消费者的人生观、价值观。

② 确定消费者或消费者对商品的理解和反应，例如观看两则广告后对商品的购买意愿调查。

③ 估计某特殊群体的比重，例如吸烟人群与非吸烟人群对某口味啤酒的偏好调查。

④ 确定各种变量的关联程度，例如调查消费者信任度、使用时间、银行信用卡使用意愿之间的关系。

2.描述性调查的特点

（1）设计严格

描述性调查的设计比较严格，在设计时必须明确以下几个问题，即 5W1H。

① 为什么要调查（Why）？

② 调查谁（Who）？

③ 调查什么（What）？

④ 在何处调查（Where）？

⑤ 在何时调查（When）？

⑥ 怎样调查（How）？

（2）调查方式正规

描述性调查通常采用正规的、结构性很强的问卷。在调查之前，通常要设计好用于资料整理和分析的样表。一般采用大样本、随机抽样调查的方法，以市场研究与预测定量研究为主，其结果是结论性的、正式的。

描述性调查一般采用的调查方法包括原始资料的收集和研究、随机抽样调查、面板数据分析等。

描述性调查并不意味着仅仅收集事实，而要对事实、理论以及事实之间的相互关系进行合乎逻辑的理解，这样才能使所收集和整理的数据成为有用的信息。描述性调查建立在一个或多个具体假设的基础之上，这些假设引导着研究的具体方向。在进行描述性调查前，需要对所研究的现象进行了解。

 **情境 2-3**

某连锁便利店关于开设新店的调查

某连锁便利店计划开设新店，希望了解人们光顾新店的方式，需要考虑下列问题。

哪些人可以被认为是消费者，是进入商店的任何人吗？

如果他们在商店开业当天不购买任何商品，而只参与盛大的开业奖励活动，那将如何呢？

也许消费者应该定义为从商店购买商品的人。他们应该以家庭为单位来定义，还是以个人为单位来定义？来自同一家庭的不同个人属于不同的消费者吗？

应该收集这些消费者的什么特征？是年龄、性别，还是居住场所、知晓商店的方式等？

应该在何时进行调查？在他们购物时还是购物之后？调查应该在新店开业的第一周进行，还是等情况稳定下来再进行？

应该在何地进行调查？在商店里还是在商店外，或者等他们回家后？

为什么要进行调查？会利用这些数据来制订促销策略吗？如果是这样，重点可能就会转为确定商店的商圈。应该利用问卷，还是应该观察消费者的购买行为？

如果利用问卷来调查，那么应该采取什么形式？是否应该以高度结构化的方式进行？是否应该以量表的方式进行？应该通过电话、邮寄还是面谈进行？

三、因果性调查

1. 因果关系的概念

因果性调查

虽然因果关系是一个很复杂的概念，但是因果关系的科学陈述与普通陈述是有区别的。首先，普通陈述的因果关系是一个原因导致一个结果的发生，即在"X 导致 Y"的陈述中，X 是 Y 发生的唯一原因；而因果关系的科学陈述是：X 只是 Y 众多原因中的一个。其次，普通陈述的因果关系是一个完全确定的关系（如 X 总会导致 Y），但在科学陈述中是可能的关系（即 X 更有可能导致 Y）。最后，在科学陈述中，永远不能证明 X 是 Y 的原因，只能推断这种关系是存在的，而推断通常基于现实数据或从可控实验中得到的数据。以科学观念来看，任何方法都存在易错性，因此问题就变为"什么样的证据可以用来支持科学的推断？"

（1）相从变动

"X 是 Y 的一个原因"这个陈述的相从变动（Concomitant Variation）是 X 和 Y 按照假设预测的情形同时发生或者同时变化的程度，而这里又有定性和定量两种方法可以得到相从变动的证据。

首先考虑定性情况，假设我们要测试陈述"经销商的素质（X）可以使企业的市场份额（Y）增加"。如果 X 确实是 Y 的一个原因，那么以上假设成立。但是，如果我们发现经销商所在地区的市场份额往往更低，这个假设就不成立。

考虑定量情况时，如果原因和结果都属于连续变量，则方法是类似的。例如，按照常理，一个企业的广告费用应该是原因（X），导致的结果是销售额（Y），于是会假设"广告费用越高，销售额越高"。我们期望这两个变量之间存在正向关系，但是二者又不会是纯粹的关系，因为还有很多决定销售额的因素。而如果在分析 X 和 Y 之间的关系时发现相从变动，那么可以推断"X 导致 Y"的假设能站得住脚（注意这里不是"证明"假设）。与此类似，即使 X 和 Y 之间表面上没有联系，也不能说 X 和 Y 不存在因果关系。对于是否存在因果关系，我们只能推断，而不能证明。

（2）变量发生的时间顺序

这里考虑有明确的相从变动证据的情况。例如，数据显示，糖果销售额受到婚姻状况的影响，未婚者比已婚者更经常食用糖果。作为研究对象的未婚人群中，75%经常食用糖果，而已婚人群中只有 63%是固定消费者。基于这个证据，我们可以认定结婚是导致糖果销售额下降的原因吗？还有其他可能的因果关系吗？年龄因素呢？

缺乏相从变动的证据并不能说明 X 和 Y 之间没有因果关系。例如，年龄和听古典音乐的习惯之间出现了某种联系。受过大学教育的人随着年龄增加，他们对古典音乐的兴趣也增强。由于教育的影响，年龄与是否听古典音乐的关系最初是不清晰的，但受教育水平一定时，这种关系就清晰了很多。

尽管概念上很简单，但这类证据需要对现象发生的时间顺序有深刻的理解。例如，我们通常认为广告费用（X）是原因，销售额（Y）是结果。但是，在本年度销售额（Y）增加时，其中一部分销售利润会作为来年的广告费用（X）。这个关系究竟是怎样的？是广告费用增加导致销售额增加，还是销售额增加导致广告费用增加？因此，我们在解释数据之间的关系之前需要对此类现象有透彻的理解。

2. 因果性调查的目的

因果性调查的直接目的有两个，一是了解哪些变量是原因性因素（即自变量），哪些变量是结果性因素（即因变量）；二是确定原因和结果（即自变量和因变量）之间相互联系的特征。例如，商品的销售额变化是价格变化还是促销方式变化引起的？

 因果性调查一般采用的调查方法包括实验、询问被调查者等。

四、三种调查方法比较

探索性调查的特点是"大胆假设"，因果性调查和描述性调查的共同特点是"小心求证"，即要求研究方法的严格性和调查方式的正规性。

描述性调查和因果性调查都是结论性调查。探索性调查与结论性调查的差异如表 2-2 所示。

表 2-2　探索性调查与结论性调查的差异

	探索性调查	结论性调查
研究目的	一般的； 获得有关某一情境的见解或观点	特定的； 验证见解，并协助解决问题

续表

	探索性调查	结论性调查
资料类型	模糊的	清晰的
资料来源	未明确界定	明确界定
资料收集表格	开放式；粗略的	结构式
样本	较小；主观选择，目的是产生有用的见解	较大；客观选择
资料收集	弹性的；无明确程序	固定的；有明确程序
资料分析	非正式的；通常是非数量性的	正式的；通常是数量性的
推论/建议	暂时性的	确定的

第三节 市场研究计划

一、设计市场研究方案

1. 确定调查目的

（1）与决策者交谈

决策者需要了解调查的功能和局限，调查人员需要了解决策者面临的问题，了解决策者的目标。为了使调查人员与决策者之间进行有效的讨论，有学者总结了以下六点。

① 沟通。双方应自由地交换观点和各种看法。
② 合作。双方应建立良好的合作关系。
③ 信任。双方应相互信任。
④ 坦率。双方应互不隐瞒事实，公开观点。
⑤ 持续。双方应经常接触。
⑥ 创造性。双方的接触应富有创造性。

（2）向相关专家请教

调查人员应通过多种渠道，从企业内部和外部选择合适的专家。会见专家之前应做好准备，灵活、轻松的会见形式和气氛有助于使专家发表自己的见解。

值得一提的是，在提炼调查目的时，调查人员经常会犯两类错误，一是将调查目的定义得过宽，例如"消费者需求的改变""公司战略发展与研究"，这些调查目的过于宽泛，无法为后续的调查工作提供明确的方向；二是将调查目的定义得过窄，这就使调查结果不能为决策者提供新思路。例如，新产品上市前，调查人员确定的备选调查课题"关于大幅度电视广告投放策略的相关调查""关于初期低于市场平均价格策略的相关调查""关于购物抽奖和送礼策略的相关调查"都是调查目的过窄的例子。

> 调查目的得当且恰到好处是比较困难的。为了避免上述两类错误，可先用比较宽泛的术语来陈述调查目的，把握调查的方向，然后用比较具体的研究项目来将其细化。

2. 确定调查项目

调查项目的确定也是一个重要的环节。首先，它是调查目的的细化，具有可操作性，是调查目的能否实现的标志；其次，它是设计调查问卷的提纲和范围，决定了调查问卷能否收集到所需要的信息。因此，确定调查项目时要注意以下几个问题。

① 调查项目必须围绕调查目的。脱离调查目的的调查项目是没有意义的，根据这类调查项目开展调查是浪费资源。

② 调查项目之间要有一定的相关性。不能把调查项目看成完全独立的个体，这样不利于调查活动的开展。

③ 调查项目应该清楚、可行。

3. 确定调查对象和调查单位

确定调查对象和调查单位时应注意以下问题。

① 必须严格规定调查对象的含义与范围，以免由于含义和范围不清晰而发生差错。

② 调查单位的确定应根据调查的目的和对象而定。例如，调查某城市居民的消费支出情况，则调查对象是该市的所有居民，调查单位是每户居民家庭。

③ 调查单位的确定受到调查方式的制约。在普查时，调查单位是全部单位；在典型调查方式下，所选择的有代表性的单位是调查单位；在抽样调查方式下，按随机原则抽取的样本单位是调查单位。

4. 制订调查提纲或调查表

当调查项目确定后，可将调查项目科学地分类、排列，形成调查提纲或调查表，方便登记和汇总。调查问卷是收集资料的直接工具，其质量会影响问卷的回收率以及数据的全面性和准确性，从而影响调查结果。所以在调查活动中必须掌握问卷设计技巧，保证其科学性、可行性。

5. 做好时间规划

时间规划即日程安排或进度表，调查时间是指调查资料的所属时间。确定调查时间可以保证调查活动如期进行以及数据的统一性，例如在"十一"黄金周期间对进入庐山旅游的人数进行调查，调查时间就是10月1日—10月7日。进度表可以帮助调查人员准确控制调查活动，让管理者了解进展情况。

6. 确定调查地点

调查地点与调查单位通常是一致的，但也有不一致的情况，不一致时就有必要规定调查地点。

7. 确定调查方式和方法

搜集调查资料的方式有普查、重点调查、典型调查、抽样调查等，具体的调查方法有文案法、访问法、观察法、实验法等。在调查时，采用何种方式、方法不是固定的，取决于调查对象和调查任务。

8. 确定调查资料的整理和分析方法

采用实地调查方法搜集的原始资料大多是零散的、不系统的，只能反映事物的表象，无法深入研究事物的本质和规律，这就要求对大量原始资料进行汇总，使之系统化、条理化。目前，这种资料处理工作一般由计算机进行。因此，对计算机本身的要求也应在设计中予以考虑，包括采用何种操作程序以保证必要的运算速度、计算精度、安全性能等。

随着经济理论的发展和计算机的运用，越来越多统计分析手段可供我们选择，例如回归分析、相关分析、聚类分析等，每种分析技术都有其特点和适用性。因此，应根据调查要求选择最佳的分析方法并在方案中加以规定。

9. 确定提交报告的方式

提交报告前需要考虑报告的形式和份数、报告的基本内容、报告中图表的大小等。

10. 制订调查的组织计划

调查的组织计划主要包括参与调查的主要成员、分工、执行地点和时间安排等。

二、评估研究方案的可行性

1. 逻辑分析法

逻辑分析法是指检查研究方案的内容是否符合逻辑和情理。例如，调查学龄前儿童的文化程度、在没有通电的山区进行电视广告调查等都是不符合逻辑的，也是缺乏实际意义的。逻辑分析法可对研究方案中的调查项目进行可行性研究，而无法对其他方面进行判断。

2. 经验判断法

经验判断法是指组织一些具有丰富调查经验的人士，对研究方案进行初步研究和判断，以说明方案的可行性。例如，对劳务市场中的保姆问题进行调查就不应该采取普查的方式，而应该采取抽样调查的方式；对棉花、茶叶产地的农作物生长情况进行调查，应该采取重点调查的方式。

经验判断法能节省人力和时间，能在较短的时间内得出结论，但这种方法也有一定的局限性，因为人的认识是有限的、有差异的，且事物是在不断变化的，各种主、客观因素都会对判断的准确性产生影响。

3. 试点调查法

试点调查是方案可行性研究中的一个重要步骤，对于大规模市场研究尤为重要。试点调查的目的是使方案更科学和完善，而不仅是搜集资料。

从认识的全过程来说，试点是从认识到实践，再从实践到再认识的过程。因此，试点调查有两个明显的特点，一是实践性，二是创新性，两者互相联系、相辅相成。试点调查通过实践把客观现象反馈给认识主体，以起到修改、补充、丰富、完善主体认识的作用。

思考与练习

一、思考题

1. 简述市场研究的流程。
2. 是不是每次决策之前都需要进行市场研究？确定是否进行市场研究通常要考虑哪些因素？
3. 探索性调查、描述性调查、因果性调查各有什么特点？

二、调查实务题

某房地产公司的一栋公寓建在一所大学附近。过去一年内，该公寓的入住率从100%下降到了80%。该公司的业务经理认为，通过调整价格、改良产品、开展多种形式的促销活动，甚至调整分销渠道或许能改善这个状况。为此，该公司决定与调查公司合作，以确定经营策略。调查人员和业务经理讨论了可能导致入住率下降的原因，如表2-3所示。

表 2-3　可能导致入住率下降的原因

竞争对手	降低租金； 提供新的服务； 提供新的设施和装置； 更有吸引力的广告； 入住时不需要缴纳押金
消费者	学生总体数量下降； 收入情况改变； 对自身安全的考虑； 学生倾向于住宿舍； 省钱用于其他方面的支出； 被负面的口碑影响
公寓自身	嘈杂； 拥挤； 设施陈旧； 广告平淡； 被认为档次太低
环境因素	交通不便利； 市场供大于求； 学生偏好发生变化

调查人员和房地产公司的业务经理研究了表2-3中列举的每一个原因，最终发现只有很小一部分原因是入住率下降的真正原因，最终将可能的原因减少至两个：一些公寓为每个房间增加了数字电视；一些公寓增加了健身装置。经过调查，发现只有一家公寓安装了健身装置，而大部分公寓没有这样的设施。因此，没有数字电视是入住率下降最可能的原因。

请回答以下问题。

1. 请定义房地产公司的问题和调查目标，示例如表2-4所示。

表 2-4　房地产公司的问题和调查目标示例

问题	调查目标
预期的租户对公寓安装数字电视有何反应？	预期的租户对数字电视的需求达到何种程度？

2. 描述该公司在调查时可采用的解决问题策略，然后写出该公司调查结束后可能采用的策略。

3. 请为该公司拟定一个方案。

4. 结合这个案例，说明市场研究的功能。

第三章　二手资料收集

 **学习要点**

◇　了解二手资料和原始资料的区别，以及各自的优缺点
◇　理解并掌握二手资料的主要用途
◇　掌握评价二手资料的方法
◇　熟悉二手资料的来源

第三章课件　第三章习题

 情境 3-1

中国新能源汽车市场的发展

随着人们环境保护意识的增强和国家政策的大力推动，中国新能源汽车产业迅速发展。2021年，中国新能源汽车产业保持了产销两旺的发展局面，产量和销量刷新了历史记录。

肖经理是一家国际新能源汽车公司的大中华区市场经理，由于看重中国新能源汽车市场的发展潜力，公司拟打入中国市场。肖经理在开拓中国市场方面承担了重要职责，他需要了解中国市场的特征以及竞争状况，包括各类宏观政策，才能为公司提出可行的营销策略。

于是，肖经理决定对中国新能源汽车市场进行一次全面的调查。在开始撰写报告之前，肖经理决定进行一次简单的二手资料调查。为此，他需要收集所需要的资料，这些资料对于制订营销策略是非常有价值的。

经过一番思考，肖经理认为要把握市场的现状和发展趋势，至少应获得以下资料。

（1）行业竞争现状

收集这部分资料的主要目的是为整个研究奠定基础，进而分析行业现状并作为预测市场规模的参考信息，主要是新能源汽车产品的数据及信息资料。这部分资料包括需求量、保有量、价格变化、竞争对手名录、产品分类情况、消费者偏好和观念，以及各自的产品、定价、营销策略、优势等。

（2）市场规模相关因素（如行业政策和相关行业发展状况）

收集这部分资料的主要目的是获取现有发展状况，用来预测发展趋势，从而进一步预测其对新能源汽车细分市场发展的影响。这部分资料包括人均GDP和宏观经济数据、收入水平及分布数据（人均可支配收入、基尼系数）、家庭消费构成和消费升级数据、人口与城市水平数据、基础建设数据（道路、停车场、充电桩等）、相关政策数据（购买政策、保有和使用政策）等。

明确了需要哪些资料，肖经理开始逐项确定资料来源，如行业管理机构、行业协会、专业年鉴、国家图书馆、互联网等。于是肖经理开始了二手资料的收集历程……

第一节　二手资料概述

一、二手资料的含义

市场研究所需要的信息可分为原始资料和二手资料。原始资料是根据特定的研究目的专门收集的，例如通过问卷调查从消费者那里了解他们对本企业产品或服务的看法及要求等。二手资料是早已存在的资料，它们原来是为其他目的而收集的，但也可能对特定研究有用。二手资料一般是历史性的，而且事先已经被整理完毕。例如，公司收集了冰箱购买者的信息，并已确定哪些人购买了哪种冰箱，这就是原始资料；但是如果能从公司其他项目的数据或者公开发布的统计信息中找到这些信息，那么这些信息就属于二手资料。

二、二手资料的优缺点

1. 二手资料的优点

（1）可得性

二手资料的基本优点是它的可得性。与原始资料相比，获得二手资料简单得多，而且成本相对低廉。随着电子检索技术的发展，很多情况下，收集二手资料是即时完成的。

（2）节约成本和时间

与原始资料相比，二手资料的主要优势是节约成本和时间。

（3）是有些信息的唯一来源

有些信息无法通过直接调查取得，只能通过已有资料得到。例如，要了解整个中国的人口信息，任何一家公司都无法通过自己的调查获得。收集这些资料超出了一般组织的能力。

2. 二手资料的缺点

（1）缺乏可得性

虽然可得性是二手资料的一个优点，但是某些问题可能不存在二手资料。例如，如果某食品公司要评价三种新产品的味道、口感和颜色，就没有二手资料能回答这些问题。消费者必须亲自品尝三种口味，才能做出评价。

（2）缺乏适应性

二手资料通常是为其他目的收集的，很少能完全适合所有问题。二手资料不合适的原因主要有以下几个。

① 数据范围不同。在有些情况下，数据涉及的变量即使使用了同样的术语，其具体的内涵也会有所不同，使得资料在数据范围上存在一定的差异。

例如，在研究小公司的出口情况时，调查人员可以使用不同国家的研究资料。仔细研究后发现，各国对小公司的定义是不同的，有些国家从销售额的角度来定义，有些国家从雇员数量的角度来定义，有些国家从利润或营业额的角度来定义。因此，各国对小公司界定的差异导致不同来源的二手资料丧失了可比性。

② 数据计量单位不同。二手资料使用的计量单位有时与项目所用的单位不同。例如，产

品销量可以用销售额或件数来计量,产品运输量可以用容积、重量、价值、卡车载货量来计量,消费者教育水平可以用最高学历或完成正式教育的年限来计量。

③ 数据相关变量的种类划分不同。如果数据种类与调查所期望的种类不一致,也不适合使用二手资料。例如,某产品的营销商瞄准了老年人市场,该营销商希望获得不同年龄段人群的生活方式和活动数据。假定有一现成的综合性调查结果,它将成年人的生活方式和活动分成五个年龄段:18~25岁、26~35岁、36~45岁、46~55岁、55岁以上,则该调查结果对上述营销商没有用,因为年龄变量和营销商的特定需求不一致。

④ 数据涉及的时间不同。已有的二手资料通常是历史资料,难以及时反映现实中正在发生的新情况和新问题。例如,五年前的网络消费数据很难作为商家进行网络营销决策的依据,因为互联网中的购物行为随着时间的推移发生着巨大的变化。

(3) 缺乏准确性

二手资料是其他人收集的,收集、整理、分析过程中会有许多潜在的错误,例如为了支持既定的假设而故意扭曲数据。二手资料的使用者不能控制其收集过程,也无法控制其准确性。

(4) 资料不充分

一般情况下,二手资料不能完全解决目前面临的问题,这就需要再收集原始资料。

第二节　二手资料的应用

一、二手资料的用途

1. 有助于明确探索性研究的主题

二手资料在探索性研究中起着非常重要的作用。例如,一家健身俱乐部对其停滞不前的会员数量感到忧心忡忡。俱乐部经理决定对会员和非会员进行调查。二手资料显示大量年轻单身人员流入该地区,而传统型家庭的数量保持稳定。于是调查主题被确定为:俱乐部如何大量吸引年轻单身人员,同时保持其在传统型家庭中的市场份额。

2. 可以提供一些解决问题的方法

管理者所面对的问题在很大程度上不可能是从未遇见的,可能曾有人研究过同样或类似的问题;也可能有人已经收集了所需要的资料,只是不针对当前的问题。

3. 可以提供收集原始资料的备选方法

原始资料的收集是针对当前问题的,因此调查人员应该广泛采用不同的收集方法。例如,在设计调查问卷时,可以借鉴二手资料中相关问卷的问题,这样不仅可以使问卷更规范,而且可以与二手资料的结果进行比较。

4. 提醒调查人员需要注意的潜在问题和困难

除了提供方法,二手资料还能暴露潜在问题和困难,例如收集方法不受欢迎、样本选择有困难、被调查者有抵触情绪等。例如,一位调查人员计划进行某种特定药物的满意度调查,他查阅了一份相关的调查报告后,发现电话调查的拒绝率很高。于是,这位调查人员将原定的电话调查改成了邮寄问卷调查,并对回复者进行奖励,从而改善了反馈结果。

5. 提供必要的背景信息以使调查报告更具说服力

二手资料经常能提供大量背景资料。有时,背景资料直接符合研究的主题,从而不需要重复进行类似的研究。

二、寻找二手资料的步骤

在进行一个实际项目时,如何寻找二手资料呢?建议按照以下步骤进行。

第一步,分析什么是我们希望得到的,什么是我们已经得到的。若对要查询的目标没有明确的了解,毫无疑问会碰到很多困难。

第二步,列出关键词清单,并不断完善这份清单。每次出现了新的信息来源,就要选择新的关键词。

 在出版物和数据库中,使用正确的术语来寻找相关的资料是很重要的。

在很多案例中,调查人员都要思考某一主题的相关术语或同义词。例如,有些数据库会使用"制药业"来描述一个行业,而有些数据库会使用"药品行业"。另外,有时需要一个概念更窄的词,若搜索的是某个药品行业数据库,输入"药品"这个词就显得很"愚蠢",因为该数据库中的每条记录都包含这个词,此时输入药品的具体名称或许更明智。

在搜索数据库时,关键词搜索也是常用的,但这样经常会得到很多错误信息。例如,搜索"标准"时,它可能作为名词出现,也可能作为"标准化"的一部分出现。为了避免这样的错误,搜索时要用其他表示范围的词汇缩小范围。

第三步,对各类数据信息进行溯源。对于收集到的信息,在有必要的情况下可以进行溯源,以明确二手资料的价值。

第三节 二手资料的评估

一、原始来源是哪里

二手资料评估

数据的来源在评估其准确性时十分重要,二手资料可以从原始来源或后生成来源中得到。原始来源是产生数据的来源,而后生成来源是从原始来源中获得数据的来源。

使用二手资料的基本规则是:确保数据直接从原始来源中获得,而不是后生成来源。制订这一规则的原因有二。第一,原始来源在大多数情况下能描述数据收集与分析过程的细节。第二,原始来源普遍比后生成来源更详细、准确。

二、研究目的是什么

二手资料所说明的研究目的与当前的研究目的通常是不同的。因此,在使用二手资料前，我们必须明白与二手资料相关的原始研究目的。

情境 3-2

饮用水的市场之争

2000 年，农夫山泉股份有限公司的创始人向媒体宣布：经试验证明，纯净水对健康无益，农夫山泉不再生产纯净水，只生产天然水，由此挑起了"天然水和纯净水哪种更健康"的争论。

农夫山泉为什么要这样宣传呢？因为它拥有千岛湖的水源，因此力推天然水。但是正广和、娃哈哈等纯净水供应商并不认同这种观点，他们告诉消费者纯净水同样是非常适合饮用的产品。

之后，农夫山泉又从饮用水的 pH 值入手来宣传天然水。农夫山泉请来广州市分析测试中心、广州市公证处的工作人员对 20 个品牌的饮用水 pH 值进行现场测试。测试结果表明，除农夫山泉及另外三个品牌的饮用水呈弱碱性外，其余品牌的饮用水全部呈弱酸性。在农夫山泉于主流媒体发布的文章中，"含有一定矿物质""呈弱碱性"被称为"好水"的首要标准。很显然，按照这个标准，市面上大多数品牌的饮用水都无法进入"好水"的范畴。这些内容出现在一些科普文章中，攻击的矛头指向了纯净水和矿物质水。竞争者们当然不认同这个观点，他们认为水的国家标准有很多指标，不能就 pH 值指标来给产品定性。

设想一下，如果当时我们正在进行饮用水产品的市场研究，需要印证一些二手资料，面对这些互相对立的观点，要深刻了解双方争论的目的究竟是什么。如果这样的争论并无定论，而国家允许继续销售这几种水，那么显然这些二手资料在一定程度上只是为了宣传，可参考性不强。

由上面的案例可以看出，我们收集的二手资料往往服务于信息发布方的某种目的，存在一定的主观偏差。如果不分辨这一点，势必会误用这些信息。

三、收集了什么资料

就某些主题而言，可以收集到许多研究资料，如品牌知名度、市场潜力、销售排行榜等。但哪个能准确地体现调查主题的根本特征呢？

例如，有一份分析公共交通行业中司机人数的研究报告，在检查研究所使用的方法时发现，当时的调查人员根本就没有调查司机的数量，统计的是司机上交营业款的次数。一个司机在一天中可能会多次上交营业款，这样对结果的影响大吗？这取决于使用者打算如何运用这些数据。使用者必须明白，收集的二手资料在相关性方面的利用价值究竟多大。

四、在什么时间收集的

市场研究的对象几乎都是动态变化的，所涉及的许多信息都是随时间迅速变化的。因此，在利用二手资料之前，调查人员要检查二手资料的获取时间，以及资料发生的变化，注意二手资料能反映实际情况的程度。

五、谁收集的

即使能确认研究数据是在无任何偏见的情况下被收集的，还必须确定收集这些数据的机构是否值得信赖，因为不同的机构掌握资源和把控资料质量的能力不同。但是，如何确定收集数据的机构能否胜任资料收集工作呢？可以从以下几点着手。

首先，向业内人士请教，尤其是一些著名的机构，这些机构常常会在某些行业进行调查。其次，从检验报告本身入手，合格的报告一般会详尽地叙述所使用的资料的收集程序和方法。最后，接触这些机构以前的客户，看看他们对这家机构的满意程度如何。

六、怎么收集的

调查人员必须了解二手资料的来源，即样本是什么？样本有多大？调查回复率是多少？数据是否经过核实？

原始资料有多种收集方法，每种方法都会对最后的数据产生影响。不同的数据收集方式对数据的特点和质量有不同的影响。然而，如前所述，许多有声望的公司在提供二手资料的同时，会注明收集数据的方法。

七、所得的信息与其他信息的一致性如何

有时，多家独立机构会使用同样的二手资料，这就提供了一个很好的检验二手资料的方法。理想的情况是，如果两家或两家以上独立机构报告了相同的数据，就有足够的理由相信这些数据。

实际上，很少有两个机构会报告完全相同的数据。调查人员应该确定数据之间的差别有多大，并决定该怎么做。如果数据间有很大的差别，那么可能不能相信任何一份数据。调查人员要注意每个信息来源都收集了哪些信息、信息是如何收集的等。

第四节 二手资料的来源

一、内部资料的收集

进行市场研究时首先要收集内部资料。内部资料对于分析、辨别存在的问题与机会，以及制订、评价相应的决策方案是必不可少的。

（一）企业内部资料的种类

1. 生产经营方面的资料

（1）营销方面。营销方面的资料包括企业的各种营销决策和营销的记录、文件、合同、广告等。

（2）生产方面。生产方面的资料包括生产作业完成情况、工时定额、操作规程、产品检验、质量保证等。

（3）设计技术方面。设计技术方面的资料包括产品设计图纸及说明书、技术文件、档案、试验数据、专题文章、会议文件等。

（4）财务方面。财务方面的资料包括账目、收入、成本、利润、资金方面的文件及财务制度文件等。

（5）设备方面。设备方面的资料包括设备安装、测试、使用、维修记录，以及设备改装、报废文件等。

（6）物料方面。物料方面的资料包括库存保管记录、进料记录、出料记录以及其他制度文件。

企业生产经营方面的资料还包括计划、工资、培训、后勤、公共关系、横向联合等方面的资料。

2. 市场环境方面的资料

（1）消费者方面。消费者方面的资料包括商品的购买者、使用者、购买动机、购买量等资料，这些可以从企业的消费者分析报告或消费者档案中获得。

（2）市场容量方面。市场容量方面的资料包括市场大小、增长速度、趋势等。

（3）竞争方面。竞争方面的资料包括同行业的直接竞争者和替代商品制造企业的商品结构、服务市场、营销策略、优势等。

（4）分销渠道方面。分销渠道方面的资料包括销售成本、运输成本、分销商的情况等。

（5）宏观环境方面。宏观环境方面的资料包括经济形势、政策、社会环境、行业技术等。

> 企业的市场分析报告、消费者档案，以及以前的市场研究报告常常是获得市场环境方面的资料的重要途径。

（二）对企业内部资料的分析

分析企业内部资料的目的是了解企业的经营状况，包括企业的现状、问题，以及产生这些问题的原因、对策等。分析资料时可大量使用图表，将资料包含的信息清晰地表示出来。分析时可主要采用比较的方法，例如，与企业的目标比较来发现差距，与过去比较来发现变化规律，与同行业企业比较来发现优劣势，与消费者理想的产品比较来发现改进的余地和方向等。

二、外部资料的收集

（一）系统地使用检索工具

在收集信息时，系统地使用搜索引擎、索引、文摘、指南和其他检索工具是非常重要的。寻找资料的开端是适当地分析所需要寻找的资料主题。调查人员应该把其他调查人员可能研究过的、与本项目有关的文献类型和标题列出来。下面对检索工具进行简单介绍。

1. 互联网查询及数据库查询

二手资料的数量之大和种类之多给调查人员带来了困难，但随着计算机应用技术及网络技术的迅速发展和普及，越来越多政府部门和企事业单位将信息以数据库的形式放在互联网上。

 互联网上的二手资料源举例

国家统计局	中国经济信息网	中国企业新闻网
中国财经网	世界银行公开数据库	中国价格信息网
中国化工信息网	国务院发展研究中心	联合国统计委员会

除了权威机构的信息发布平台，还有一些数据平台值得关注，包括艾瑞网、洞见研报、数位观察等第三方机构，以及国外咨询机构。

2. 书籍检索工具

希望从书籍中得到二手资料的调查人员可以使用书籍检索工具找到对研究项目有用的书籍。图书馆检索系统是各种图书馆必备的供图书借阅者使用的检索工具，这是大部分想在图书馆寻找资料的调查人员的起点。

3. 期刊与报纸的检索工具

由于报刊种类很多，文献范围广，因此调查人员不得不在很大程度上依赖各种检索工具来得到适合的资料。

（二）外部资料的种类

1. 政府资料

（1）普查资料。普查资料是由政府普查机构定期调查获得的。普查机构的主要功能是收集、处理、编辑各种资料，为大众和政府机构服务。

（2）中央及地方政府的其他资料。这类信息主要指政治、经济、文化等方面的重要文件和资料。另外，各地方政府还有大量登记资料，例如出生、死亡、婚姻、住房、财产状况等记录。

2. 市场研究机构的信息来源

一个企业可以通过自己的调查人员获得所需的资料，也可借助外部市场研究机构收集资料。从这些机构获得的资料可以是二手资料，也可以是原始资料，这取决于研究的性质。

3. 行业内部信息来源

（1）各种专业杂志。各行业都有一个或多个杂志。例如，汽车行业有《汽车工程》《汽车技术》等刊物。

（2）各种专业及贸易协会出版物。这类协会通常会收编和出版对其会员有用的资料。

（3）个别企业的资料。大多数企业每年都要完成一份财务报告。企业也有一些内部使用的资料。另外，企业的产品目录也可以作为有用的资料。对于上市公司，企业年报是一种重要的二手资料来源。

4. 其他信息来源

还有很多其他信息来源对市场研究有用，包括来自大学、研究所、个人的研究报告，例如学位论文、专著及各种研究中心的研究报告等。

思考题

1. 什么是二手资料？它与原始资料有何区别？
2. 什么时候调查人员应该寻求二手资料？为什么？
3. 二手资料与原始资料相比有哪些优点？
4. 二手资料是否适合所有调查人员使用？要注意哪些问题？
5. 应该如何对二手资料进行评价？为什么进行评价很重要？
6. 使用二手资料时易犯什么错误？
7. 请你去图书馆寻找某方面的信息，要求有用且相关，并说明你是如何找到的。
8. 假设你想在北京开一家墨西哥快餐店，但不确定消费者的接受程度，考虑进行市场研究来了解他们的态度和观念，你发现了以下信息。

研究报告 A 是由一家著名的研究快餐食品连锁店的机构完成的。为了得到此份研究报告的授权，你需要支付给该机构 2000 元人民币。这份研究报告评估了消费者对快餐食品的态度，样本是 500 位已婚的消费者。调查结果表明，被调查者不太喜欢快餐食品，主要原因是他们觉得这些食物没什么营养。

研究报告 B 是一个学生小组为了完成 MBA 营销课程所做的。获得这份研究报告并不需要花钱，因为可以在学校图书馆里找到它。该研究评估了消费者对一些外来快餐食品的态度。被调查者是 200 名大学生。结果显示，他们比较喜欢两种外来快餐食品，分别是意大利食品和墨西哥食品。

（1）请客观评价两种数据来源。
（2）你认为哪种数据来源更好？为什么？
（3）假设你认为快餐食品连锁店有利可图，请找出五种二手数据来源并做出评价。

情境 3-3

新能源汽车市场分析实务

王强刚应聘进入 A 公司的市场部门，作为市场调查人员被分派到一个产品经营组工作。产品经营组正在进行一项紧急任务，要分析目前中国市场上的新能源汽车产品及竞争情况，并总结未来 10 年新能源汽车的发展趋势。

第一阶段的工作是对不同的细分市场进行背景分析。王强被分派到市场调查小组开展二手资料的收集和分析工作，他需要在第二天早晨之前完成初步分析，以便在第二天的会议上汇报市场的潜力和未来趋势。他采取的第一步是进入百度搜索引擎，在搜索框中输入"新能源汽车销售"。

请你重复以上操作，进入可能有相关资料的网站，利用这些网站与其他网站之间的恰当连接，使用其他关键词进行辅助查询。同时，使用其他搜索引擎进行类似查询。

请你完成一份两页的报告，内容包括以下几点。

1. 中国新能源汽车市场分析
（1）市场大小、目前的增长速度、预计增长速度、该行业和相近行业在近 5～10 年内的情况。

（2）该行业最重要的趋势。

（3）销售渠道的变化趋势。

（4）目前和将来成功的因素，即所需要的竞争技能和资源。

2. 环境分析

（1）人口、文化、经济、政策等方面的趋势或事件带来的机会与威胁。

（2）对环境因素的预测。

3. 消费者分析

（1）主要的市场分区。

（2）消费者的消费动机以及未满足的需求。

4. 竞争分析

（1）目前的潜在竞争品。

（2）目前市场上的领先品牌。

（3）A公司与其潜在竞争者目前及未来的销售水平。

（4）A公司与其潜在竞争者的优势与劣势。

（5）A公司与其潜在竞争者的竞争策略。

第四章　定性调查

学习要点

- ◇ 了解定性调查的作用
- ◇ 理解并掌握观察法、焦点小组访谈法、深度访谈法的适用情境
- ◇ 掌握观察法、焦点小组访谈法、深度访谈法的操作流程

情境 4-1

定性调查助力了解"美颜"背后的心理

社交媒体已成为当代青年人表达自我的重要渠道。美颜相机是一款把手机变成自拍神器的 App，由美图秀秀团队打造。自动美肌和智能美型功能颠覆了传统拍照效果，能瞬间完成自动美颜，完美保留脸部细节。为了更好地服务用户，公司需要了解用户美颜行为背后的动机和心理机制，以改进产品和营销策略。

公司的调查小组首先进行了二手资料研究，梳理了一些相关的研究成果，发现照片编辑行为通常与个体的自我呈现、自我物化、社会比较等因素有关。随后采取了方便抽样和滚雪球抽样相结合的方式，对来自全国各地的 19 名青年女性进行了半结构化深度访谈。被调查者包括事业单位职工、公务员、个体户、学生等，来自武汉市、杭州市、上海市、深圳市、北京市、成都市、长沙市等 12 个城市，被调查者的年龄为 19～28 岁，平均年龄为 22 岁，学历均在大专及以上，拥有良好的理解和表达能力。

调查小组主要通过半结构化深度访谈获取资料，同时辅以参与式观察法，密切关注被调查者在社交媒体平台上发布的照片，为被调查者未意识到的细节问题提供补充和参考。在正式开始访谈之前，调查小组预先与部分被调查者进行了接触和观察，着重观察了被调查者在社交媒体平台上发布美颜照片、评论等方面的表现。根据现有研究成果以及与被调查者的接触，调查小组设计了若干问题，形成了初步的半结构化访谈提纲。在对部分被调查者进行预访谈后，调查小组修正和调整了访谈提纲中的问题，最终确定了需要挖掘的几项基本内容：青年女性热衷在社交媒体平台上发布美颜照片的动机；青年女性参与美颜活动的心理机制；美颜行为对青年女性带来的影响。

正式访谈持续了两个月。每位被调查者的访谈时间均在 45 分钟以上，对访谈过程进行录音，同时根据被调查者的回答做了重点问题记录。在访谈期间，调查小组经常性地观察 19 位被调查者在微博以及微信朋友圈发布的美颜照片，以全面地了解和掌握被调查者的相关信息。

调查小组在完成访谈以及参与式观察后，根据访谈时间依次对每位被调查者进行访谈材料建档，包括访谈的详细文字记录以及在社交媒体平台上分享美颜照片的行为特征。在录音转换文本的过程中，调查小组仔细对比了被调查者的原始音频，以确保研究材料准确无误。

通过调查收集数据有两种方法：定性调查和定量调查。定性调查是一种非程序化的、非常灵活的、基于问题性质的调查方法，一般只针对小样本，且更多地探索消费需求心理层次，如情境4-1探讨了用户使用美颜相机的内在心理机制。这种调查结果往往没有经过量化或定量分析。

一般来说，定性调查广泛应用于问题判断、因果阐述、构思及概念开发、问卷调查的问题和选项确定等方面。

第一节　观察法

一、观察法概述

观者，看也；察者，思考、比较、鉴别也。观察是人们日常生活中最普遍的行为，例如早晨起来看天气情况、在公园里观察花草树木、在大街上观察人物的表情与动作等，这些是无意识、不系统的观察。科学观察则具有以下特征：具有研究目的和假设；有系统、有组织地进行；借助科学工具；避免主观与偏见；可重复查证等。

1. 观察法的定义

观察法是不通过提问或交流而系统地记录人、事物或事件的行为模式。当事件发生时，调查人员应见证并记录信息，或者根据以前的记录进一步整理信息。观察法既包括观察人，又包括观察现象，既可由人（利用眼睛、耳朵等器官）进行，又可由机器进行。观察情形举例如表4-1所示。

表 4-1　观察情形举例

情形	举例
由人观察	调查人员置身于超市，观察消费者选购速冻食品的行为； 调查人员置身于十字路口，观察不同方向的交通流量
由机器观察	利用摄像装置记录人们的行为； 用交通计数器监测交通流量

2. 观察法的优点

首先，观察人们的实际行为而不依赖他们的描述，这种方法非常有意义，也是观察法最明显的优点，它可以避免许多误差。其次，调查人员不会受到被观察者意愿和回答能力的困扰。

总体而言，通过观察法获得的数据较真实、客观，能避免调查人员或被调查者主观性的干扰，通过观察法可以更快、更准确地收集某些类型的数据。

3. 观察法的缺点

观察法的第一个缺点是只有行为和物理特征能被观察到。调查人员无法了解人们的动机、态度、想法和情感。同时，只有公开的行为能被观察到，一些私下的行为（如上班前的打扮过程、公司委员会的决策过程、家庭的活动等）超出了调查人员的观察范围。

第二个缺点是人们的当前行为并不能代表未来的行为。例如，在衡量了几个可供选择的品牌后，消费者选择购买某一品牌的牛奶，这可能会持续一段时间，但将来可能会发生变化。

如果被观察的行为不是经常发生的，那么观察法会很耗时而且成本很高。例如，如果超市中的一个调查人员等着观察消费者选择红酒的行为，那么他可能会等待很长时间。如果被选为观察对象的消费者是根据一定的条件选择的（如下午 5 点后去超市购物的消费者），那么可能会得到错误的数据。

> 成功地使用观察法必须具备以下三个条件。
> ✓ 所需信息必须是能观察到的或者能从观察到的行为中推断出来的。
> ✓ 所要观察的行为必须是重复的、频繁的或在某些方面可预测的。
> ✓ 所要观察的行为必须是相对短期的。

二、观察法的类型

调查人员有多种观察法可供选择。问题在于，对于某一特定的调查问题，从成本和数据质量的角度出发，如何选择一种最有效的方法。

1. 参与观察法与非参与观察法

这种分类方法是根据调查人员是否参与观察对象的活动划分的。参与观察法是指调查人员为了深入了解情况，直接加入某一群体，以内部成员的角色参与活动。例如，某汽车厂商的产品经理在一款新汽车问世之初，为了解其性能是否满足消费者需要，以及是否与目标群体相符，可以与一部分消费者同时使用该款汽车，通过观察来了解产品特性。

非参与观察法是指调查人员以旁观者身份进行观察。在非参与观察法中，调查人员像记者一样进行现场采访和观察，不参与任何活动。这种观察法虽然比较客观，但无法了解被观察者的内心世界，不能深入实际生活中的各个方面。

> 调查人员在各种场合应参与到什么程度、充当哪种角色是需要慎重考虑的。

2. 公开观察法与掩饰观察法

根据调查人员的身份是否被公开，可以将观察法分为公开观察法与掩饰观察法。如果人们知道自己正在被观察，他们的行为可能会有所不同，因此，调查人员公开自己的身份可能会影响观察对象的表现。

掩饰观察法是指在观察对象不知道的情况下观察他们的行动。

> 神秘消费者调查法是一种典型的掩饰观察法，即从消费者或潜在消费者的角度检验服务的品质。沃尔玛、屈臣氏、麦当劳等均有"神秘消费者"来抽查员工提供的服务品质。

3. 结构性观察法与非结构性观察法

从观察设计的角度可以将观察法分为结构性观察法与非结构性观察法。结构性观察法是指事先制订观察计划并严格按照计划进行观察。这种观察法的最大优点是观察过程标准化，对观察的对象、范围、内容、程序有严格的要求，一般不得随意改动，因而能得到比较系统的观察材料。

非结构性观察法是指事先不对观察的内容、程序做严格的规定，根据现场的实际情况进行观察。人们平时的观察大多数属于非结构性观察。非结构性观察法的优点是比较灵活，调查人员可以在事先拟定的初步提纲的基础上充分发挥主观能动性和创造性，认为什么重要就调查什么；缺点是得到的观察资料不系统、不规范，受调查人员个人的影响较大，可信度较低。

在结构性观察法中，调查人员常常要为每位观察对象填写一份问卷式表格，而在非结构性观察法中，调查人员只需要根据观察对象的行为制作备忘录。结构性观察法通常只用于计算某一特定行为发生的次数。

> 采取结构性观察法还是非结构性观察法取决于研究目的。如果对所感兴趣的问题了解较多，那么结构性观察法可能更有意义。否则，通常采取非结构性观察法。

4. 人员观察法与机器观察法

从借助的工具角度可以将观察法分为人员观察法与机器观察法。在某些情况下，用机器观察法取代人员观察法是可能的甚至是效率更高的。

5. 直接观察法与间接观察法

直接观察法是指调查人员亲自"看"观察对象的活动，例如在市场上看到消费者的购买过程，在座谈会上听到消费者的评论等。间接观察法是指调查人员对物品、社会环境、行为痕迹等进行观察，间接得出观察对象的状况和特征。例如，通过对一些城市的建筑、交通、餐饮条件的观察可以初步对这个城市的消费特点和消费能力有所了解；考古学家通过出土的居民定居村落遗址以及所找到的实物证据来确定古代人民的生活方式；调查人员通过人们对生活垃圾的分类行为来分析他们的日常消费模式。

> 市场研究所进行的大部分观察是直接观察。然而，在有些时候，消费者以前的行为也需要观察，这时就要进行间接观察。

三、观察法的应用

一般来说，观察法适用于被调查者作答效率低下、无法作答的情况，或者需要第三者进行客观观察的情况。观察法适用性举例如表4-2所示。

表 4-2 观察法适用性举例

观察法	分析-定量	分析-定性	观察对象-人（群体）	观察对象-物	观察对象-场所	场面-自然状态	场面-人为状态	手段-人（含照片、录像）	手段-机器	观察内容-数量	观察内容-状态	观察内容-动作	观察设计-结构性观察法	观察设计-非结构性观察法	观察者状态-参与观察法	观察者状态-非参与观察法	观察方法-直接观察法	观察方法-间接观察法
行人数量调查	○		○			○		○		○			○			○	○	
步行路线调查	○		○								○	○						
消费者特征调查	○		○					○			○		○					
服务品质调查	○	○		○	○						○							
对打扮时尚的人所携带物品的调查	○			○			○			○			○	○				
店内库存量、进货量、销售量调查；宣传单的发放数量调查；家用冰箱的储藏物品调查	○			○		○		○		○			○			○		○
交通流量实态调查	○			○		○				○			○					
电视节目收视率调查；交通流量/速度调查；通过GPS对观察对象进行位置调查	○		○	○					○				○			○		○
零售店的布局调查		○		○		○					○				○		○	

情境 4-2

消费者购物全过程观察

夏日将近，饮料销售进入旺季，某商场委托调查公司对饮料销售情况进行调查，以确切得知以下问题。

商场的消费者如何购买饮料？
对于商场的促销活动，消费者的反应如何？
如何安排商场的商品区域以提高饮料销售额？

调查公司直接派调查人员观察消费者。调查人员装扮成饮料公司的职员，观察选定的消费者，并在观察记录表上进行记录，如表4-3所示。最后将所有数据进行汇总，对通道设计、商场内部促销等方面提出相应的改进意见。

表 4-3　观察记录表

调查人员＿＿＿＿＿＿＿＿＿＿＿＿＿＿＿＿　　　　地点＿＿＿＿＿＿＿＿＿＿＿＿＿＿＿＿
日期＿＿＿＿＿＿＿＿＿＿＿＿＿＿＿＿＿＿　　　　时间＿＿＿＿＿＿＿＿＿＿＿＿＿＿＿＿
观察对象的组成
人数　　　＿＿＿＿＿＿成人　　　＿＿＿＿＿＿儿童
性别构成（成人）　＿＿＿＿＿＿男性　　　＿＿＿＿＿＿女性
使用的装运工具　＿＿＿＿＿＿购物车　　＿＿＿＿＿＿购物袋　　＿＿＿＿＿＿不使用
购物行为

行为	饮料	食品	日用品	服饰	其他
路过（进入过道）					
触摸过					
选购过					
寻求过帮助					
与同伴讨论过					
其他细节					

行为	果汁	碳酸饮料	奶制品	茶饮料	其他
路过（进入过道）					
比较过（尽可能注明种类）					
品牌（被选购的）					
品牌（被查看的）					
与同伴讨论过					
其他细节					

购买情况＿＿＿＿＿＿＿＿＿＿＿＿＿＿＿＿＿＿
价目表＿＿＿＿＿＿＿＿＿＿＿＿＿＿＿＿＿＿＿
计算＿＿＿＿＿＿＿＿＿＿＿＿＿＿＿　优惠活动＿＿＿＿＿＿＿＿＿＿＿＿＿＿＿＿＿＿＿
购买完成时间＿＿＿＿＿＿＿＿＿＿＿＿＿＿
总购买量＿＿＿＿＿＿＿＿＿＿＿＿＿＿＿＿

以下是针对一名消费者的全部观察流程。

调查人员首先挑选一位女士作为观察对象。这位女士的年龄约为三十岁，带着一个女儿，大约3岁。孩子坐在儿童手推车中，由其母亲推着。这位女士随着购物的人流往前走。首先，她停在了日用品区，挑选了六神花露水、妮维雅防晒霜、雷达电蚊香液等夏季必需品，以及强生湿纸巾、蓝月亮洗衣液、中华牙膏等日用品。

她继续向前走，停在蔬菜、水果前，拿起一个西瓜。此时，调查人员将这一举动记录下来。在记录的同时，这位女士放下了刚才的西瓜，又拿起了另一个西瓜。显然，她在看哪个西瓜更好。这样重复几次后，她终于挑选了一个西瓜，称重后放入手推车里。

接着，她来到摆放果汁的货架前。她迅速拿起一罐王老吉放入手推车中，然后拿起一瓶康师傅葡萄汁,很有兴趣地看着上面的说明。同时,她的女儿拿起一瓶统一鲜橙多。但她将手中的康师傅葡萄汁和统一鲜橙多均放回货架上,并又将五罐王老吉放入手推车中。她继续往前走,调查人员将这一小插曲记录下来。

然后,调查人员注意到这位女士来到奶制品货架前。首先,她挑选了一瓶低脂牛奶,然后走到伊利品牌的货架前。这时,她的女儿哭了,因为她的小玩偶掉到了地上。这位女士走过去,捡起玩偶拿给小女孩,哄了一会儿,小女孩才停止了哭闹。这位女士继续往前走,显然她已忘了想要购买伊利奶粉的事,调查人员记录下这一突发事件。

之后,当她走过冷冻食品柜时,拿了一罐冰淇淋放入手推车中,调查人员注意到她似乎突然想到了什么。她在奶制品货架前回想了一下,似乎想不起来,此时她看到光明果汁"买两瓶送乐扣杯"的活动,而味全果汁正在进行"买一赠一"的促销活动,她进行了大约10秒钟的比较后,拿起一瓶味全苹果汁放入手推车里,调查人员记下了这一过程。

最后,这位母亲推着手推车走向收银台,因为人较多,结账耗时较长,这次购物共花费了1小时15分钟。

在一天结束时,每位调查人员都观察了20名消费者的购买全过程,共有10名调查人员,形成了200名消费者的购买记录。

如何将观察到的情况浓缩到一篇精练的报告中去呢?首先,应该将观察对象进行分类。可以按照他们购买商品的情况分为饮料、食品、日用品、服饰、其他。然后,对于每位购买饮料的消费者,将他们购买的商品分为果汁、碳酸饮料、奶制品、茶饮料、其他;又可根据其购买方式分为迅速选取该品种、看了其他品种后再选择该品种、看过该品种但并未购买、没有在该区域停留;最后要关注促销方式对他们的影响。然后,可按人数来划分,是一个人还是两个人;是两个成人还是一个成人带着一个孩子,或者是其他组合;消费者的年龄、性别又如何;消费者是使用手推车或篮子还是什么也不用。调查结果如表4-4、表4-5所示。

表 4-4 调查结果 1

项目	结果
消费者在商场内的平均时间	32.4(分钟)
平均消费者人数	1.2(人)
平均花费金额	57.34(元)
付款方式	73.0%(线上支付)
所经过的区域数量	5.7(个)
寻求帮助者	0.5%
停下触摸商品	40%
购买饮料	80%,15(元)
购买果汁	50%
购买奶制品	40%
购买碳酸饮料	10%
购买茶饮料	30%

续表

项目	发现
其他（总和大于100%是因为有人购买了多种商品）	10%
购买促销饮料	60%
购买降价促销饮料	20%
购买捆绑同类商品的饮料	50%
购买捆绑其他商品的饮料	20%
购买有满赠活动的饮料	10%
购买有抽奖活动的饮料	5%
其他（总和大于100%是因为有人购买了多种商品）	5%

表 4-5　调查结果 2

项目（购买饮料的消费者还购买了其他商品）	结果
日用品	31%
服饰	14%
食品	33%
其他（总和大于100%是因为有人购买了多种商品）	26%

请进行分析，对该超市的通道设计和饮料促销提出你的建议。

第二节　焦点小组访谈法

一、焦点小组访谈法概述

1. 焦点小组访谈法的内涵

焦点小组访谈法起源于精神科医生所用的群体疗法。焦点小组（Focus Group）一般由6～12人组成，在一名主持人的引导下对某个主题进行深入讨论。焦点小组访谈法的目的是了解和理解人们心中的想法及其原因。焦点小组访谈法的关键是使参与者对主题进行充分和详尽的讨论，了解他们对一种产品、观念、想法、组织的看法，了解所调查的事物与他们的契合程度，以及感情上的融合程度。

焦点小组访谈法不是一问一答式的面谈。它们之间的区别是"群体动力"（Group Dynamics）和"群体访谈"（Group Interviewing）之间的区别。群体动力提供的互动作用是焦点小组访谈法成功的关键。焦点小组访谈法的一个关键假设是：一个人的反应会刺激其他人，从而可以观察受试者的互相作用，这种互相作用会产生更多信息。

当前，焦点小组访谈法已经被广泛应用于市场研究中。大多数市场调查公司、广告代理商和消费品产商都会使用这种方法。

2. 焦点小组访谈法的优缺点

焦点小组访谈法的优点主要体现在以下几方面。

（1）被调查者不与调查人员单独面对面，因而会感觉比较轻松，能畅所欲言；同时由于"滚雪球"效应，焦点小组成员可以互相启发，提出真实的、有创造性的见解。

（2）通过小组讨论的形式，可以被谈论的问题不受限制，可以应用的方法也较广泛，如采用角色扮演、讲故事、小组游戏等形式，颇具灵活性。

（3）通过小组讨论的形式可以获得丰富的信息，例如可以通过观察小组成员的态度、行为和反应弥补口头信息的不足。另外，随着话题的展开，可以使讨论的问题有更多视角。

当然，焦点小组访谈法也存在一些缺点，例如，如果小组讨论时存在小团体意识，提出的观点就不一定能反映总体的观点；从每个被调查者处获得的信息较少等。

二、焦点小组访谈法的实施流程

（一）调查课题的设定

进行焦点小组访谈的目的是发现和归纳一些在常规的提问调查中不能获得的意见、感受和经历。

> 焦点小组访谈有四个主要目标：获取创意；理解被调查者的语言；显示被调查者对产品或服务的需求、动机、知觉和态度；帮助调查人员理解从定量分析中获得的结论。

1. 获取创意

概念测试是新产品、新服务或新改进的起点。如果新产品的概念在一次焦点小组访谈中被讨论，参与者可能有三种反应：喜欢、不喜欢、介于两者之间。如果他们喜欢这种新产品，这个概念就获胜，将得到进一步的开发；如果介于两者之间，则需要更详细的研究；如果不喜欢，则应取消这个概念。

2. 理解被调查者的语言

理解被调查者的语言是指用该方法了解被调查者在描述一项产品或服务时使用的语句，以便在宣传产品或服务时在用词方面有改进，这有助于产品的广告设计和产品宣传手册的设计。例如，奥利奥公司曾进行了焦点小组访谈，发现许多成年人把奥利奥饼干看作儿时纪念，认为这种产品有一种魔力，能使人们感到快乐。这使该公司进行了一次成功的广告宣传，即"打开奥利奥魔幻之门"，引起了人们对儿时的回忆。

3. 显示被调查者对产品或服务的需求、动机、知觉和态度

该方法可以真正了解被调查者对产品或服务的感受，使营销团队获得新视角。焦点小组访谈法通常用于调查探索期，它为接下来的调查提供了目标。例如，焦点小组访谈可以探索被调查者对产品的不满意之处，发掘解决问题的方法。

4. 帮助调查人员理解从定量分析中获得的结论

该方法有助于更好地理解从其他调查中获得的数据。焦点小组访谈法有时能揭示为什么这些结论以一种特殊的方式出现，还能指导调查人员在设计调查问卷时应该注意哪些事项。

焦点小组访谈法对理解被调查者的类型、价值观、购买力等基本信息十分有帮助，也可以用头脑风暴刺激出新的创意。

（二）焦点小组的设定

1. 焦点小组规模

焦点小组访谈的有效性在很大程度上取决于参与者数量和他们的特征。在市场研究实践中，焦点小组的规模为6~12人。少于6人的焦点小组访谈不可能得到真实、有益的结论。超过12人的焦点小组访谈规模太大，比较混乱而不能开展紧密、自然的讨论。

然而，并不存在理想的参与人数。如果主题的针对性较强或技术色彩较浓，就需要较少的被调查者。此外，参与人数还会受到预算的影响。

2. 焦点小组构成

同一个焦点小组的参与者最好有一些共同特征，即建立有效人群，这是由两方面决定的。第一，调查时往往需要特定的人群加入小组；第二，参与者之间的相似性可以缩短小组成员破冰的时间，让小组成员在与自己相似的人群中更自然地表达自己的思想。

> 进行焦点小组访谈时可以挑选3~4个小组来调查，并通过性别、年龄、居住地、职业、是否使用产品、使用产品的频率等特征确定各小组的特征。

（三）主持人的选择

主持人需要具备两方面的技能。第一，主持人必须能组织一个小组。第二，主持人必须具备良好的访谈技巧，以便有效地与被调查者进行互动。主持人要具备的个性特征和技巧如下。

（1）对人以及人的行为、情感、生活方式、激情和观点真正感兴趣。

（2）接受并重视人与人之间的区别，尤其是与自己的生活方式截然不同的人。

（3）良好的倾听技巧：既要能听到小组成员说出来的话，又要能分辨没有说出来的潜台词。

（4）良好的观察技巧：能观察到正在发生的事情和没发生的事情，善于理解肢体语言。

（5）具有广泛的兴趣，能完全融入所讨论的话题，能很快学会必需的知识和语言。

（6）具有良好的口头和书面交流技巧：善于清楚地表达自己，并能在不同类型和规模的团体中自信地表达自己。

（7）具有客观性：能抛开个人的思想和感情，听取他人的观点和思想。

（8）具有调查、营销、广告方面的基础知识，了解其基本原理、基础和应用。

（9）具有灵活性，善于面对不确定性，能迅速做出决策，并且思维敏捷。

（10）善于观察细节，具有较好的组织能力。

(四)讨论指南的制订

一次成功的焦点小组访谈还要有一份精心编制的讨论指南。讨论指南是一份话题概要,通常包括提问的方式、提问的项目、提问的具体安排。

讨论指南举例如表 4-6 所示。

表 4-6 讨论指南举例

讨论安排	项目	时间
\multicolumn{2}{c	}{1. 开场白}	
讨论目的	喜欢品牌 A 的理由	15 分钟
录音许可	保护个人隐私,请求大家关闭手机	
讨论规则	倾听别人的话、与别人对话等	
自我介绍	姓名、职业、爱好等	
\multicolumn{2}{c	}{2. 关于品牌 A 的讨论}	
购买情况	持有商品、购买时间、购买商店等	30 分钟
认知情况	通过什么渠道知道这个品牌的、时间等	(5 分钟)
品牌形象	喜欢和不喜欢的程度和理由; 为何持有该商品; 家属、朋友的评价; 广告、价格等	(5 分钟) (20 分钟)
\multicolumn{2}{c	}{3. 关于竞争品牌的讨论}	
购买情况	持有商品、购买时间、购买商店等	30 分钟
认知情况	通过什么渠道知道这个品牌的、时间等	(5 分钟)
品牌形象	喜欢和不喜欢的程度和理由; 该商品品牌的含义; 家属、朋友的评价; 广告、价格等	(5 分钟) (20 分钟)
\multicolumn{2}{c	}{4. 关于品牌转换的讨论}	
品牌转换	有无转换; 转换的理由(价格、功能等); 将来的转换行动	40 分钟 (30 分钟) (10 分钟)
其他	想要的商品等	
\multicolumn{2}{c	}{5. 结束语和感谢语等}	5 分钟

(五)准备工作

1. 地点

如果讨论要持续 90 分钟以上,那么,讨论的场所设施是否完善以及是否适合讨论将显得十分重要。焦点小组访谈通常是在一个焦点小组测试室中进行的。这个环境一般是一间会议室风格的房间(在理想情况下,一面墙上装有一面单面镜,单面镜后是观察室,为观察者准备了椅子和桌子），在不引人注目的地方（一般在天花板上）装有录像设备，来记录整个讨论过程。

2. 参与者的招募和协作请求

参与者是通过不同的方法招募来的。在商业街上随机拦住一些行人或随机选择一些电话号码是两种比较常见的方法。也有一种简单的保证成员相似性的方法，即从成员结构类似的机构中挑选，例如俱乐部、学校、职业协会等。通常，调查人员会为参与者制订一些资格标准，例如，如果某麦片厂商要调查一种谷类食品的市场反馈，那么它需要的是年龄为7～12岁的孩子的母亲，并且在过去3周内曾给孩子吃过谷类食品。

（六）调查实施

焦点小组访谈通常持续1.5～2小时。为了有效利用时间，主持人必须尽快让参与者破冰，进入讨论。营造放松氛围的方式包括：让焦点小组测试室变得舒适；在讨论开始前和讨论中提供茶点。

> 在焦点小组访谈进行的过程中，主持人不是被动的，要有目的地引导讨论。

1. 提问的技巧

（1）如果小组成员讨论得很好，主持人可以一言不发。
（2）当主持人想让某人参与讨论时，可以说"××，你认为怎么样"。
（3）当主持人想鼓励某人就某一点进一步讨论时，可以说"你为什么这么认为""其他人同意吗"。
（4）当主持人想改变讨论主题时，就必须开口引导，可以说"下面我们看看另一个问题吧"。

2. 位置的安排

如果在开始讨论前的闲聊中，有人表现得很主动、很外向，这个人应当被邀请坐到主持人旁边，这样主持人不会经常把目光落在其身上，必要时可以用动作引导其发言。内向的人应当坐在主持人对面，这使主持人能很容易、自然地看到他，并引导他。

另外，必须如实记录焦点小组访谈过程。当然，要尽量避免记录设备对参与者的干扰。

（七）资料整理和分析

通常，焦点小组访谈结束后，要听取主持人的汇报总结，有时称作即时分析。但是这种做法可能会掺杂主持人的偏见，会受到近因效应、首因效应或个别参与者的影响。因此，事后根据访谈记录重新整理和分析的报告更具客观性。

情境 4-3

途牛旅游网持续升级产品

途牛旅游网创建于2006年，以"让旅游更简单"为企业使命，先后打造了高品质跟团游"牛人专线""牛人严选"等一系列品牌。其中,"牛人专线"诞生于2009年,凭借独特的产品思路和高品质的服务标准,建立起了游客对跟团游产品和服务的新认知,并通过多次升级,不断优化旅游体验,树立了坚实的竞争壁垒。截至2021年第一季度,"牛人专线"累计服务超540万人次,客户满意度达97%,有超过五百条线路供游客选择。

公司定期邀请客户进行焦点小组访谈,分析问题所在,以持续升级产品。下面是一份关于跟团旅行的讨论记录,这次讨论的参与者均为22~30岁的单身男子。

甲:"我不喜欢跟团旅行,我喜欢按自己的方式旅行,有时租一辆车就可以了。"

乙:"我并不在意用什么方式旅行。我只希望有人能告诉我,该在什么时候到达什么地方,然后为我安排好去下一站的车及回程方式。"

丙:"是的,那也正是我希望的。但我希望有一些私人时间去购物或看看风景。我希望我的旅行有一些冒险的感觉,但应是有组织的。我不想花时间去寻找一些原本就不存在的东西。"

主持人:"你们反对跟团旅行吗?"

甲:"是的,我喜欢自己安排行程。公司在每个游玩区域只有三个可供选择的景点。我已去过其中两个……还有什么地方可去?感觉没什么景点可去了。再有,我觉得公司的收费标准与实际的旅行质量有一定差距。"

乙:"那倒不是。与单独支出酒店费用或机票费用相比,我认为跟团旅行还是便宜的。"

丙:"跟团旅行收费不高与其批量交易有关,途牛旅游网让尽可能多的人在一个团中。你没有属于自己的时间,所以你会觉得它的收费似乎是合理的。我觉得价格问题还是可以商讨一下的。"

甲:"我觉得跟团旅行的路线安排过于局限。我希望有更多景区可选择,所以我选择了其他旅游代理公司。事实上,上星期我在网络上进行了一次自己安排路线的尝试,然后旅游代理公司将整个行程的费用告诉我。这种方式使我有很大的选择余地。"

乙:"那种方式太过复杂,有太多的地方可供选择。而且,我觉得由你自己安排路线是个圈套。最终你的行程仍然是由旅游代理公司事先安排好的,你所选择的只是这些路线中的A、B或C。"

丙:"是的,只要有一定的空闲时间,总会有很多事可做。我并不想在电脑上一分钟一分钟地安排我的假日。"

用以上代表部分被调查者观点的叙述回答下列问题。

1. 跟团旅行有哪些问题?哪些方面还可以继续改进?
2. 途牛旅游网应当担忧哪些客户的误解?如何消除这些误解?

第三节 深度访谈法

一、深度访谈法概述

调查人员经常需要对某个专题进行全面、深入的了解,同时希望通过访问、交谈发现一些重要情况。要达到此目的，仅靠表面观察和一般的访问是不行的，需要采用深度访谈法。深度访谈法是一种无结构的、直接的、一对一的访问，由掌握高级访谈技巧的调查人员对调查对象进行深入的访谈，以揭示其对某一问题的态度和情感并发现内在的关联。

通过深度访谈法可以获得更详细的信息，可以将谈话聚焦在有限的问题上，能深入地挖掘话题，并且能在对方同意的情况下对一些敏感话题进行讨论，还能使用更灵活的访谈形式了解被调查者的真实想法。但是，深度访谈法的成本比较高，所得的数据不具有普适性，解释这些数据要考虑场景和访谈对象的特征。深度访谈法的典型适用范围如表 4-7 所示。

表 4-7 深度访谈法的典型适用范围

适用范围	举例
对被调查者的想法进行仔细研究	汽车购买过程
讨论秘密、敏感或令人尴尬的问题	个人财务、管理、隐私问题
对复杂行为的剖析	超市中的购物选择
对竞争对手的访谈	访谈竞争旅行社的管理者
消费过程受情绪、气氛、时尚产品的影响	香水、首饰的品牌价值对消费的影响

焦点小组访谈法要求与会者在同一时间、同一地点聚会，且进行面对面沟通，这对于某些人群来说有很大的困难。大众产品调查、消费新需求调查、群体消费感受调查等可以采用焦点小组访谈法，而竞争信息研究、个性化产品需求研究则更适合采用深度访谈法。

二、深度访谈法的主要步骤

(一) 准备访谈提纲

深度访谈法的访谈提纲主要由自由式问题组成。它们有探究的灵活性，调查人员可以在需要的情况下进一步深入讨论问题，有利于发展调查人员与被调查者之间的良好关系，促进合作并分享信息；还允许调查人员了解被调查者具备的知识和经验的局限性，并产生意料之外的答案。

> 设计访谈提纲时要考虑的因素有：问题的核心部分；问题的广度与深度；类似或相关研究的启发与发现；一些分类或差异化的可能角度；试访谈及内部讨论的一些发现；最终研究成果要求的内容与形式；某些新的研究工具与切入角度。

(二) 与被调查者建立联系

当被调查者与调查人员已经建立了联系时，被调查者接受访谈的可能性更高，一定的物质奖励有时也会起作用。

访谈开始时，被调查者通常会有某种担忧。他们不知道会提些什么问题，会持续多长时间，他们甚至无法肯定自己能否答得出问题。这些感觉大多是因为他们对情况不了解——想象往往比真实的体验更糟糕。

（三）访谈控制

访谈风格很重要，一位调查人员的风格未必适合另一位调查人员。充满自信、有条不紊的风格会给被调查者留下良好的印象，热情洋溢的风格则能引发被调查者的兴趣。技巧娴熟的调查人员会在最短的时间内与被调查者建立起良好的关系，使被调查者放松下来。

（四）注意提问的条理性

提问顺序很大程度上取决于话题本身。调查人员在计划阶段就应该对访谈的各个阶段做到心中有数。访谈提纲并非是一成不变的，要有足够的灵活性。

访谈提纲有助于确保在访谈时谈及所有问题，但并不意味着逐字照搬。经验丰富的调查人员会将访谈提纲记在心中。这样一来，访谈会以"有方向的谈话"的方式进行，也显得"自然而然"。如果话题由被调查者自然地提出来，效果会更好。

（五）完成深度访谈记录

深度访谈记录往往是调查人员进行分析和研究的载体，其完整与否对研究有较大的影响，一份完整、规范的深度访谈记录应该包括以下几方面。

（1）背景介绍，包括主题、目的、时间、地点，以及被调查者的姓名、职业、年龄、性别等。

（2）访谈的原话。在深度访谈记录中，调查人员应该完全客观地记录访谈的原话，在录音整理过程中也需要注意这一点。

（3）动作和表情语言的附注。深度访谈记录中应该补充一些被调查者的肢体、情绪等信息。

三、深度访谈法的策略

1. 基本策略

（1）少说多听。调查人员的作用是让提出的问题有利于访谈的展开，而非使访谈结束。调查人员说话的时间所占的比例应该相当小。

（2）提问的条理要清晰。对于被调查者来说，访谈应该有条理。问题不应咄咄逼人，但应有挑战性，最重要的是要避免使被调查者感到困惑或产生警惕。

（3）提防任何"正确"答案的暗示。被调查者很容易认为有所谓的"正确"答案，因此必须避免有导向性的问题或鼓励某种回答的肢体语言。

（4）表示对被调查者的关注。如果被调查者感觉调查人员与访谈过程融为一体，访谈会更顺利。调查人员的面部表情、语调、肢体语言能向被调查者传递多种信息，包括兴趣和鼓励。

2. 提倡的问题类型

调查人员可以使用的问题类型及其示例如下。

（1）试探性问题。你怎么看待这一点呢？你能再仔细说一遍吗？还有别的吗？

（2）提醒式问题。你刚才没有提到这个品牌，是否遗漏了？

（3）重播式问题。

被调查者：独自一人的时候，我只抽甲牌香烟。

调查人员：你独自一人的时候？

被调查者：是的，这个牌子……

（4）假设性问题。假设你购买了宝马汽车……

（5）激将法问题。有些人认为，有钱人才能买得起宝马汽车，你怎么看？

（6）理想设定问题。你想象中开宝马汽车的人是什么样子的？

（7）解读性问题。你遇到过买宝马汽车的消费者吗？与你预想的有什么不同？

3. 应回避的问题类型

为了不让访谈陷入僵局或徒劳无功，要尽量回避以下类型的问题。

（1）使被调查者感到困惑、冗长且复杂的问题。

（2）含糊不清的问题。例如，"你认为将来会发生什么？"这个问题中的"将来"定义模糊，指的是明年、五年后还是十年后呢？

（3）使用专业用语的问题。例如，"你使用过SMS遥测技术吗？"

（4）有导向性的问题。例如，"你认为壳牌是一个好的LPG供应商吗？"

情境 4-4

以"奢侈品消费"为主题的深度访谈

某品牌拟向上延伸，开拓奢侈品领域，需要对消费者的奢侈品消费模式进行研究。通过市场调查，公司想明确目标消费人群及其特征，以明确应该采取什么样的营销模式。通常在这样的情况下，公司需要事先进行深度访谈。

一、访谈前的准备

在制订访谈提纲前，首先要明确本次访谈的核心概念和主题。

1. 核心概念的界定

普通的商品按其属性可以分为两个类别：物理商品——直接产生功能性用处的消费品；心理商品——平时在心理上感受它，在某个特殊的情绪与情感状态下才会购买的消费品。一般而言，从物理性质上看商品有用还是没用时，人们形成的认知差异比较小，而从心理层面上看时，人们形成的认知差异就比较大了。

因此，在奢侈品的消费研究中，我们要注意从不同属性的角度去进行挖掘。我们在深度访谈时可以从三个角度定义奢侈品消费：性质定义法、特征定义法、列举法。另外，不应该直接问消费者"你认为什么叫奢侈品消费？"可以从不同的角度进行探索和总结。例如，可以从商品收益、视觉范围内的有形和无形、投入产出比、性能价格比等角度对消费者进行询问，从中总结奢侈品消费意味着什么，以及人们更愿意在什么样的商品上进行消费。

2. 非奢侈品和奢侈品的消费模式异同

用于个人消费的非奢侈品和奢侈品在消费模式上有很大的不同吗？前者主要产生使用价值，所以消费者购买时不会征求他人意见，即使征求意见也只询问哪里有实惠的价格等问题。而奢侈品具有特殊的表现型心理效应，人们在购买时倾向于征求他人意见，人们可能更在意是否能得到他人的认同。

3. 奢侈品消费的动力

消费者为什么要进行奢侈品消费？为什么到处征求意见？征求意见的目的是什么？征求意见的对象有什么特征？其取悦的对象和想被认同的群体之间有什么联系？

第一次购买奢侈品时，不少人在购买前有激烈的思想斗争。而随着消费次数增多，犹豫和思考的时间会渐渐减少，注意力会转移到价格更高的奢侈品上。

4. 奢侈品的营销模式

深度访谈的最终目的是提出奢侈品的营销模式，因此我们的目的不仅是深度访谈，还包括对深度访谈资料的总结，同时在总结的基础上提炼若干结论和可能的选择。当然，我们也可以在深度访谈前就有一些自己的构想和策略，把这些构想和策略带到问题中去询问消费者，让这些构想在消费者中得到确认。需要注意的是，在第一次深度访谈总结完成后，我们也可以把所总结的构想拿到第二次深度访谈中去验证，即不断验证和更新我们的构想。在这个意义上，深度访谈具有探索与验证构想的功能。

二、完成深度访谈提纲

在上述思想的指导下，制订奢侈品消费的深度访谈提纲，举例如下。

您好，我是来自XXX调查公司的XXX，我正在研究人们选择奢侈品时的一些想法，我想耽误您一点时间和我聊聊您的一些情况。这样的访谈能帮助厂家为您这样的消费者开发更好的商品。我们经常进行这样的研究，所以您才能看到现在市场上有那么多丰富多彩的商品。您的支持非常重要，我相信厂家能从您的意见中受到很多启发。访谈大约需要30分钟，您看我们是不是找个舒服一点的位置坐下来聊聊？我非常感谢您的合作，这也是对我工作的支持。

1. 初步问题——了解购物过程

针对被调查者，了解其最近2～3个月的消费情况，找出其中可能有"特别感"的商品或服务。

（1）购买之前考虑很长时间，心里有高攀或特别消费的感觉。

（2）购买之后特别在乎别人的赞美，或有珍惜感。

（3）购买的商品没有特别的用处，但可以显示自己有不同的消费品味。

（4）购买能力有勉强支持的感觉，通过节省或偶尔消费才能实现。

针对上述情况，选择1～2个典型商品，进行以下研究。

2. 消费与使用过程研究

（1）详细询问被调查者从受到触动、有想法、收集信息、与人互动、选择购买场所、购买现场互动、购买完成到后期使用的具体情况。针对每一个环节，细致地询问心理状况、场景与感受、行为方式及原因。

（2）选择1～2个与上面选择的典型商品同类型但常规的非奢侈品，同样询问相关过程，为定义奢侈品消费与使用过程的独特性提供对比资料。

3. 消费心态与价值观

（1）您认为一个人可以在社会上受到尊重的原因是什么（至少指出3点）？得到陌生人的认可与得到同事、朋友的欣赏相比，要做到的事情有何异同（讨论相同点与不同点）？

（2）在过去半年您购买的商品中，哪些是自己喜欢的，哪些是为了跟随社会潮流或别人的消费模式？

（3）使用这些商品时，您有什么感觉？这种感觉从哪里来？这种感觉让您回头考虑当时的消费行为时有什么认识？

4. 人员互动

（1）在您周围的同事、朋友中，有消费类似商品的人吗？您的消费行为与他们的消费行为有什么关系？他们的消费行为受到您的影响了吗？如果回答是肯定的，那么这种影响是怎么发生的？请具体描述当时的情况。

（2）如果您或您的朋友不进行那样的消费，会失去什么呢？

5. 结论

谈到奢侈品，您想到了什么？什么是奢侈品消费行为？您自己有这样的消费行为吗？你认为未来的消费行为会向哪个方向发展？有什么具体的消费计划吗？

谢谢您的合作，这是我们赠送给您的纪念品，请收下，谢谢，希望有机会再见！

三、进行深度访谈

根据上述提纲，公司对30位具有奢侈品购买经历的消费者进行了深度访谈，并且对每位消费者的访谈进行了记录。主要情况如下。

1. 访谈数量：30人。
2. 访谈时间：2022年2月13日—2022年2月16日。
3. 访谈地点：消费者家中、餐厅。
4. 消费者基本情况。

（1）女，50岁，私人企业总经理，家庭状况较好，访问时间为51分钟。

（2）男，26岁，大学毕业后在北京某公司工作了3年多，自己贷款买了房，酷爱网球，月平均收入为6000元，访问时间为45分钟。

（3）女，24岁，刚毕业的大学生，即将走上工作岗位，无收入，访问时间为43分钟。

……

5. 场景描述。

气氛较为融洽，开头使用了一定的暖场问题作为导入语，拉近了调查人员与被调查者的心理距离。

在访谈2号被调查者时有些跑题，涉及了其他话题，但调查人员能很快将其拉回主题中。访谈结束时，被调查者还做了补充。

四、分析深度访谈记录

深度访谈记录编码和分析如表4-8所示。

表4-8 深度访谈记录编码和分析

心理感受	消费偏好	价值观	层级
满足"拥有感"	偏好选择、理性购买	个人价值观	5级
贵在拥有	决定购买前会充分考虑性价比	文化内涵	4级
别人有了的我也要有	被自己爱好和情绪左右，做出购买决定	视觉享受；精神和文化享受	3级
满足、愉悦，忽视实际的需要	对于喜欢的东西不会考虑太多，并愿意为此提前消费	—	2级

续表

心理感受	消费偏好	价值观	层级
喜欢、换心情、舒坦	—	样式、色彩；背后有一段值得一听的经历	1级

五、提炼深度访谈结论

1. 奢侈品消费是指购买某种实用价值上可有可无，价格又比较昂贵，超出常规购买能力的商品或服务。

2. 虽然总体来说，大部分此类消费活动是"非计划"发生的，但奢侈品消费有其内在目的性和指向性，即为了享受"拥有"的感觉、满足某种兴趣爱好、感受某种更高的表象性社会地位。

3. 奢侈品消费具有情绪性，容易在冲动和较有激情的时候发生。通常与之伴随的是浪费感，浪费感是制约奢侈品消费频率的重要心理机制。但如果有他人支付的可能，那么奢侈品消费频率就会提升。

4. 奢侈品消费是有潮流的，容易被名人、时尚和文化风气引导，也容易受外来文化的影响。它是一种社会风尚的认同结果。

5. 比较容易进行奢侈品消费的群体是毕业不久的年轻人和事业成功人士，他们之间互相施加奢侈品消费的群体压力，在购买时寻求必要的群体认可和心理支持。

根据这些结论提出了以下四个策略。

策略1：具有相似消费动因的"奢侈品"具有相互关联性，一种奢侈品往往可以促进相关奢侈品的被接纳程度。例如，在网球比赛中做高档网球运动产品的广告就比在其他媒体上凭空打广告好得多。

策略2：奢侈品的销售现场可以通过改变布局或场景设计成比较激情化的场景，例如利用舞台表演、体育比赛或各种音乐和演出刺激消费者的热情，使其放松心情，使消费者在一定程度上偏离理性思考，从而刺激奢侈品消费行为的发生。

策略3：知"书"达"礼"。礼品消费容易产生奢侈品消费行为，消费者的直接目的是让收礼者高兴，而奢侈品容易让人高兴。因而奢侈品设计成礼品的形式是不错的卖点。例如，广告语"只与最爱的人分享"明确指向了想向恋人表达心意的人群。

策略4：多给一个购买的理由。奢侈品消费往往需要多给消费者一个"不合理消费"的理由。

思考题

1. 定性调查与定量调查的主要区别是什么？
2. "在最终目的是获得定量数据的情况下，不能开展定性调查。"请讨论该说法是否正确。
3. 设计观察法时要考虑哪些因素？
4. 假设你要观察母亲是如何给孩子换纸尿裤的，应该如何设计调查方案？

5. 焦点小组访谈法为什么要尽量选择有相同特点的人群？

6. 焦点小组访谈法的发展趋势是什么？为什么？

7. 从以下题目中任选一个（或者自选题目），在班级中组织一次焦点小组访谈。

（1）学生们对学生会的感受。

（2）学生们期待的食堂餐饮质量。

（3）过年前后的消费需求。

（4）学生们平时的娱乐项目，以及他们可能会喜欢的项目。

（5）学生们学习的动机。

8. "建议不要采用电子设备来记录焦点小组访谈。"请讨论该说法的正确和不正确之处，说明你的立场并为你的论点提供依据。

9. 深度访谈法中的调查人员应该具备哪些技能？

10. 在什么情况下你可以使用深度访谈法？请列举3~5个例子。

第五章　定量调查

学习要点

✧　了解定量调查的方法
✧　理解各类定量调查方法的优缺点
✧　掌握各类定量调查方法的适用情境

第五章课件　第五章习题

情境 5-1

创建可信的微博用户画像

为了研究微博用户的使用场景，了解在不同情景下不同用户的操作行为和习惯有什么不同；同时研究不同行业的用户的行为，探索在不同的场景下开发新需求的可能性，新浪微博开展了一次用户画像研究。

这次用户画像研究采用了定性调查和定量调查相结合的方式。

在第一阶段，我们首先对后台数据进行提取，通过后台数据了解一些关键指标，如屏幕分辨率、移动端与 PC 端用户的比例等。在对用户的使用场景有初步把握后，我们随机抽取了 10 万个用户身份证明（User Identification，UID）样本，获取用户的职业、年龄、性别、学历、浏览微博的时长和偏好等因素。进行数据清洗后，使用聚类分析法区分最明显的因素，得出最典型的五类用户及其占比。第一类属于领袖人物，粉丝量及活跃度都很高，认证数量偏多，年龄偏大，男性占比偏高；第二类属于非领袖活跃人物，关注人数多，认证数量偏多，移动端注册用户较少，女性用户比例较高；第三类用户喜欢浏览，粉丝少，全部来自 PC 端，是年龄偏大的男性用户；第四类用户的浏览量很小，很少会主动搜索，会转发一些微博内容，男性用户比例较高，而且属于低龄化群体；第五类用户属于纯浏览型，全部是来自 PC 端的女性用户。

第二阶段采取问卷调查的方法来丰富用户画像。通过问卷调查想了解的信息主要有微博用户的使用场景、用户关注的内容、整体满意程度等，通过在线问卷调查系统以及微博通知的方式回收了 5000 多份问卷。我们对回收的这批数据进行处理，获得了用户的人口学统计特征以及常用功能的占比。

第三阶段进行用户访谈与角色创建，在前期数据的支持下，根据目标用户的比例和特征数据，我们在这一阶段对目标用户进行深度访谈，重点挖掘其生活情境与使用场景。围绕用户的行为特征，通过添加环境、人际关系、操作熟练程度、使用意向、人口统计学属性等细节对用户进行描述，形成用户画像的框架。

定量调查是指抽取一定数量的样本，依据标准化的程序收集数据和信息，是市场研究中应用最广泛的方法。开展定量调查的主要目的是通过量化数据的收集和分析获得较可靠的结论。市场研究领域主要有 8 种不同的数据收集方法，包括入户访问、拦截访问、办公室访问、电话访问、小组自我管理调查、留置问卷调查、邮寄调查、网络调查，如表 5-1 所示。

表 5-1 10 种不同的数据收集方法

方法	描述
入户访问	调查人员在被调查者家中进行调查，事先通过电话进行预约
拦截访问	调查人员在事先选定的地点拦截被调查者
办公室访问	调查人员与企业的业务主管或经理预约，在被调查者的工作地点进行调查
电话访问	调查人员通过电话进行调查
小组自我管理调查	被调查者被集中起来组成一个小组，每位被调查者独立完成自己的调查问卷
留置问卷调查	调查人员将调查问卷留给被调查者去完成； 一段时间后，调查人员再获取已完成的调查问卷
邮寄调查	调查人员将调查问卷寄给预先联系好的被调查者，被调查者完成问卷后将其寄给调查人员
网络调查	通过互联网、计算机通信和数字交互式媒体，采用事先已知的被调查者的 E-mail 地址，或者通过网络调查平台、二维码等方式向被调查者发出问卷收集信息

第一节　人工操作方法

定量调查方法

一、入户访问

入户访问一般是在被调查者家中进行的。入户访问的流程如图 5-1 所示。

1. 入户访问的优点

（1）回答的完整率高。从被调查者愿意接受访问开始，调查人员可以和被调查者面对面地交流，随时观察被调查者的表情和态度；而且访问在被调查者家中进行，访问的环境是被调查者熟悉的，且几乎没有外界因素干扰，能保证调查顺利完成。

（2）调查结果较准确。双方能直接交谈，如果对调查事项不明确或不理解，调查人员可以当场给予解释。调查人员也可以观察被调查者的肢体动作和表情，判断被调查者回答的真实性。

（3）可获得较多资料。入户访问的时间较长，一般为 40 分钟左右，所以能提问较多问题。调查人员还可以用图片、表格、产品样品等进行询问，以获得较多信息。

（4）易于回访复核。调查人员可以方便地记录被调查者的家庭地址，有利于事后回访，以检验访问的真实性。

```
地址表的准备
      ↓
根据地址表找到访问区域
      ↓
   找到起点
      ↓
   按地址敲门 ←─────────────┐
    ↓        ↓              │
  有人应答   无人应答         │
    ↓        ↓              │
邀请被调查者接受访问  在地址表上做记录，敲下一户
    ↓                ↑
  接受   不接受 ──────┤
    ↓                │
  进行甄别 → 不合格 ──┘
    ↓
   合格 → 访问 → 结束访问
```

图 5-1 入户访问的流程

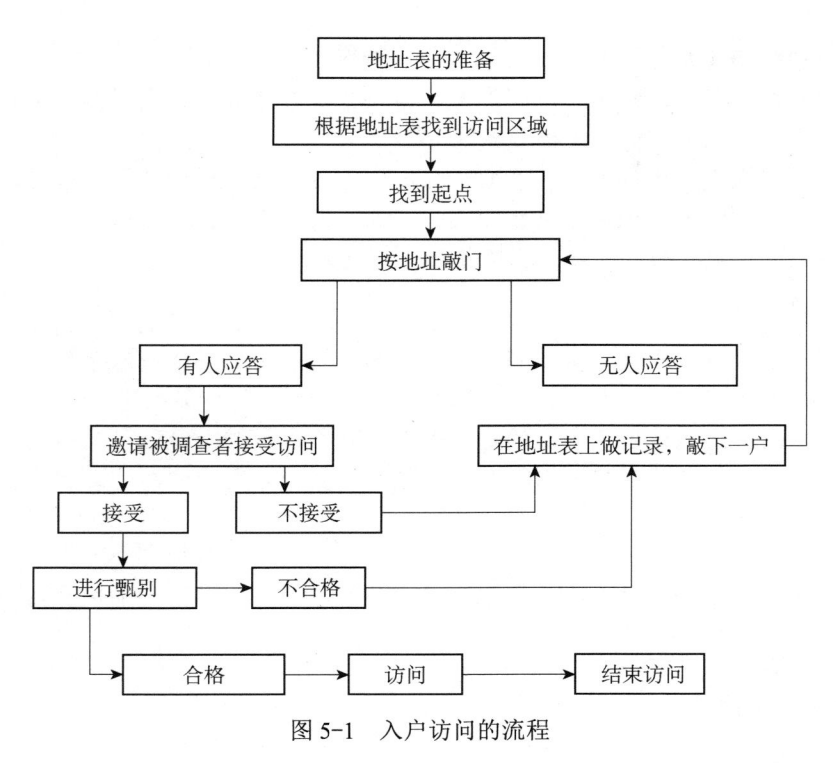

2. 入户访问的缺点

（1）调查费用高。入户访问要求调查人员对被调查者逐一进行访问，因此调查人员的劳务费、交通费等是一笔不菲的支出。另外，这种调查也很耗时。

（2）拒访率高。由于社会治安等原因，家庭住户对陌生人可能有较强的戒备心，调查人员顺利进门成为一件难事，这也是很多调查公司不愿意进行入户访问的原因。

（3）对访问过程的控制较困难。调查人员是分散作业的，难以对他们的工作进行监督检查，有的调查人员在登门受挫、不能完成问卷的情况下，可能会在问卷上弄虚作假。

（4）对调查人员的素质要求较高。入户访问要求调查人员有较强的亲和力及良好的沟通能力，能说服住户愿意开门并配合访问，访问时还要善于察言观色，及时扭转不利于调查的局面。

二、拦截访问

拦截访问主要有两种方式。第一种方式是街头流动拦截访问，是由经过培训的调查人员在事先选定的地点（如路口、户外广告牌前、商城或购物中心、展览会场等）按照一定的程序和要求（如每隔几分钟拦截一位，或每隔几位行人拦截一位等）选取访问对象，征得其同意后，在现场进行简短的调查，这种方式常用于需要快速完成的小样本探索性研究。

第二种方式是街头定点拦截访问，也叫中心地调查，是指按照一定的程序和要求在事先选定的场所拦截访问对象，征得其同意后，在专用的房间内进行调查。

1. 拦截访问的优点

（1）效率高。在易接触到被调查者的场所面对面地向被调查者征询意见，与入户访问相

比可以明显节省时间及人力。

（2）费用低。与入户访问相比，调查人员与被调查者接触的难度减小，访问的成功率提高，因而支付给调查人员的费用也相对较低。

（3）便于对调查人员进行监督。拦截访问过程中可以安排督导员现场监督，以保证调查的质量。这种访问的时间、地点通常比较集中，调查人员必须在指定的地点完成访问，所以派督导员在现场对调查人员的工作加以监督是可行的。

2.拦截访问的缺点

（1）事后回访较难实现。拦截访问是在公共场合第一次与被调查者接触，被调查者可能会非常敏感，不愿将真实的个人信息留给调查人员，很难进行事后回访。

（2）被调查者的选取受调查人员的影响较大。被调查者的身份难以识别，在调查地点的出现具有偶然性。调查人员在拦截访问对象时经常会受个人主观判断的影响，影响样本的代表性和调查的精确度。

（3）访问过程易被中止。行人在公共场所被意外拦截时，有些人会因为忙于办事而拒绝访问，或接受访问但中途因被人围观等原因中止访问，这些因素都会影响访问的完整性和信息质量。

三、办公室访问

通常情况下，办公室访问是指在被调查者的办公室或公司的休息室内进行访问。例如，某仪器公司想了解用户对一款打印机的使用感受，就需要对这种打印机的购买者进行访问。

四、电话访问

电话访问是调查人员利用电话与选定的被调查者交谈以获取信息的一种调查方法。电话访问又分为传统电话访问和计算机辅助电话访问。

传统电话访问就是按照样本名单，依次选择被调查者，拨通电话，询问一系列问题，调查人员记录被调查者的回答。要成功地进行电话访问，必须解决以下几个问题。

第一，设计问卷调查表。这种问卷调查表不同于普通问卷，由于通话时间和记忆规律的约束，通常采用两项选择法向被调查者进行访问，时间一般为15~20分钟。

第二，挑选和培训调查人员。电话访问要求调查人员有良好的语言表达能力。

第三，调查样本的抽取及访问时间的选择。

（一）电话访问的优点

（1）反馈速度快。调查人员在单位时间内完成的访问量比入户访问多，在跨地区的访问项目中可以节省很多时间。对于一些急于收集的资料，采用电话访问最快。

（2）花费较低。调查人员不像入户访问那样在交通以及寻找被调查者上花费较多时间，工作效率大大提高。在相同的时间里，调查人员完成的工作量比入户访问高，访问成本也随之降低。

（3）适合访问不易接触到的被调查者。有些被调查者不易接触到，例如某些公司或单位的高层管理者工作繁忙，采用入户访问的方式不易被接纳，但短暂的电话访问可能会被接受。

（4）容易控制现场。调查人员的声调、语气及用词等可由督导员予以纠正。

（二）电话访问的局限性

（1）拒答率高。由于电话访问采用不见面的方式，访问时无法判断被调查者当时的心态以及正在从事的工作等，因而拒答率高。

（2）不适合进行深度访谈。由于电话访问所拟定的问题一般比较简单、明确，而且受通话时间的限制，问题不便深入，因而调查内容的深度远不及其他调查方法，一般只适合进行一些意向调查或者基本市场行情的调查。

（3）不利于资料收集的全面性和完整性。出于对个人隐私的保护，调查人员很难掌握完整的用户资料，因而电话访问存在不全面的缺陷，不利于资料收集的全面性和完整性。

（4）不能使用视觉辅助手段。有些调查项目需要得到被调查者对一些图片、广告或设计的反应，电话访问无法达到这些效果。

（5）很难判断信息的准确性和有效性。电话访问是通过电话进行的，被调查者不在现场，仅凭通话很难判断信息的准确性和有效性。

尽管存在诸多缺陷，但对那些调查项目单一、问题相对简单并需要及时得到结果的调查项目而言，电话访问是一种理想的访问方式。

第二节　自我管理调查

一、小组自我管理调查

为了方便或节约费用，小组自我管理调查将调查问卷发给以小组为单位的被调查者。例如，召集 30 位被调查者观看一部插入了测试广告的电视节目。他们会获得一份调查问卷，根据他们对测试广告的回忆以及对广告的反应填写这份调查问卷。

小组自我管理调查的使用范围是很广泛的。学生可以在教室里完成调查，社会性的俱乐部、组织、公司职员以及其他团体可以在开会、工作或闲暇时间里完成调查。

二、留置问卷调查

留置问卷调查是一种自我管理调查的形式，调查人员与被调查者取得联系，向他们介绍调查目的，将问卷送到被调查者的单位或家中，让他们在闲暇时间自行完成。

留置问卷调查是介于面对面访问和邮寄调查之间的一种调查方法。通常情况下，调查人员会在几天内取回完成的问卷。这种方式周转迅速，反馈率高。

一些酒店会将调查问卷置于客人的房间里，请他们填完后交至前台。一些商店有时会对消费者的购买意向等进行简短的调查，消费者可以在家里完成后在下一次购物时带来。

（一）留置问卷调查的优点

（1）问卷回收率高。调查人员当面送交问卷，说明填写要求和方法，可以打消被调查者的疑问，因此可以减少误差，而且能控制回收时间，提高回收率。

（2）被调查者可自由安排时间完成调查。

（二）留置问卷调查的局限性

（1）无法进行过程控制。问卷是由被调查者自行完成的，因而只能凭被调查者填写的问卷结果来评定调查是否有效，至于被调查者是否按照事先规定的程序完成问卷，则无法控制。

（2）可能有较高的非抽样误差。由于没有调查人员的现场指导，被调查者很容易误解题目，导致调查结果失真。

（3）实施时间较长。一般需要一周左右才可以得到反馈信息。

（4）调查区域范围有一定的限制。如果调查的区域太广泛，则不适合用留置问卷调查的方式。

三、邮寄调查

邮寄调查是指调查人员将设计好的调查问卷寄给被调查者，被调查者按要求填写后再寄回来，调查人员对调查问卷进行整理和分析。

（一）邮寄调查的优点

（1）调查区域较广。邮寄调查可以扩大调查区域，增加样本容量。

（2）调查成本低。调查过程中不需要进行调查人员的招聘、培训、监控。只需要花费少量邮寄和印刷费用，不需要更多人力投入。

（3）被调查者的自由度大。被调查者可根据自己的时间安排完成调查，如果需要，还可以查阅有关资料，以便准确回答问题。

（4）调查信息量大。被调查者有充分的时间填写问卷，因此可增加提问内容，获得较多信息。

（5）调查方式容易被接受。被调查者可以用匿名方式回答问题，有利于对某些敏感问题或隐私情况进行调查。

（二）邮寄调查的局限性

（1）回收率偏低，影响调查的代表性。

（2）信息反馈时间长，影响资料的时效性。

（3）被调查者可能出现自我偏差。有些被调查者未能很好地阅读"问卷填写指导"，使得问卷无效。另外，对于问卷中的个别问题，被调查者可能曲解原意而导致答案出现偏差。

（4）对被调查者的要求较高。被调查者要有一定的文字理解能力和表达能力。

（三）提高问卷回收率的方法

（1）跟踪提醒。有调查研究表明，跟踪提醒一般可将问卷回收率提高约20%。

（2）附加一些"实惠"，例如给予被调查者一定的中奖机会、赠送一些购物优惠券、享受会员待遇等。当然，使用物质刺激可能导致一些趋利性动机的产生，降低问卷的完成质量。因此，在给予"实惠"的同时要把握"度"。

（3）预先通知。这并不会花费太多的时间和精力，却能在一定程度上满足被调查者的情感诉求，激发其合作热情，提高问卷回答质量和回收率。

（4）请权威机构主办。市场研究由权威机构主办将大大提高问卷的回收率。

四、网络调查

互联网也是一个很有吸引力的访问媒介，目前已经大量取代邮寄调查、留置问卷调查等方式并已成为最普遍的一种调查方法。网络调查是指通过互联网、计算机通信和数字交互式媒体，采用事先已知的被调查者的 E-mail 地址，或者通过网络调查平台、二维码等方式向被调查者发出问卷收集信息的调查方法。网络调查是一种全电脑化访问和自我管理调查相结合的调查方法，具有两者的优缺点。

1. 网络调查的主要优点

（1）组织简单。网络调查不涉及人员访问，不需要组织访问人员，这使调查工作省时省力。

（2）费用低廉。由于不需要组织访问人员，调查中花费最多的人员费用大量减少，同时各种交通、电话费用得到了缩减。

（3）客观性强。很多人员访问方法都会受到访问者的主观影响或者引导，使被调查者的客观性被干扰。

（4）不受时空与地域限制。与邮寄调查、电话调查一样，网络调查不受地域限制，但是网络调查的范围更广，只要有网络覆盖就可以进行。同时，网络调查在时间上也不受限制，而电话调查还需要考虑被调查者接电话的时间是否合适。

（5）速度快。在网络畅通的情况下，网络传输通常是所有方法中最快的一种。

2. 网络调查的主要缺点

（1）被调查者难以控制。被调查者难以控制主要来自两个方面。第一，在分发阶段，如果采用网络调查，无法精准识别被调查者的特征；第二，在回收阶段，无法控制回复问卷的样本特征。因此，网络调查适合对样本要求不高的调查项目。

（2）被调查者的答题质量很难得到控制。由于属于自我管理式答题，调查者无法得知答题者是否看懂了题目，以及答案是否反应了真实、客观的情况。

（3）网络的安全性不容忽视。网络存在着安全隐患，信息的泄露、黑客攻击等问题并没有得到根本性的解决，因此在开展网络调查时需要特别注意安全性。

情境 5-2

以 Keep 为例，带你定性、定量地全面体验优秀产品

2015 年，Keep 上线仅 2 个月，便进入 App Store 健康健美类 App 下载量的前 10 名，用户给出了非常高的评价。在 32 万条评价中，5 星评价占比高达 93%。

一、健身App可行性分析

1. 定性分析——健身领域

首先，Keep 对宏观环境进行了定性研究，主要通过二手资料的整理和分析展开。参考《中国移动运动健身市场专题分析 2017》，得出的主要结论有以下两点。①无论是国家的政策大环境，还是用户自身的软、硬实力，都很成熟。②虽然互联网用户红利逐渐消失，但是由于健身领域属于马斯洛需求层次理论中在生理需求之上的较高层次，所以目标用户群体尚存在人口红利，该领域用户市场的开发潜力很高。领域痛点分析如表 5-2 所示。

表 5-2 领域痛点分析

用户	情况	痛点	需求	用户目标	解决方法
小 A	没有专业的健身教练	小 A 是健身小白，想通过健身减肥，但是去健身房的成本太高，网络上的教程又太多，不知道该怎么下手	健身的成本低，效果好	健身互联网化，使之成为在线移动健身工具	小 A 可以在线使用 Keep，获得教练制订的个性化训练课程，实现自主高效训练
小 B	工作很忙，只能利用碎片化时间进行健身	小 B 平时工作太忙，没时间去健身房，家中没有器械而且不知道该怎么健身	随时随地可以健身		小 B 可以使用 Keep，不需要苛刻的训练环境，可以随时随地训练，并且同步记录训练数据

根据分析，Keep 明确了在初创阶段要重点解决"没有专业的健身教练"和"没时间"这两个问题。Keep 从四个角度进行了长期商业价值定性分析，如图 5-2 所示。

大众性：经过 PEST 分析，以及各大市场的报告，我们知道健身是一个稳定扩大的市场，大众基础优秀，看好这个市场。

主流性：主流用户是什么样的画像？产品必须在健身竞争力上大投入，做第一，产品主流性良好。

高频性：时间、地点、训练效果等因素会影响频率，早、晚 7~9 点为最活跃时间段。互联网产品可以打破时间和地点的限制，仅受"训练效果"的影响，故互联网化频率不低于健身房，可能延长为早、晚 7~11 点。

刚需性：待验证。随着健身理念深入人心，对于主流用户而言，行为逐渐刚需化；对核心用户而言，本身的健身基础导致黏性更高。但总体上用户黏性是需要培养的，未来的发展趋势良好。

图 5-2 长期商业价值定性分析

由此可以看出，移动健身（互联网+健身教程，即通过互联网达到健身房的效果）的痛点足够"痛"，市场规模很大，发展趋势良好，且避免了时间、空间的不可抗力。唯一的劣势是没有线下的课程训练资源及氛围。但总体来看，更好地解决用户痛点是移动健身领域的核心竞争力。

2. 定量验证——健身领域

随后，Keep 采用定量验证的思路，对上述结论进行了验证。根据《2017 年第 3 季度中国运动健身 App 产品市场研究报告》，早、晚 7~9 点为移动健身的高发期，这与人们线下到健身房健身的时间高度重合，可以证明线上 App "平移"了健身房的运动时间，将其转移到了线上，如图 5-3 所示。

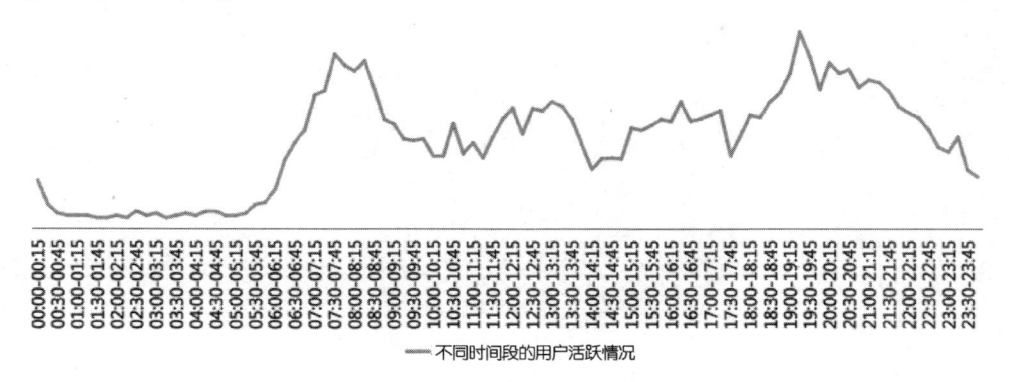

图 5-3 运动健身 App 用户活跃时段图

二、目标用户定位

1. 定性分析

Keep 梳理了影响用户使用健身 App 的重要因素，包括年龄、地域、学历、职业、性格、性别、爱好、收入等，以及健身基础、身体素质、训练难度、训练目标、时间充裕程度、个人毅力情况等，如表 5-3 所示。

表 5-3 影响用户使用健身 App 的重要因素

因素	健身理念	身体情况	目标	健身时间	消费能力
年龄	年轻人锻炼身体有时是为了炫耀；同时，健身是一种健康的生活方式	年轻时体力充沛，较易取得健身效果	年龄不同导致目标不同	年轻人会延长健身时间，年龄会影响对健身的重视程度	80 后、90 后拥有良好的互联网使用和消费习惯，商业变现潜力大
健身基础	肥胖者会为了美而努力减肥；塑形者会专门针对特定部位进行训练	身体情况不同导致了健身基础的差异	健身基础决定了课程的科学性及个人训练目标	健身基础不同，需要的健身时间也不同	用户的消费目的是改变当前的健身基础，渴望获得更好的效果
地域	不同地域的用户质量、数量以及城市文化导致健身理念有差异	部分地域超重情况严峻	无明显影响	不同地域的用户对健身的重视程度不同，影响用户健身的时间	不同地域的消费能力不同，一线城市的消费能力更强
性别	男性健身以秀肌肉为主；女性以秀身材为主，且女性更爱展现自己的美	男、女性身体构造不同，导致健身训练课程的内容不同	男性的训练目标和女性的训练目标不同	训练内容不同导致时间有差异	女性比男性更爱美，对身材更敏感，具有消费潜力
职业	无明显影响	不同职业会导致身体出现不同的职业病，影响训练内容的制订	由于职业病或单纯为了减肥、增肌、塑形，所以职业会影响目标	职业不同，上下班时间不同，可支配时间不同，且职业目标会影响课程内容	收入会影响消费能力

根据上述分析，Keep 认为健身最重要的两个因素是年龄、健身基础。针对年龄、健身基础的二维分析如图 5-4 和表 5-4 所示。

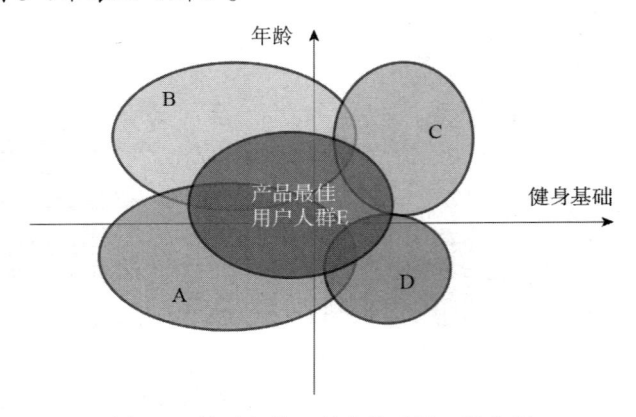

图 5-4　针对年龄、健身基础的二维分析

表 5-4　人群分析

A	B	C	D	E
大众群体，往往是大学生或者刚工作的年轻人；消费能力不强，但可健身时间长；他们的可塑性强，健身目标明确，易于传播分享，是符合未来发展趋势的产品主流用户	大众群体，年龄稍大，他们往往工作繁忙，导致身体基础较差，且没时间去健身房；这部分人的消费能力较强，是产品的主流用户	高端小众人群，往往是职业教练或高级健身爱好者；他们具有专业知识和权威性，是产品要争取的意见领袖	小众群体，年轻但是健身基础好；他们是健身的忠实热爱者，热爱程度明显高于同龄人，未来会发展为产品的意见领袖	最佳的人群分布包含 A、B、C、D 用户群，所占比例为 A 类用户>B 类用户>C 类用户>D 类用户

取 E 类用户和"地域""性别""职业"的交集，可以确定定性分析所产生的目标用户。接下来，Keep 根据这些定性分析，形成了具体的人口统计用户画像。

2.定量验证——定位目标用户

以上是 Keep 做出的定性分析，但缺乏定量的数据来验证结论。结合第三方报告以及产品数据，证明了 Keep 用户较年轻化，35 岁以下的青年占比接近 80%；女性多于男性，健身目标以减肥和塑形为主；以经济发达的省份和城市为主。

Keep 接着从产品具体功能来挖出对应的目标用户，验证了"训练基础""职业""性别"这三个因素。Keep 从全部训练课程（不含跑步课程）中找出对应课程的数量及内部数据进行验证（统计了截至 2017 年 12 月 18 日的数据）。

（1）验证训练基础（训练难度方面）

K1、K2 小白课程数量：129-17（跑步课程）=112 套。

K3 进阶课程数量：42-6（跑步课程）=36 套。

K4、K5 资深课程数量：14-5（跑步课程）=9 套。

小白课程数量:进阶课程数量:资深课程数量≈12:4:1，可以看出小白用户的课程最多，故大部分用户的训练基础处在小白阶段，其次为进阶、资深。Keep 为不同用户制订了不同的训练方案，其中小白用户居多。

以上是数量验证，接下来对小白课程、进阶课程、资深课程的质量进行举例验证。

小白课程："零基础适应性训练"课程已有 32073632 人参加；进阶课程："马甲线养成"课程已有 10748170 人参加；资深课程："TABATA4 分钟强化燃脂"课程已有 4702414 人参加。参加人数比例约为 6:2:1，同样可以得出以上结论。

（2）验证训练基础（训练目标方面）

减肥课程、塑形课程、增肌课程、放松课程数量分别为 64 套、88 套、52 套、24 套。可以看出，塑形课程数量>减肥课程数量>增肌课程数量，Keep 把新时代用户对身材的审美作为主要发力点，可以逆向推测出用户训练目标中"塑形"最多。

以上是数量验证，接下来以减肥、塑形、增肌课程的参加人数进行举例验证。

减肥："HIIT 适应性训练"课程已有 23494640 人参加；塑形："瘦腿训练"课程已有 15396228 人参加；增肌："腹肌训练入门"课程已有 15576458 人参加，比例约为 1.5:1:1。减肥课程的参加人数比塑形课程和增肌课程多，而塑形课程的数量却最多。这可以说明大量用户把减肥训练作为健身首选。随着人们审美水平的提高，受欢迎的是"马甲线、美腿"这类塑形、增肌课程。减肥不再成为竞争优势，Keep 应增加符合未来发展方向的健身课程。

（3）验证职业

学生专区的所有训练课程数量（未去重）：47 套。

上班族的所有训练课程数量（未去重）：42 套。

针对学生、上班族的课程数量与增肌课程的数量（52 套）很接近，且针对学生的课程数量多于上班族。由此可以得出结论：Keep 十分重视学生用户，深度挖掘了他们的各类需求。

（4）验证性别

女性的所有训练课程（包括"瑜伽"和"女性"专区，课程未去重）：25+41=66 套。

男性的所有训练课程（"男性"专区，课程未去重）：56 套。

我们选取用户数量最多的"零基础适应性训练"课程，晚上 8~9 点这个时间段共有 303 条训练动态，男性有 99 条，女性有 204 条，男:女≈1:2，和第三方报告的数据接近。

从课程数量的角度初步定量证明了 Keep 对女性用户的重视程度大于男性用户。结合之前分析得出的"女性更爱美，具备消费潜力"，没有理由不将数量和质量极佳的女性用户提高优先级，提高重视程度。

最终，对 Keep 目标用户的总结是：通过对目标用户的定性分析和定量验证，从抽象到具象，从宏观到微观，得出了经得起推敲的用户画像。

思考题

1. 人工操作方法包括哪几种类型？
2. 自我管理调查包括哪几种类型？
3. 选择调查方式时应考虑哪些要素？
4. 电话访问的优缺点有哪些？
5. 留置问卷调查的优缺点有哪些？

第六章　测量

学习要点

- 了解测量的基本概念
- 学习测量的内容
- 学习态度测量的类型
- 掌握量表的使用方法

第六章课件　第六章习题

情境 6-1

Interbrand 发布 2021 中国最佳品牌排行榜

　　2021 年 8 月 24 日，国际知名品牌咨询公司 Interbrand 发布了 2021 中国最佳品牌排行榜。该榜单凭借及时准确地捕捉市场趋势和品牌动向，成为中国各行业品牌发展的风向标以及各品牌衡量自身价值的重要依据。Interbrand 通过具有特殊战略管理价值的工具、ISO 10668 国际标准认证的品牌价值评估体系（概述了品牌货币估值的要求）、经过第三方独立审计的财务资料、广泛的消费者调查资料和市场资料，评选出了中国最具价值的 50 个品牌。其品牌价值的评估主要通过三个关键维度进行：品牌化产品和服务的财务表现、消费者购买决策过程中的品牌作用力、品牌强度。

　　新入榜品牌：拼多多（第 23 位）、哔哩哔哩（第 35 位）、长城汽车（第 39 位）、中通快递（第 40 位）、唯品会（第 41 位）、中兴通讯（第 50 位）。

　　位列前三的品牌是腾讯（第 1 位）、阿里巴巴（第 2 位）和中国建设银行（第 3 位）。

　　品牌价值增长最快的品牌是阿里巴巴，品牌价值增长了 97%。

　　排名上升最快的品牌是美团（第 19 位），上升了 6 位，品牌价值增长了 87%。

　　物流、汽车和互联网成为品牌价值增速最快的行业，品牌价值分别增长了 142%、98% 和 92%。

　　互联网和金融品牌在榜单中占据主导地位。

　　此次榜单上，物流品牌价值总体增长了 142%。其中，顺丰速运的品牌价值增长了 63%，上升了 3 名，跃至第 27 位；而中通快递首次上榜就荣居第 40 位。除了物流，线上消费也获得了新一轮的增长。美团的品牌价值增长了 87%，上升了 6 名，跃至第 19 位。新晋品牌拼多多首次上榜就荣居第 23 位。此外，腾讯、阿里巴巴、京东的品牌价值也获得了较大幅度的增长。

第一节　测量的概述

一、测量的定义

测量是在经验体系（例如偏好）与抽象体系（例如数字）之间形成联系的过程。测量被定义为按照特定的规则给测量对象（目标、人物或事件）的某种属性赋予数字和符号，将其属性量化的过程。当经验体系中项目或事件的关系直接与数字体系的规则发生关联时，测量才可能有效。术语"数字"在某种程度上限制了可采纳的操作类型，在兴趣特征的经验体系中，数字可作为模型的象征。值得注意的是，数据分析仅使用所有数字体系的特征，忽视了调查中由经验现象所设置的限制。

二、变量的类别

变量的性质在很大程度上决定了哪种测量是最有效的。市场研究中的变量可以分为四类：属性、行为、信念、态度。属性是指个人或人口统计学上的特征，例如受教育程度、年龄等。行为涉及一些被调查者的具体行为，例如去商场的频率、某活动的参与程度等。信念则与认识有关，即被调查者认为什么是正确的，例如被调查者是否相信低糖食品对健康更有益？态度与信念相似，能反映被调查者的个人评判结果。

虽然信念和态度都属于个人的心理状态，但态度可以看作源于一个人拥有的某个信念（或某些信念）。一个人可能认为肥胖是一个大问题，而低糖食品可以降低肥胖的可能性，这个信念会令他对含糖食品产生消极的态度。

信念和态度是有交集的，态度的定义常常将信念作为其整体的一部分。不同的态度定义有内在联系，它们都将态度描述为能影响个人行为的选择并对这些行为保持一贯的潜在精神状态。这些共同的思路暗示我们，对态度可以进行更广义的解释。因此，态度测量所依赖的基本原则在衡量其他内在变量时也是有用的，例如信念、意见、偏好、动机和购买意向。

属性和行为变量的测量方法比较明确，根据研究人员希望的详细程度来选择最适合的量表就可以。测量信念和态度较为复杂，因为信念和态度更加认知化和情绪化，而较少实际性。获得无法观察的变量的精确、准确的测量结果通常是困难的。有趣的是，从测量的观点来说，不可观测的变量通常有顺序或区间性质，处于度量测量和非度量测量之间的灰色地带。因此，我们必须从概念性和操作性两方面同时定义，以弥补其无法直接观测的缺点。例如，从概念上来说，态度可能是对个体表达喜好或不喜好的一种倾向。而在实际操作中，一个人对于某个零售店的态度可以用下面的方式来测量：此人表示认可的总体程度从关于这个零售店的20项评价的总和中得出，每项都用从"强烈同意"到"强烈反对"的5分制表表示。

第二节　测量技术

测量与测量类型

让我们简单回顾一下自然数字体系，任何一组数字（例如3、6、9、12、24、36）都有其基本属性。首先，这组数字遵循排序原则，例如9大于3、12小于24等。其次，两对数字之间的差值可以进行比较，例如6-3与9-6相同。最后，我们可以用一个数除以另一个数，用比值比较两个数字的大小，例如6是3的2倍，因为6÷3=2；12是36的1/3，因为36÷12=3。我们可以计算和解释数字间的各种比例，是因为数字体系有一个特殊的零点。换句话说，数字体系的所有要素都是用同一个起始点来衡量的，这就是零。

量表有四种：类别量表、顺序量表、等距量表、等比量表，它们的特性各不相同，如表6-1所示。

表6-1 量表比较

量度	数字体系	调查对象举例	认可的统计数据
类别量表	唯一定义的数字 （0、1、2、…、9）	品牌 男性或女性 商店类别 销售地区	百分比； 众数； 二项式检验； x^2检验
顺序量表	数字的顺序 （0<1<2<…<9）	态度 偏好 职业	百分位数； 中数； 排序关系
等距量表	差数等式 （2-1=7-6）	态度 观点 指标	中数； 标准差
等比量表	比例等式 （2÷4=4÷8）	成本 消费者数量 销售额	平均值； 相关系数

一、类别量表

在类别量表中，数字仅仅是标签，用于识别不同对象或对这些对象进行分类。例如，在一个调查项目中，对每个被调查者进行编号。当类别量表中的数字用于识别不同对象时，数字与对象存在一一对应的关系。在市场研究中，类别量表常用来标识不同的被调查者、品牌、商品、商店或其他对象。

例6-1：你的性别是什么？
1.□男性　　2.□女性

例6-2：下列哪种媒介最能影响你的购买选择？
1.□电视　　2.□广播　　3.□报纸　　4.□杂志　　5.□网络

这些选项前的数字并不代表任何排列次序。此外，这些数字的间隔和比值也无法表现这些答案的本质。这些数字只是名义上的，任何一组数字都可以用来表示答案分类。

类别量表的数字不能反映对象的具体特征。类别量表中的数字只能用来计算频率，以及和频率有关的一些统计量，例如百分比、众数等。假设在上述例6-2中，75%的被调查者选择了"电视"，则"电视"是众数。

二、顺序量表

顺序量表是一种排序量表，数字表示对象具有某种特征的程度。顺序量表可以用于确定一个对象是否比另一个对象具有较多（较强）或较少（较弱）的某种特征，但并不能确定具体数量。顺序量表规定了对象的相对位置，但没有规定对象间的差距大小。排在第 1 位的对象比排在第 2 位的对象具有较多的某种特征，但无从得知是"只多一点儿"还是"多了很多"。

例 6-3：你每天会用多长时间读书？
1. □少于 5 分钟　　2. □5~15 分钟　　3. □15~30 分钟　　4. □30 分钟以上

除了作为标记，量表值 1、2、3、4 所指定的分类提供了一个时间范围的指引。例如，选择分类 4 的被调查者读书的时间大于选择分类 3 的被调查者，可是并未说明前者比后者具体多花了多长时间。一位每天阅读 16 分钟的被调查者和另一位每天阅读 20 分钟的被调查者都会选择分类 3。从量表值中无法推测出准确的阅读时间，它们之间的间隔没有办法进行有效的解释。根据分类的特性，任何 4 个数字都能用来作为量表值（只要它们是从小到大排列的），例如在例 6-3 中，10、15、25、40 与 1、2、3、4 是等效的。

对于顺序量表来说，测量众数和中位数是有意义的。上面关于读书的问题的回答分布情况如表 6-2 所示。

表 6-2　回答分布情况

分类	选择该分类的被调查者比例
1	40%
2	25%
3	25%
4	10%

在这个例子里，众数是分类 1，中位数是分类 2。

三、等距量表

等距量表也称为区间量表。在等距量表中，相同的差值代表相同的数量差。等距量表包含顺序量表能提供的一切信息，并且可以比较对象间的差别。等距量表中相邻数值之间的差距是相等的，1 和 2 之间的差距等于 2 和 3 之间的差距，也等于 5 和 6 之间的差距。等距量表最典型的实际例子是温度计。

等距量表中的原点不是固定的，测量单位也是人为规定的。严格地说，态度、看法和偏好等变量无法被量化为准确的等距量表，然而，下列问题的选项常被假定为一个等距量表。

例 6-4：在未来六个月内你有多大可能会买一辆新车？
1. □一定不会买　　2. □很可能不买　　3. □不太可能买
4. □可能会买　　　5. □很可能会买　　6. □一定会买

在这组选项中,量值设定为1~6(这些数字也可以设为相反的顺序),严格地说,它们只是形成了一个顺序量表。但当我们假设相邻选项的区别相同时,它们可以被视为等距量表。

除了拥有顺序量表的属性,这些数字构成的等距量表还可以计算均值和标准差。假设例6-4有200位被调查者,回答的分布情况如表6-3所示。

表6-3 回答的分布情况(1)

分类	数量	百分比
1	10	5%
2	10	5%
3	70	35%
4	60	30%
5	20	10%
6	30	15%

众数和中位数分别是3和4;均值是3.8,计算方式如下。

[(1×10)+(2×10)+(3×70)+(4×60)+(5×20)+(6×30)]÷200
=(10+20+210+240+100+180)÷200
=3.8

现在假设我们将同样的问题给予另外200人,假定这组被调查者的收入低于前一组,回答的分布情况如表6-4所示。

表6-4 回答的分布情况(2)

分类	数量	百分比
1	120	60%
2	40	20%
3	10	5%
4	10	5%
5	10	5%
6	10	5%

与第一组样本不同的是,第二组样本的均值只有1.9,计算方式如下。

[(1×120)+(2×40)+(3×10)+(4×10)+(5×10)+(6×10)]÷200
=(120+80+30+40+50+60)÷200
=1.9

虽然3.8是1.9的2倍,但我们不能说第一组被调查者购买一辆新车的可能性是第二组被调查者的2倍。

四、等比量表

等比量表具有类别量表、顺序量表、等距量表的一切特性，并有固定的起始点。因此，在等比量表中，可以标识对象，将对象进行分类、排序，并比较不同对象某一变量测量值的差别。测量值之间的比值也是有意义的。有关身高、体重、年龄、收入等的量表都是等比量表的例子。

例 6-5：你的税前年收入是多少万元？

你工作的地方离家多少千米？

这些问题的答案有一个自然的、明确的起始点——0。起始点不是等距量表那样任意选取的，因此计算和解释比例就有了意义。

等比量表拥有等距量表的属性，等距量表拥有顺序量表的属性，以此类推。是否可以进行数据分析和推理取决于数据的量表等级。

情境 6-2

空调企业市场研究

某空调企业在武汉进行了一次家庭调查，其中包括以下四个问题。

（1）您家里是否安装了空调？

□是　　□否

（2）在您购买空调时，您认为下面哪种性能最重要？

□经久耐用　　□省电　　□噪声小　　□冷气强　　□价格便宜　　□其他

（3）您是否想购买一台空调？

□很想　　□想　　□不一定　　□不想

（4）您认为 XX 牌空调的质量如何？

□很好　　□好　　□一般　　□差　　□很差

问题 1：以上四个问题分别使用了何种类型的量表？

问题 2：从类别量表到等比量表，获得的信息有哪些改变？

参考：（1）的答案是互斥的，属于二项选择问题，只能使用类别量表；（2）的答案是兼容的，使用的是顺序量表，目的是判断用户最注重空调的哪些性能；（3）和（4）的答案是互斥的，可使用等距量表，用于判断不同类型的消费者的购买欲望及对空调质量评价的差别。

第三节　态度测量

一、态度测量概述

态度被广泛认为是行为的一个决定因素。例如，汽车企业可能关心客户对所售汽车的态度、员工对工作环境的感觉等。如何估量这些相关人士的态度呢？

态度测量就是调查人员根据被调查者的可能认识或认识程度，就某一问题列出若干答案，设计态度测量量表，再根据被调查者的选择确定其认识或认识程度。

情境 6-3

消费者满意度测量

某公司是生产电力相关设备的企业，每年对消费者满意度进行测量和分析，以改进公司的产品和服务。满意度测量从产品满意度和服务满意度两个方面进行。其中产品满意度如图 6-1 所示，分值为 4.364～4.909。

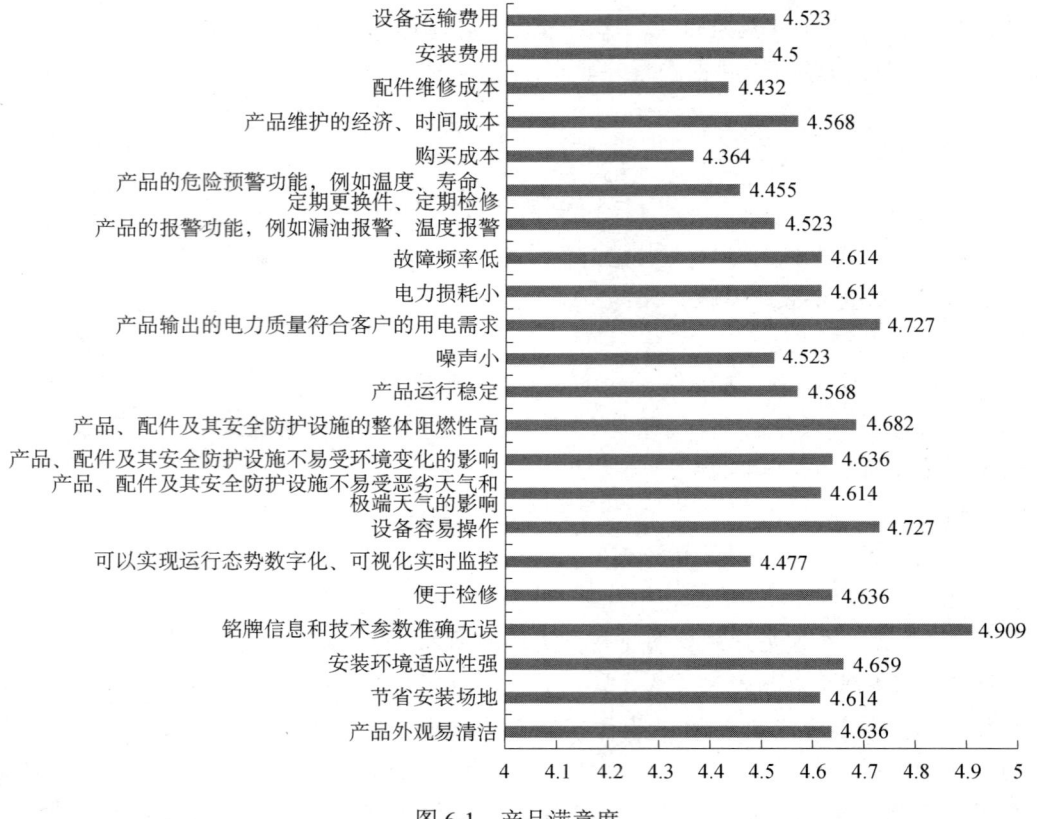

设备运输费用	4.523
安装费用	4.5
配件维修成本	4.432
产品维护的经济、时间成本	4.568
购买成本	4.364
产品的危险预警功能，例如温度、寿命、定期更换件、定期检修	4.455
产品的报警功能，例如漏油报警、温度报警	4.523
故障频率低	4.614
电力损耗小	4.614
产品输出的电力质量符合客户的用电需求	4.727
噪声小	4.523
产品运行稳定	4.568
产品、配件及其安全防护设施的整体阻燃性高	4.682
产品、配件及其安全防护设施不易受环境变化的影响	4.636
产品、配件及其安全防护设施不易受恶劣天气和极端天气的影响	4.614
设备容易操作	4.727
可以实现运行态势数字化、可视化实时监控	4.477
便于检修	4.636
铭牌信息和技术参数准确无误	4.909
安装环境适应性强	4.659
节省安装场地	4.614
产品外观易清洁	4.636

图 6-1 产品满意度

服务满意度的分值为 4.25～4.773，如图 6-2 所示。

二、态度测量的类型

（一）强迫式量表与非强迫式量表

强迫式量表没有为被调查者提供可以表达中立态度的选项。非强迫式量表则为被调查者提供了可以表达中立态度的选项。

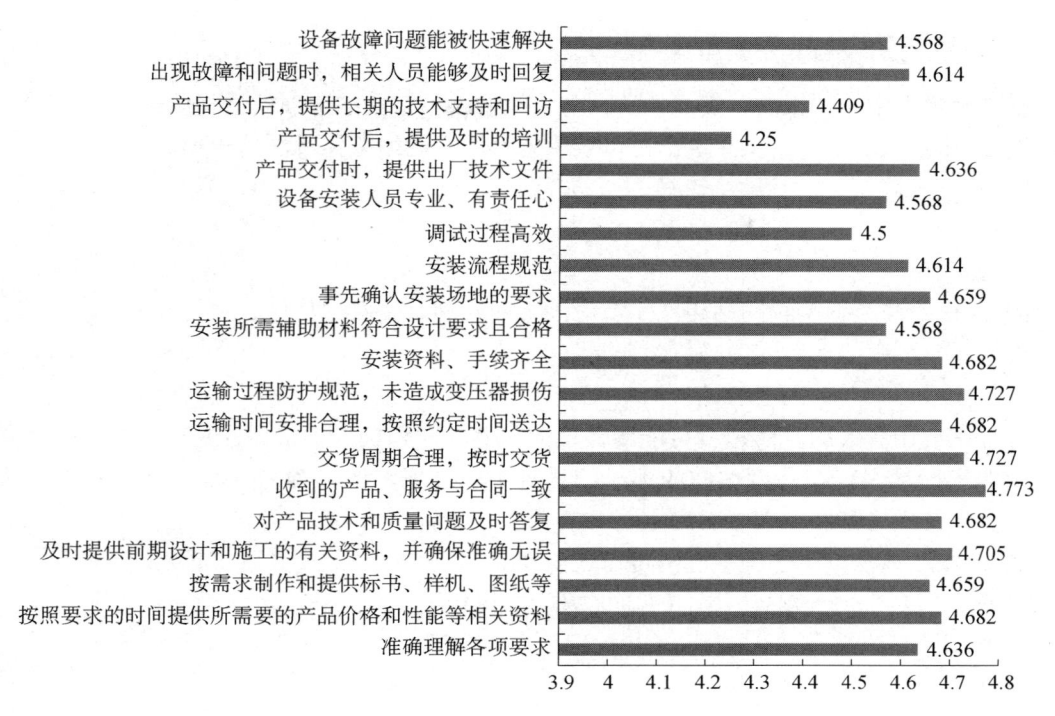

项目	得分
设备故障问题能被快速解决	4.568
出现故障和问题时，相关人员能够及时回复	4.614
产品交付后，提供长期的技术支持和回访	4.409
产品交付后，提供及时的培训	4.25
产品交付时，提供出厂技术文件	4.636
设备安装人员专业、有责任心	4.568
调试过程高效	4.5
安装流程规范	4.614
事先确认安装场地的要求	4.659
安装所需辅助材料符合设计要求且合格	4.568
安装资料、手续齐全	4.682
运输过程防护规范，未造成变压器损伤	4.727
运输时间安排合理，按照约定时间送达	4.682
交货周期合理，按时交货	4.727
收到的产品、服务与合同一致	4.773
对产品技术和质量问题及时答复	4.682
及时提供前期设计和施工的有关资料，并确保准确无误	4.705
按需求制作和提供标书、样机、图纸等	4.659
按照要求的时间提供所需要的产品价格和性能等相关资料	4.682
准确理解各项要求	4.636

图 6-2 服务满意度

例 6-6：请从以下选项中选出可以表明您对淘宝网站的总体看法的一项。

极差	差	一般	好	非常好
□	□	□	□	□
1	2	3	4	5

例 6-7：与其他购物网站相比，您对淘宝网站的总体看法如何？

很差	较差	差不多	较好	非常好
□	□	□	□	□

总体来看，有奇数个选项的量表有一个中立的位置，表现为中间的选项。同理，有偶数个选项的量表迫使被调查者选择明确的立场——积极或消极的一边。

例 6-8：以下哪一项最能描述您对淘宝网站的总体看法？

非常糟糕　　　　　　　　　　　非常好

□	□	□	□	□	□
1	2	3	4	5	6

例 6-9：与其他购物网站相比，您对淘宝网站的总体看法如何？

很差	较差	较好	非常好
□	□	□	□

强迫式量表是否比非强迫式量表好？这个问题并没有明确的答案。

从表面上看，有奇数个选项的量表比有偶数个选项的量表应用更广泛。但中立的选项可能诱使一些被调查者做出虚假回答，尤其是那些不愿透露真实想法的人。因此，在以下情况下应考虑运用有偶数个选项的量表：被调查者很少对所研究的主题有中立态度。

（二）平衡量表与非平衡量表

在平衡量表中，积极的、赞成的选项与消极的、不赞成的选项数量相同。

例 6-10：请从以下选项中选出可以表明您对淘宝网站总体看法的一项。

很差	较差	一般	较好	非常好
□	□	□	□	□
1	2	3	4	5

例 6-11：与其他购物网站相比，您对淘宝网站的总体看法如何？

很差	较差	一般	较好	非常好
□	□	□	□	□

有时，被调查者的真实态度可能明显偏向一侧，即积极或消极。在这种情况下，我们应当运用非平衡量表，在态度偏向的那一侧设置更多选项。例 6-12 使用了一个非平衡量表，调查人员已经预见到被调查者对淘宝网站的看法是正面的。

例 6-12：请从以下选项中选出可以表明您对淘宝网站总体看法的一项。

很差	差	一般	好	非常好	棒极了
□	□	□	□	□	□
1	2	3	4	5	6

（三）语义差异量表

语义差异量表是语义分化的一种测量工具。语义差异量表包含一系列两极形容词，每对形容词被一个包含七个评定等级的量表隔开，如表 6-5 所示。

表 6-5 语义差异量表

可靠的	___	___	X	___	___	___	___	不可靠的
友好的	X	___	___	___	___	___	___	不友好的
现代的	___	___	___	___	X	___	___	旧式的
便宜的	___	___	___	___	___	X	___	昂贵的
进步的	___	___	___	X	___	___	___	落后的

（1）有时用为特定公司、产品或概念量身定做的描述性短语来代替单一的形容词。例如，可以使用以下短语来测量某饮料的品牌形象。

    非常特别的饮料   只是一种饮料

    有趣的饮料   严肃的饮料

    性格内向的人饮用   性格外向的人饮用

（2）极端的负面形容词可以用不极端的短语来代替，因为一些被调查者不愿意选择极端词语，不愿意表达反面意见。

（3）量表中的位置可以用数值代替，例如 7、6、5、4、3、2、1 或+3、+2、+1、0、-1、-2、-3。前提是把被调查者的选择当作间隔数据，使计算均值成为可能。

语义差异数据通常使用文档分析方法来分析，并计算均值。两个品牌的形象比较如图 6-

3 所示，可以看出，品牌 X 具有比品牌 Y 更受人喜爱的形象，但较昂贵。

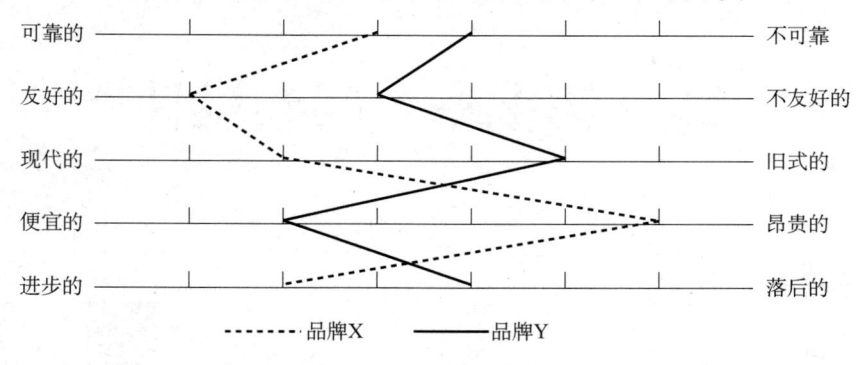

图 6-3　两个品牌的形象比较

思考题

1. 什么是测量？
2. 测量在市场研究中的作用是什么？
3. 为什么在市场研究中进行测量如此困难？
4. 举例说明每种量表所测量的变量类型。
5. 请查阅品牌知名度、品牌美誉度、品牌忠诚度、品牌健康度等的概念，形成测量量表，注意以下问题。
（1）采用哪种类型的量表？
（2）如何测量每一个变量？

第七章　问卷设计

学习要点

- ✧ 理解问卷设计的过程
- ✧ 学习问卷设计的技巧
- ✧ 学习问卷的结构
- ✧ 了解网络问卷的设计方法

第七章课件　第七章习题

情境 7-1

问卷调查在"元气森林"新产品投放中的作用

在整个饮品圈,"元气森林"爆款频出,让传统的饮料品牌望尘莫及。具有互联网基因的元气森林充分利用了互联网层层迭代的产品思路来做饮品。其中,问卷调查扮演着重要角色。

对一个新品牌、新产品而言,要想快速打开市场,免不了大量投放广告、请名人代言、KOL 带货、社交媒体曝光等操作。此外,"元气森林"还投放大量电梯广告、赞助综艺节目……"元气森林"坚持对大众做问卷调查,如图 7-1 所示。

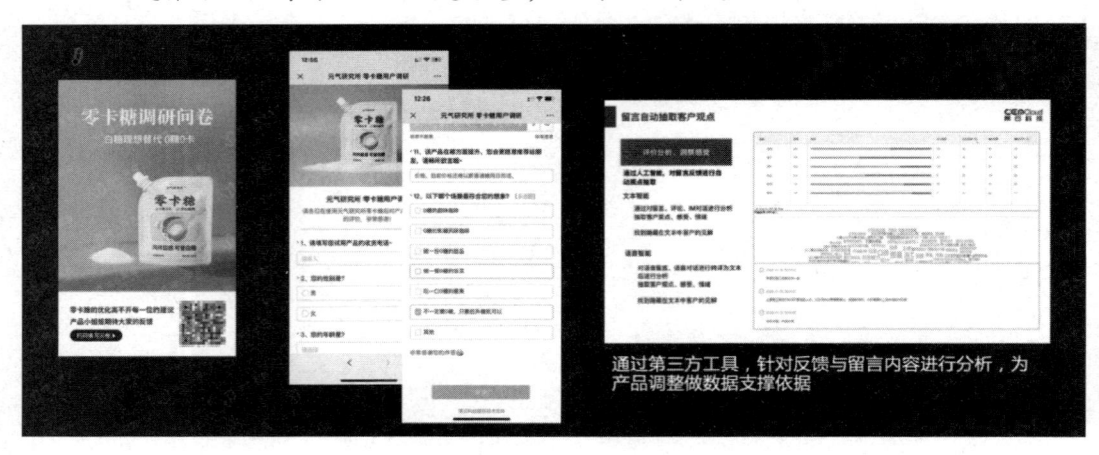

图 7-1　元气森林的问卷调查

例如:您在哪里看到过"元气森林"?看到广告或产品都算。(多选)
◎便利店　◎超市　◎抖音　◎电梯广告　◎微博、微信、小红书　◎网红直播　◎综艺节目
◎电视剧　◎其他

"元气森林"在 2020 年开始运营微信私域,主要目的是低成本、高效地进行测试活动,

并将其命名为"体验官"活动。"元气森林"在小程序中发布新品测评活动,"体验官"们主动申请试用,中签后仅支付运费便可拿到产品。"体验官"们收到产品并体验后,交流群内的产品助理会引导大家填写问卷。问卷调查的内容包括包装设计、新品反馈等,以形成产品改进意见。

"元气森林"还利用大数据,对反馈内容进行分析,以挖掘更深入的数据。例如进行消费者行为调查,不仅能了解消费者是否对产品有所关注、关注的路径是什么、对产品的需求频次是多少等,还能在无形中进行产品宣传。

第一节　问卷设计概述

一、问卷设计的重要性

问卷将研究目标翻译为向被调查者提问的具体问题,它将问题和答案标准化,使每个参与者对同样的刺激做出反应,通过措辞适当的问题调动被调查者的积极性。问卷还可以作为研究的永久记录被保存。问卷的结构性使数据分析方法非常明确。因此,问卷起着重要的作用,是研究过程中非常重要的元素。

问卷是从被调查者处收集数据的正式表格。问卷的功能是测量,可用问卷来测量被调查者的行为、态度、特征。

测量误差是问卷设计中的一个重要问题。例如,为了调查妇女的工作意愿,向不工作的妇女样本提问。第一种问法是"如果有可能的话,你愿意拥有一份工作吗?"第二种问法是"你愿意工作还是只做家务?"第二种问法说明了第一种问法中隐含的选择,两种问法得到的结果可能是不同的。

显然,要保证问卷调查能获得调查人员期望的信息和结果,需要使用问卷设计技术来设计问卷。

二、问卷设计的标准

1. 能提供必要的决策信息

问卷的主要作用是提供决策所需的信息,任何不能提供重要信息的问卷都应被废弃或加以修改。

2. 问卷要考虑到被调查者

问卷应该简洁、有趣、具有逻辑性并且方式明确。一份问卷要在各种情景和环境条件下实施。忙于家务或事先有所安排的被调查者会结束毫无兴趣的调查;一些调查是对正在购物的消费者进行的;还有一些调查是在被调查者的孩子缠着他们的时候进行的。因此,设计问卷的调查人员不仅要考虑调查主题和被调查者的类型,还要考虑调查的环境和问卷的长度。

设计问卷的调查人员必须避免使用专业术语和被调查者可能误解的术语,最好运用简单的日常用语。

3. 问卷要满足编辑和数据处理的需要

一旦信息收集完毕，就要进行编辑。编辑是指对问卷进行检查，以确保需要填写的问题已经填好。所有"开放式问题"都要由调查人员逐字记录。可能的话，调查人员要对开放式问题的所有答案进行编码。

第二节　问题设计

一、问题设计的难点

市场研究的对象在受教育程度、理解问题的能力、道德标准、职业、生活习惯等方面存在差异，这会导致他们在回答问题时出现不一致。因此，设计问题时遇到的难点主要有以下几方面。

（1）被调查者不理解或误解问题的真实含义，导致无法回答或误答。

（2）被调查者理解问题的含义，也愿意做出回答，但回想不起真实情况，产生数据误差。

（3）被调查者理解问题的含义，也有所需要的资料，但不愿意回答，或不愿如实回答，导致数据不准确。

（4）被调查者理解问题的含义，愿意回答，也有所需的资料，但没有能力回答。

二、问题设计的要领

（一）被调查者愿意回答吗——避免敏感性问题

不要设置那些被调查者不愿意回答或不愿如实回答的问题，更不要设置那些可能会令被调查者难堪或反感的问题。当问题涉及敏感话题或使人尴尬时，被调查者可能会拒绝回答。个人财务状况、文化程度、社会地位等都是敏感性问题的例子，此类问题还可能激怒被调查者。在这样的调查中，调查人员只能采用"伪装"技巧，不宜正面提问，而应安排一系列问题"旁敲侧击"，或采取"避实就虚"的提问方式。

例 7-1：某团队想了解某行业的偷税漏税情况，于是对行业中的典型企业进行调查，设置了如下问题："您的企业在过去一年中有偷税漏税的行为吗？"

结果是绝大多数企业选择了"没有"，而这并不符合该行业的现状。调查人员进一步采用"伪装"技巧，将问题修改为以下内容。

您认为所在行业中有＿＿＿＿的企业有偷税漏税行为。

A. 20%以下　　　　B. 20%～40%　　　　C. 41%～60%　　　　D. 60%以上

调查结果发生了很大变化。

例 7-2：您至今未买电脑的原因是什么？

A. 买不起　　　　B. 没用　　　　C. 不懂　　　　D. 软件少

这种问题可能会伤害被调查者的自尊，不易得到准确答案，可以将答案修改成以下内容。

A. 价格不合适　　　　B. 用途较少　　　　C. 对性能不太了解　　　　D. 其他

（二）被调查者能回答吗——关注被调查者的能力和经历

即使问题设计得很完美，若被调查者无法有意义地回答，也是枉然。例如，"请问您结婚时会购买哪种品牌的汽车？"若这个问题用来询问 20 岁以上的人是妥当的，但若调查对象是中学生就会变得毫无意义。

另一个导致被调查者无法回答问题的因素是记忆力。例如，某啤酒企业要对啤酒市场进行调查，并分析自己的市场地位，因此设计了以下问题："请问您的家庭过去 12 个月内共消费了多少瓶啤酒？"毫无疑问，这个问题对该公司是很重要的。但有多少被调查者能记得他们过去 12 个月内喝过多少瓶啤酒呢？

（三）被调查者能正确地回答吗——关注问题设计技巧

1. 避免双重含义问题

双重含义问题会使被调查者无法直接回答其中任何一个问题。

例 7-3："您是否对这里的食物和服务感到满意？"

被调查者会如何回答呢？如果他说"是"，这意味着他对食物满意，还是对服务满意，还是都满意呢？

因此，应将问题转化为以下内容。

问题 1：您对这里的食物感到满意吗？

问题 2：您对这里的服务感到满意吗？

例 7-4：您当前的就业情况是什么？

A. 全职工作　　　　B. 全职学习　　　　C. 业余学习　　　　D. 失业　　　　E. 退休

一个退休并正在全职学习的人应如何回答这个问题呢？如果一个问题问就业情况，另一个问题问学习情况会好得多。

2. 避免诱导性问题

诱导性问题是可能将被调查者引导到某一特定答案的问题。

例 7-5：难道你没发现隐藏在新政策中的危险吗？

很明显，被调查者被诱导了，因为问题的措辞偏向一方，所以被调查者会预料到新政策中存在危险，因此被调查者往往会回答"是"。

改变措辞将使问题变得更客观："你是否发现新政策中隐藏着一些危险？"这样被调查者会根据实情回答"是"或"否"。

例 7-6：您认为现在市场上的产品质量跟 10 年前一样好吗？

A. 是　　　　　　　B. 不是　　　　　　　C. 没意见

很明显此问题对 10 年前的产品质量有诱导性，若被调查者对现在市场上的产品质量有坚定的看法，就不太可能被问题的措辞诱导。但是一些被调查者可能被诱导而回答"不是"。因此，问题可以修改为"与 10 年前相比，您认为现在市场上的产品质量如何？"

A. 现在市场上的产品质量比 10 年前更好

B. 现在市场上的产品质量比 10 年前更差

C. 现在市场上的产品质量与 10 年前一样

D. 没意见

封闭式问题也会产生诱导性。下面是一个带有诱导性的封闭式问题。

例7-7："你认为XX酒店的在线预订服务有多好？"

A. 非常好　　　　　B. 很好　　　　　C. 较好　　　　　D. 不够好

这是一个诱导性问题，因为仅仅给出了正面的答案。

当调查主要集中于人们的态度、信仰或意见时，诱导性问题将产生极大风险。调查人员在设计问卷的过程中无法保持客观的话，会无意识地设计出诱导性问题。诱导性问题的答案会产生恒定的测量误差。

3. 避免带有暗示性短语的问题

带有暗示性短语的问题是指一些问题的回答可能受被调查者假设的影响。因此，问题必须明确说明被调查者应当假设什么，而不是让其自己假设。

例7-8： 您在观看足球比赛、篮球比赛等时喝咖啡吗？

A. 喝　　　　　B. 不喝

该问题有几个隐含的假设。首先，从被调查者的角度看，不能明确观看足球比赛、篮球比赛是在家还是在户外，或两者皆是。因此，答案可能不同，这由被调查者的假设决定。其次，"等"究竟包含什么并不清晰。例如，它是否包含除球类运动之外的运动比赛？再者，问题还受被调查者理解能力的影响。最后，该问题明显假设被调查者是一位咖啡饮用者。

现在，让我们看看"被调查者是咖啡饮用者"这个假设。这个问题显然与不喝咖啡的被调查者毫不相干。避免对此类被调查者问出这个问题的一个方法是采用过滤式问题。过滤式问题对被调查者做出限制，保证问题在被调查者的经验范围内。一个过滤式问题的例子是"您喝过咖啡吗？"只有那些回答"是"的人才会继续回答下一个问题。因此以上问题可做如下修改。

您喝过咖啡吗？（回答"是"的请继续下一题）

A. 是　　　　　B. 不是

请问您在进行以下哪些活动时喝咖啡？（选择符合的所有选项）

A. 参加球类运动

B. 参加除球类运动之外的运动比赛

C. 通过电视观看球类运动

D. 通过电视观看除球类运动之外的运动比赛

本题所包含的选项数量和类型取决于调查人员的特定目标，但重点是重新措辞后留给被调查者自己假设的空间更小。

关于过滤式问题，值得警惕的一点是，这样的问题太多会使问卷长度剧增，应谨慎使用。

4. 避免过于复杂的问题

对问题设计者而言很容易理解的词语在被调查者听来可能很生疏或复杂。使用这些词语将产生过于复杂的问题，问卷中使用的词语必须和被调查者的水平一致。简而言之，一个问题被认为是简单的还是复杂的，不仅要看它的措辞，还要看被调查者的类型。

例7-9： 您想把流动资产投资到以下哪方面？

A. 保险　　　　　　　　　　　　　　B. 股票

C. 保险和股票 D. 其他

对于同一问题，若被调查者是企业管理人员，则不难理解"流动资产"。但是，若被调查者是普通群众，则可能不知道"流动资产"的意思。然而，大部分人还是会做出回答，这就导致答案的可信程度降低。

例 7-10：在过去一个月，您的生活费中用于娱乐的支出所占的百分比是多少？

这个问题不难理解，但很难回答，被调查者需要花费很多精力来回答这个问题。一种简化方法是将其拆分成两个问题，一个是关于月生活费总额的问题，另一个是关于娱乐支出总额的问题，调查人员可以在数据分析阶段计算出百分比。调查人员应尽可能提问几个简单的问题，而不是构造一个复杂的问题。被调查者需要做的事情越少，他们回答问题的意愿越高，做出错误回答的概率越小。

5. 避免有歧义的问题

一些有歧义的问题会导致被调查者将问题假设为他们自己的情况或经历。这类问题有两种形式，一种是问题的设计者使用了有多种含义的词语。

例 7-11：当你的小狗惹是生非时，你是否会"教训"它？

这个问题中有两个模棱两可的词。"惹是生非"可能指小狗在地上撒尿，或打翻了水盆以及其他意外事件。"教训"一词的含义也是模糊不清的。我们可用一系列问题来限定"惹是生非"的种类和"教训"的性质。

另一种是问题设计者不经意间选择了一些词语，这些词语对不同的被调查者有不同的含义，例如"通常地""常规地""和蔼地""正常地""频繁地"。在这方面，调查人员必须查阅字典，并且问自己以下六个问题。这些词语是否还有其他意思？词语是否有多个发音？是否有相似发音的词语？是否存在更简单的词语或短语？

例 7-12：你最近经常去超市购物吗？

这个问题中"最近"的含义不确切，可改成"过去三个月你去超市购物过几次？"

情境 7-2

大众 4S 店的消费者购车观念调查

位于浙江省杭州市钱塘新区的某大众 4S 店希望知道潜在消费者购车的观念和想法。该店负责人与某大学的市场营销系联系，希望在大三学生的"营销调查"课程中实施一次针对钱塘新区民众的购车观念调查。这学期选修"营销调查"课程的学生很多，于是授课教师将学生分成两个组，使两个组展开比赛，看谁能做出更好的调查。

两个组的学生在这个学期里努力地工作。他们与导师及 4S 店的经理们进行了商讨，确定了重点调查对象，查阅了大量关于品牌、商店及公司形象的资料。部分调查结果如表 7-1 和表 7-2 所示。

表 7-1 第一组的部分调查结果

调查项目	影响因素	回答"是"的百分比（%）
大众 4S 店在购买决策中的重要性	有竞争力的价格	86
	没有太大的压力	75

续表

调查项目	影响因素	回答"是"的百分比（%）
大众4S店在购买决策中的重要性	方便的服务设施	73
	低费用	68
	模特较多	43
	便利的位置	35
	销售人员的友善程度	32
大众4S店的形象特征	有竞争力的价格	45
	没有太大的压力	32
	方便的服务设施	80
	低费用	78
	模特较多	50
	便利的位置	81
	销售人员的友善程度	20

表 7-2　第二组的部分调查结果

大众4S店在购买决策中的重要性和形象特征	重要性 a	得分 b
有竞争力的价格	6.5	1.3
没有太大的压力	6.2	3.6
方便的服务设施	5.0	4.3
低费用	4.7	3.9
模特较多	3.1	3.0
便利的位置	2.2	4.1
销售人员的友善程度	2.0	1.2

注：a 的范围为 1~7，其中 1 代表不重要，7 代表极重要；b 的范围为 1~5，其中 1 代表差，5 代表很出色。

问题1：哪一组能更有效地表达他们的调查结果？他们是如何表达的，为什么？

问题2：在每组的调查结果中，哪些问题可能存在诱导性或暗示？

第三节　问卷结构设计

一、问卷结构

1. 前言

（1）问卷的标题。问卷的标题用于概括主题，使被调查者对问题有大致了解。标题应简明扼要，能引起被调查者的兴趣。例如"大学生消费状况调查""高档住宅购买意向调查"等。

（2）问卷说明。问卷说明旨在向被调查者说明调查的目的、意义。有些问卷还有填表须知、交表时间、地点及其他说明。问卷说明一般放在问卷开头，可以使被调查者了解调查目的，消除顾虑，并按一定的要求填写问卷。

下面以财务软件使用情况调查为例，说明问卷说明中可能出现的语句及其作用，如表7-3所示。

表 7-3　问卷说明中可能出现的语句及其作用

功能	语句	作用
介绍调查人员	您好，我叫XX，我是A调查公司的一位电话调查人员，我不销售任何商品。	使被调查者知道这是一次真实、合法的调查
介绍调查目的	我们正在进行一项调查，是关于财务软件使用情况的。	告诉被调查者调查的目的和原因
解释被调查者是如何被选择的	您的电话号码是由计算机随机选取的。	告知被调查者他是如何被选择的
争取参与意愿	这是一项匿名调查。现在我会问您一些问题，是关于您使用财务软件的经历的，您方便吗？	寻求被调查者的同意（强调匿名调查以获得合作）
确定被调查者是否合适	您使用XX财务软件吗？	确定被调查者符合调查要求，不使用软件的被调查者将会被剔除

2. 主体

（1）被调查者的基本情况。被调查者的基本情况包括一些主要特征，例如消费者调查中消费者的性别、年龄、民族、家庭人口、婚姻状况、文化程度、职业、收入、所在地区等；以及企业调查中企业的名称、地址、主管部门、职工人数等。通过这些项目，可以对调查资料进行分组。在实际调查中，列入哪些项目、列入多少项目，应根据调查的目的、要求而定，并非多多益善。

（2）调查的主体内容。调查的主体内容是调查人员要了解的基本内容，也是调查问卷中最重要的部分。它主要是提问的形式，这部分内容直接影响着调查的价值。主体内容主要包括以下几方面。

① 对人们的行为进行调查，包括对被调查者本人的行为进行了解或通过被调查者了解他人的行为。

② 对人们的行为后果进行调查。

③ 对人们的态度、意见、感觉、偏好等进行调查。

3. 附录

（1）编码。编码是将问卷中的调查项目变成数字的过程，大多数调查问卷需要加以编码，以便于分类整理，进行计算机处理和统计分析。所以，在设计问卷时，应确定每个调查项目的编号。

（2）记载资料。在问卷的最后，要附上调查人员的姓名、日期、时间等，以便审核和追踪。

（3）结束语。结束语包括两部分，一部分内容是提出几个开放式问题，让被调查者深入、自由地回答有关问题，在量化的基础上进行分析，加深对问题的认识，或让被调查者提出建设性意见；另一部分内容是表示对被调查者的感谢。

在实际调查过程中，不同的调查方式对问卷设计的要求是不一样的。问卷的主体是核心，必不可少，其他内容可酌情删减。

二、问题安排

正式设计问卷时首先需要考虑的是问题的顺序。为使被调查者轻松地回答问题，问题的顺序应该符合某种逻辑或常识，可以按照由易到难的方式排列问题，如表 7-4 所示。

表 7-4 按照由易到难的方式排列问题

问题位置	问题类型	例子	功能
开篇	筛选问题	过去一个月内，你在物美大卖场买过东西吗？	用于在调查中选择合适的样本
第一部分	热身问题	你平均多长时间购物一次？	引起被调查者的兴趣，让被调查者感到很轻松
问题板块之间	过渡问题	接下来，我们将询问几个关于上网习惯的问题。	提示被调查者问题主题将发生改变
中间偏后的位置	难回答的问题	请对下列 10 个网站的安全性、易用性进行排序。	让被调查者看到问题已经不多了，有继续完成的动力
最后一部分	统计问题	接下来，我们将询问几个关于收入、教育水平的问题。	"私人"问题，以免引起被调查者抵触，放在最后一部分

对问题进行排序时要注意以下几点。

1. 自发性重于诱导性

如果问卷中有一部分问题需要被调查者详细描述个人看法，调查人员在询问时一定要注意避免诱导。如果调查人员首先问被调查者"您常购买下列哪种品牌的速溶咖啡？"紧接着又问："您比较熟悉哪种品牌的速溶咖啡？"这样的提问方式有明显的诱导性。

2. 敏感问题尽量靠后

问卷中总会有一些敏感内容，应使这类内容靠后。当被调查者很放松，并对调查人员有一定信任时，才可以进入敏感话题的探讨。对被调查者而言，只有确信自己的回答不会被滥用并信任调查人员，才能更好地合作。因此，敏感内容应排在后面。

即便是网络问卷，对敏感内容也要慎重对待。被调查者虽然在回答问题时是一个人，但他们与问卷之间存在一种无形的联系。如果能按照敏感程度从低到高进行回答，那么被调查者回答时的压力就不会太大。

3. 分类问题数量不宜过多

带有分类性质的问题可能会涉及个人隐私。一般这类问题与调查主题的关系不大，应放在最后。年龄、性别、收入、受教育程度等都属于分类问题。

4. 制作流程图可以加强问题设置的合理性

制作流程图一方面可以确保所有问题都已包括在内，另一方面能提高问题的针对性，如图 7-2 所示。根据流程图，可以清楚地了解问卷调查的目的及过程。由图 7-2 可知，该问卷调查想了解哪种交通工具更受大众欢迎，为什么有些人将家中的汽车闲置，反而乘坐公交车或其他公共交通工具？在流程图的帮助下，调查人员能知道怎样对被调查者进行归类，并明确每一类被调查者应该回答哪些问题。

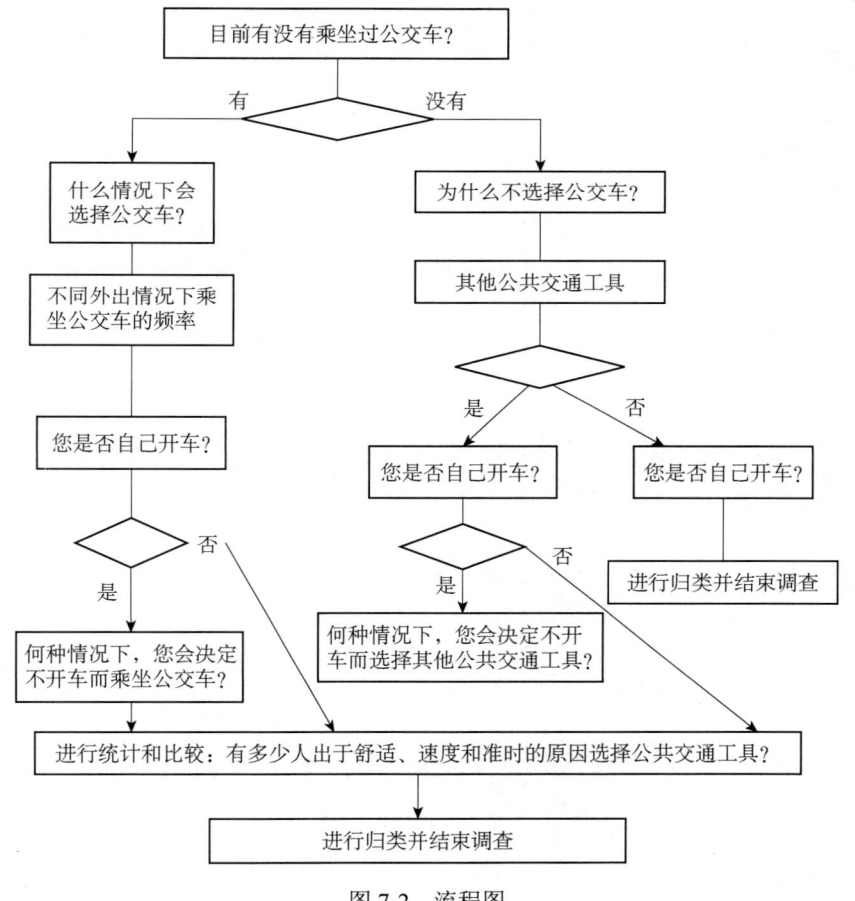

图 7-2 流程图

从流程图上还能查看问题的顺序及路线。"您是否自己开车？"这一问题在三个不同的位置出现。如果为了方便后期的数据分析，可以规定同一问题不能重复出现，即只能使用一次，那么在设定提问顺序时就要有更严密的方案。

总之，问题的布局极其重要，从一个主题到另一个主题的过渡和衔接一定要自然、合理，不能有返回或重复的现象。如果被调查者觉得问题重复，就会产生疑惑，并且失去耐心。

第四节　问卷版式设计

一、文字大小和版式

问卷的字体不应该太小，字体过小的问卷在一定程度上会影响调查人员的搜索速度，增加被调查者的等候时间。重要问题可以使用更大的文字。

如果需要突出问题中的某些关键词或重要说明，可以采用加粗或斜体的方式。设计者一定要保持问卷版式的统一性（例如所有说明文字一律加粗或加下画线，所有需要调查人员宣读的内容都采用其他字体），这样可以方便调查人员操作，提高速度和准确性。问题和选项绝对不能跨页，如果被调查者必须时常前后翻页才能找到答案，错误率必然增加。

二、字体的选择

使用不同字体进行区分是一种常见的方法，大多数设计者在编写说明文字时习惯使用常规字体，在编写问卷的其他内容时习惯使用其他字体。这样，调查人员在阅读问卷时，一眼就能将问题和说明文字辨别出来，不仅如此，提问时也能提高针对性。

三、编码设置

设计者在为编码设置序列时，应尽量方便调查人员查找。一般情况下，用英文字母对一些品牌或栏目进行归类比较便捷、实用。有必要的话，设计者还可以将某些设置分得更细。

如果设计者能预见目前的答案不够完整，或者答案的表述有纰漏，可以增加"其他____"选项，供被调查者自行填答，弥补设计的漏洞。

四、问卷的外观与编排

问卷的外观也会在一定程度上影响被调查者的配合程度和答案质量。一份专业的、有吸引力的问卷可以提高被调查者的配合程度。在网络环境下，被调查者通过敲击键盘和单击鼠标来回答问题。一份整洁的问卷（有清晰的说明，问题间有充分的间隔，预留了合适的回答空间等）将极大降低错误率。

总而言之，问卷看上去必须有吸引力、简洁、整齐。它还必须便于操作、易于回答和容易填写。随着信息技术的发展，问卷也可以更专业、漂亮，摆脱传统的单一样式。如图7-3所示，某餐厅为了吸引消费者并让消费者愿意在吃饭间隙填写问卷，将问卷设计成了与餐厅形象相关的小卡片。

图 7-3 小卡片形式的调查问卷

第五节　网络问卷设计

一、网络问卷的特点

网络问卷具备以下优势。
（1）可以处理复杂的衔接问题。
（2）可以随意打乱问题顺序，或随意设置问题循环。
（3）可以随意打乱答案顺序，或随意设置答案循环。
（4）可以根据被调查者对前一个问题的回答调整后面的问题。
（5）可以根据被调查者对前一个问题的回答调整后面的选项。
一些软件储备了多种模板，在借鉴模板的基础上，网络问卷可以满足客户的多种定制需求，提供个性化服务。
网络问卷也会遇到一些问题。如果要提高问卷的吸引力，就要保证同一问题不要跨屏等，这些问题在纸质问卷中也同样存在。网络问卷绝不是纸质问卷的翻版，网络问卷为设计者丰富了设计空间，可以采用灵活多样的方式提问；可以用简洁的方法询问复杂的问题；可以拥有更多提示手段。

二、设计网络问卷时的注意事项

1. 问题布局

纸质问卷使用最频繁的一种布局方式是：在问卷的单侧放置问题（一般是纵向排列

的），选项最常用的是单选按钮。对网络问卷来说，问题布局的方式更多。

设计者会遇到版面容量的问题，为了不让屏幕看起来过于拥挤，令人眼花缭乱，设计者最好将每个页面上的问题数量控制在10个以内，甚至更少。如果是纸质问卷，每个页面上的问题最多时可以接近20个。也就是说，网络问卷的页面数量远远超过纸质问卷。

2."不知道"和"未回答"选项

大多数网络问卷没有"不知道"和"未回答"选项。有时候被调查者的确不知道怎么回答，或者有意回避。一旦问卷中出现空白，调查就受到了干扰，无法进行下去。当然，并不是所有回答都至关重要，有些问题属于过渡问题，有些回答只作为参考资料。

网络问卷存在这样的矛盾：有些调查人员在明知不能强迫被调查者对全部问题一一作答的情况下，依然我行我素，被调查者只有对所有问题做出回答才能顺利提交问卷。一些公司采用自动装置或屏幕提示解决这一问题，当计算机程序发现有漏答情况时，会自动提醒被调查者，请他们检查作答情况。被调查者可以及时地给予反馈信息，让程序明白他们不能或拒绝回答该问题。

总之，是否设立"不知道"和"未回答"选项是设计者的个人习惯，有时添加了该选项，调查人员反而不需要多花心思去引导被调查者，或尽力搞清楚某些答案的确切含义，从而使数据遗漏现象增加。同时，也有些人认为，从道德的角度考虑，设计者应当尊重被调查者的权利。

3.复查问卷

任何一份问卷在被正式确定之前，必须要接受全面检查。所有参与调查活动的人员，包括调查人员、编码设计者、数据输入人员、数据处理人员（如果是自答问卷，还包括被调查者），都应当对问卷进行全面检查。

试点研究时也要对问卷的可用性和合理性进行重点测试，但在正式展开试点研究前，调查人员要对问卷进行仔细校对，对所有说明文字进行复查，对网络问卷中的问题衔接部分再三推敲。

请扫描右侧二维码了解如何在"问卷星"平台上创建网络问卷。

如何在问卷星上创建一份问卷

思考题

1. 什么是问卷？问卷的功能是什么？
2. 什么是诱导性问题？试举两例。
3. 问卷说明的目的是什么？它应该实现什么功能？
4. 设计好问卷后，投入使用前还要考虑哪些问题？
5. 请设计三个开放式问题和三个封闭式问题来调查消费者对宝马汽车的态度。
6. 你赞成还是反对下面这个陈述？请说明原因。
"只要问题符合一项以上的调查目标，就应该出现在问卷中。"
7. 与其他类型的问卷相比，网络问卷的设计和使用有何不同之处？
8. 决定多项式问题的选项数量时，应考虑什么因素？
9. 下面列举了五个关于"十一"小长假期间旅行的问题。假设问卷将用来对那些在杭州萧山国际机场候机的乘客进行拦截访问，请问这些问题的次序应该是怎样的？

（1）您要去哪里？
（2）您如何预订酒店？如何制订出行计划？
（3）您如何决定目的地？由谁决定？考虑哪些因素？
（4）您出游的时间是多久？

第八章 抽样技术与管理

学习要点

- ◇ 策划抽样调查方案的方法
- ◇ 理解抽样技术的特征
- ◇ 掌握抽样过程
- ◇ 学习计算和决定样本容量的方法
- ◇ 学会管理抽样误差并评估相应的风险

第八章课件　第八章习题

情境 8-1

《中国美好生活大调查》抽样案例

《中国美好生活大调查》(前身：中国经济生活大调查)，由中央电视台财经频道、国家统计局、中国邮政集团有限公司联合发起，是中国规模最大的媒体民生调查活动。2006年至今，主办方每年将调查问卷印制在明信片上，借助中国邮政网络，面向全国各个省和自治区发放，并随后由当地的邮递员进行入户调查，调查中国家庭的生活感受、经济状况、消费投资预期、民生困难和幸福感。

为了保证调查结果的可靠性和有效性，主办方需要决定调查对象如何产生、调查多少数量、如何减少误差等问题。为此，主办方通过国家统计局在全国的家庭样本库中进行抽样，在全国抽取104个城市、300个县，调查10万户家庭。在104个城市中，除了4个直辖市，每个城市样本容量都为600户，涵盖每一个区；对于300个县，每个县覆盖不少于5个乡镇。通过这种抽样方法，主办方将调查深入到全国的农村、牧区、海岛、边疆。通过邮政网络，将问卷印制在免费明信片上的调查方法不但具有填写简单、参与方便的特点，还能兼顾调查地区的广泛性、人群的多样性，规避了一般调查方法在调查样本上的不足。

第一节　抽样调查的概念和步骤

一、抽样调查的概念

抽样调查是一种非全面调查，是从全部对象中抽取一部分进行调查，并对全部对象做出估计和推断的一种调查方法。虽然抽样调查是非全面调查，但它的目的是取得能反映总体情况的信息，也可起到全面调查的作用。

大多数市场研究的目标是获取某一总体的特征或参数。全及总体（Population）简称总体或母体，是调查对象的全体，是有共同特征并构成某一研究问题目的全域的个体集合。全及总体分为有限总体和无限总体，有限总体的数量是可以确定的，无限总体的具体数量无法确定。

抽样总体（Sample）简称样本容量或样本，是总体的一部分，是从全及总体中抽取出来要直接观察的全部单位。每个被抽到的个体或单位就是一个样本。

普查（Census）是指统计总体中的全部个体，然后直接计算总体参数；样本是被选出来研究的总体的子集，样本特征也叫统计量，可用来对总体参数进行推断。与全面调查相比，抽样调查具有以下三个显著特点。

（1）经济。全面调查的目的在于了解总体的情况，而进行全面调查需要耗费大量人力、物力、财力。经过科学的抽样方法抽取出的样本，其调查结果与全面调查的结果差距不大，能较好地反映总体的情况，但抽样调查的对象却远远少于全面调查。

（2）高效。抽样调查的对象数量少，可以在较短时间内完成，这对于变化很快的市场来说是十分有效的，而全面调查成本昂贵且耗费时间。

（3）准确。抽样调查能了解较深入和复杂的信息。全面调查只能提供简单的信息，否则其工作量将十分庞大。

二、定义总体

> 定义总体的操作要点如下。
> 明确总体的单位（单元），如商户、住户等。
> 明确总体的边界或范围，如年销售量范围、年龄范围、区域范围等。

定义总体并不简单。例如，评估消费者对一种新品牌男士古龙香水的反应，谁应该被包括进总体中呢？是所有男士？还是曾经使用过古龙香水的男士？还是17岁以上的男士？有些妇女会为丈夫购买古龙香水，这些妇女应该被包括进去吗？

在定义总体时，常见的错误操作如下。

（1）缩小范围，如总体为"某杀虫剂的一切用户"，但调查人员将调查对象定义为"家庭主妇"。

（2）扩大范围，如总体为"高端消费人群"，但调查人员将调查对象定义为"月收入为20000元以上的人"。

三、确定抽样框架

抽样框架（Sampling Frame）是总体中个体的表示方法，由一份或一组用于识别总体的说明组成。抽样框架的例子有电话本、邮寄名单、地图等。如果无法汇编出一份清单，那么至少应该指定一些用于识别总体的指示说明，例如电话调查中的随机数字拨号程序。

在有些情况下，总体和抽样框架之间的差异小到可以忽略。但是，在大多数情况下，调查人员应该注意并处理抽样框架误差，这至少可以通过三种方法进行。第一种方法是根据抽样框架重新定义总体。第二种方法是在数据收集阶段筛选被调查者，以减小抽样框架误差，剔除抽样框架中不合适的个体。第三种方法是通过加权方案来调整所收集到的数据，从而减小抽样框架误差。

四、选择抽样方法和样本容量

1. 选择抽样方法

调查人员必须决定用重复抽样还是不重复抽样，以及用概率抽样还是非概率抽样。

（1）重复抽样是指每次从总体中抽取样本单位，记录与该样本单位有关的特征后又将其重新放回总体中，参加下次抽样。这种抽样的特点是：每次抽样在相同条件下进行，总体中每个样本单位被抽中的概率相等。重复抽样的样本是由 n 次抽取的结果组成的，每一次抽样都是独立的。

（2）不重复抽样也叫"无放回抽样"，指的是从总体中抽取一个样本单位，记录该样本单位有关的特征后，不再将其放回总体中。各样本单位没有被重复抽中的可能，随着抽中的样本单位不断增多，剩下的样本单位被抽中的概率不断增大。不重复抽样的样本由 n 次连续抽取的结果组成，相当于一次性从总体中抽取 n 个样本单位。连续抽取 n 次的结果不是相互独立的，一次抽取的结果会影响下一次抽取的结果。每抽取一次，总体的样本单位数量就减 1。

对于无限总体而言，抽样都可以看成重复抽样，没有重复抽样与不重复抽样的区别。然而，对于有限总体，重复抽样与不重复抽样的概率不同、分布不同，抽样误差也不同。

2. 评估样本容量

样本容量（Sample Size）是一个样本中包含的样本单位的数量。确定样本容量是一项复杂的工作，涉及多个定性和定量因素。重要的定性因素包括：决策的重要性、研究的性质、分析的性质、类似研究所使用的样本容量、发生率、完成率、资源约束等。

决策越重要，需要的信息就越多，所获取的信息就应该越精确，这就要求有较大的样本容量。但是随着样本容量的增加，获取单位信息所花费的成本就越多。

研究的性质也会对样本容量产生影响。对于探索性研究，样本容量通常较小；对于结论性研究（例如描述性调查），样本容量通常较大。

如果要进行多变量技术的复杂数据分析，样本容量应该较大。

不同的市场研究使用的样本容量经验值如表 8-1 所示，样本容量经验值可以作为粗略的样本容量指南（尤其在使用非概率抽样方法时）。

表 8-1　不同的市场研究使用的样本容量经验值

研究类型	最小样本容量	典型样本容量范围
问题识别（例如市场潜力）	500 人	1000～2000 人
问题解决（例如产品定价）	200 人	300～500 人
产品测试	200 人	300～500 人
试销	200 人	300～500 人
电视、印刷广告等	150 人	200～300 人
市场跟踪	10 家商店	10～20 家商店
小组访谈	6 组	10～15 组

第二节 抽样方法

抽样方法可以宽泛地分为概率抽样和非概率抽样，如图 8-1 所示。非概率抽样又称为非随机抽样，依赖于调查人员的个人判断，调查人员可以任意地或有意识地决定将哪些个体放进样本中。非概率抽样也可以反映总体的特征，但是无法对结果的精确度做出客观评价，因为无法确定任意个体被抽中的概率，故所得结果不能用于推断总体。

概率抽样又称为随机抽样，样本中的每个单位被抽中的概率相等。概率抽样以概率论和随机原则为依据，使总体中的每一个单位都有一个事先已知的非零概率被抽中。

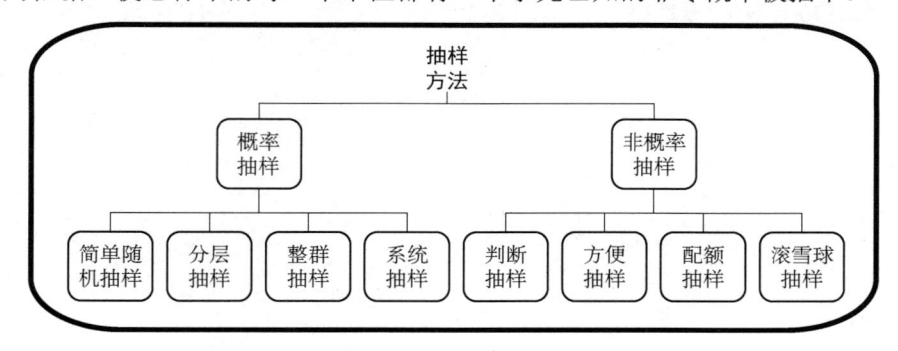

图 8-1 抽样方法

一、概率抽样

1. 简单随机抽样

简单随机抽样是指从总体中完全随机地抽取样本单位。一般应用于个体之间差异程度较小的情况，或者调查对象不能或难以分组、分类的情况。为获得随机数编码，可以使用抽签法、随机数表法。

（1）抽签法是指先将总体中的每个单位编号，写在签上，每次抽取一个签。不放回抽中的签，接着抽取下一个签，直到抽取够所需的样本容量。

（2）随机数表法是指利用随机号码表抽取样本。

2. 分层抽样

分层抽样是一个两阶段过程，总体被分割为子总体，或称为"层"。各层相互独立，并且没有遗漏，总体中的每个个体都被分配到某一层中，并且只被分配到一层中。接下来用一种随机的方法（通常是简单随机抽样）从每层中抽取出个体。

从技术上讲，只有简单随机抽样应该被用来从每层中选择个体。在实际中，有时会应用系统抽样和其他概率抽样方法。分层抽样的一个主要目的是在不增加成本的同时提高精确度。分层抽样可以确保所有重要的子总体在样本中得以体现。如果总体中需要研究的特征分布是不对称的，例如大多数消费者的年收入在 30 万元以下，少数消费者在 30 万元以上。如果采用简单随机抽样，年收入在 30 万元以上的消费者可能得不到充分的体现，而如果采用分层抽样则可以保证样本中包含一定数量的这类消费者。

用来将总体分割为各层的变量称为分层变量。选择分层变量的标准是同质性、异质性、相关性和成本。同一层的个体应该具有同质性，但是不同层的个体应该具有异质性。分层变量还应该与需要研究的特征紧密相关。

3. 整群抽样

整群抽样是指首先将目标总体分为相互排斥且没有遗漏的子总体（或称为"群"），然后按某种方法随机抽取一些群，再对这些群中的个体进行调查。对于每个被选中的群而言，要么所有个体都被包括进样本，要么用概率抽样的方法抽出一个个样本单位。如果每个被选中的群中的所有个体都被包括进样本，那么这种方法称为单阶段整群抽样。如果从每个群中按概率抽取，这种方法称为两阶段整群抽样。两阶段整群抽样可以是简单的两阶段整群抽样，也可以是与规模成比例的概率抽样，如图 8-2 所示。

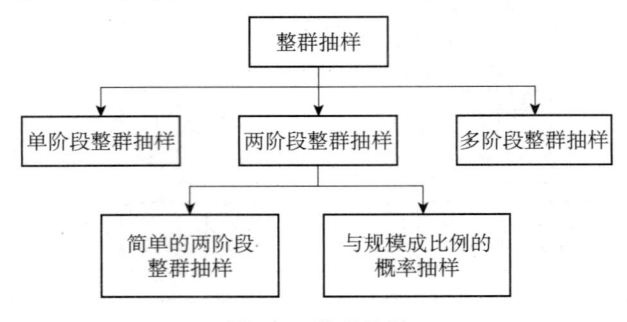

图 8-2 整群抽样

整群抽样和分层抽样之间的关键差别是整群抽样只有部分子总体（群）被选出来了；而在分层抽样中，为了进一步抽样，所有子总体（层）都被选出来了。两种方法的目的也不一样。整群抽样的目的是通过降低成本来提高抽样效率，分层抽样的目的是提高精确度。在同质性和异质性方面，构成群的标准与构成层的标准相反。一个群内的个体应具有异质性，但各群应具有同质性。在理想情况下，每个群都应该是总体的一个小规模代表。整群抽样需要为每个群设计抽样框架。

4. 系统抽样

系统抽样通过选择一个随机的起点，从抽样框架中连续地每隔一定间隔挑出一个单位，从而选出样本。用总体数量除以样本容量，四舍五入得到最接近的整数，可以确定抽样间隔。例如，总体中有 100000 个个体，要抽取一个样本容量为 1000 的样本，此时抽样间隔为 100；然后在 1 到 100 之间选出一个随机数 23，该样本就由个体 23、123、223、323、423、523……组成。

系统抽样与简单随机抽样的相似之处在于，总体中的每个个体都有一个已知且相等的被选中概率。但是，它又不同于简单随机抽样，因为只有排在抽样间隔上的那些个体具有已知且相等的选择概率，其余个体被选择的概率为 0。

二、非概率抽样

1. 判断抽样

判断抽样是方便抽样的一种形式，是指根据调查人员的判断选择样本。这些选出来的个体被调查人员或专家认为是总体的代表。判断抽样的普通实例包括：在一些新产品中选出一款新产品，调查这款新产品的试销状况；在工业营销研究中，选出采购工程师作为被调查者，因为他们被认为是该公司的代表。

判断抽样成本低、便捷，样本的价值完全取决于调查人员的判断、专业知识以及创造力。

2. 方便抽样

方便抽样通过一些途径抽取样本，通常被调查者由于碰巧在恰当的时间处在恰当的地点而被选中。常见的方便抽样的例子包括：将学生、会议人员、小区住户作为被调查者；通过特定机构介绍被调查者；街头采访。

3. 配额抽样

配额抽样可以看作两个阶段的判断抽样。

第一阶段，确定总体中不同类别个体的配额。为了确定这些配额，调查人员通常会列出相关的特征，并确定这些特征在总体中的分布，包括性别、年龄、收入等。

第二阶段，在判断抽样的基础上选出样本个体。一旦分配好配额，在选择被包括进样本的个体时，调查人员有相当大的自由度执行抽样计划，唯一的要求是被选个体应该符合特征。

一般来讲，配额的分配使样本的组成与总体的组成相同。但是，在某些情况下，需要少抽或多抽具有某些特征的个体。例如，有时需要多抽取一些大量使用某产品的人，以便详细考察他们的行为。虽然这种类型的样本没有代表性，但是可以满足决策者需要的特定信息。

4. 滚雪球抽样

滚雪球抽样需要先选出一组最初的调查对象，访谈之后要求这些被调查者推荐一些属于总体的其他人，然后运用同样的方法选出后面的被调查者。这一过程可以一轮接一轮地进行下去，因而导致"滚雪球"效应。即使在选择最初的被调查者时使用了概率抽样，最终的样本还是一个非概率样本。

滚雪球抽样的一个主要目的是研究样本在总体中非常稀少的某些特征。例如，失业或享受贫困救济的对象；特殊的普查群体，如残疾人群。滚雪球抽样的主要优点是它显著增加了在总体中找出符合特定特征的个体的可能性，同时样本方差和成本相对较低。

第三节　确定样本容量

一、确定样本容量的统计学方法

1. 正态分布

在古典统计推断中，正态分布处于特别重要的地位。首先，市场研究中许多变量的概率分布都趋于正态分布；其次，根据大数定理与中心极限定理，对于任何总体，不论其分布如何，随着样本容量的增加，均值的分布都趋于正态分布。

2. 标准正态分布

任何正态分布都可以转换为标准正态分布。标准正态分布的特点与正态分布相同，只有标准正态分布的均值等于0，标准差等于1。正态分布的变量 X 通过一个简单的公式就能转换成相应标准正态分布中的 Z，这种转换是由正态分布的比例性决定的，它用公式表示为

$$Z = \frac{X - \mu}{\sigma} \tag{8-1}$$

式中，X 是变量，μ 是变量的均值，σ 是变量的标准差。

3. 总体分布、样本分布和抽样分布

进行抽样调查的目的是对总体做出推断，而不是描述样本的特征。总体分布是总体中所有个体的频率分布，这一频率分布的均值通常用 μ 表示，标准差用 σ 表示；样本分布是单个样本中所有个体的频率分布，样本分布的均值用 $\overline{X}$ 表示，标准差用 S 表示。样本均值的抽样分布是指从一个总体中抽取一定数量的样本，由样本均值构成的概率分布。

4. 均值的抽样分布

一位调查人员将最近30天内至少吃过一次快餐的所有消费者作为总体，从中抽取了1000组容量为200人的简单随机样本。调查目的是估计一个月内这些人吃快餐的平均次数。计算出每一组的均值并按相关值确定区间后，可得到一张频率分布图。如果我们选取足够的容量为200人的样本，计算每组的均值，就能得出这项调查中均值的抽样分布。

要获得均值的抽样分布，首先要从特定总体中抽取一定量的样本。接着计算样本的均值并排列出频率分布，样本均值不会完全相同。当样本的个体数和随机性足够大时，样本均值的分布近似于正态分布。这一论断的基础是中心极限定理。该定理说明，随着样本容量的增加，从任意总体中抽取的大量随机样本的均值的分布接近于正态分布，且均值的标准差为标准误差。

大样本均值的抽样分布有以下特征。
① 是正态分布。
② 分布的均值等于总体均值。
③ 分布有标准差，称为均值的标准误差，等于总体标准差除以样本容量的平方根。即

$$S_{\overline{x}} = \frac{\sigma}{\sqrt{n}} \tag{8-2}$$

5. 样本比例的抽样分布

市场研究中经常有已知比例或百分比的资料，例如知道某一广告的被调查者的百分比、每天上网5小时以上的人的百分比、最近30天内吃过快餐和吃过4次以上快餐的百分比、观看某一电视节目的观众的百分比等，以此决定需要的样本容量，然后进行统计推断。

从特定总体中抽取出大量随机样本，样本的抽样比例的相对频率分布就是样本比例的抽样分布，它有以下特征。
① 近似于正态分布。
② 所有样本比例的均值等于总体比例。
③ 样本比例的抽样分布的标准误差可以按下面的公式计算。

$$S_p = \sqrt{\frac{p(1-p)}{n}} \tag{8-3}$$

式中，S_p 是 p 样本比例的抽样分布误差，p 是总体比例的估计值，n 是样本单位数量。

6. 点估计和区间估计

当利用抽样方法对总体均值进行估计时，有两种估计方法：点估计和区间估计。点估计是指把样本均值作为总体均值的估计值。点估计很少会完全准确，因此人们更偏向于区间估计。区间估计就是对变量值（例如总体均值）的区间或范围进行估计，除了要说明区间大小，还要说明实际总体均值在区间范围内的概率，这一概率通常被称为置信系数（或置信度），区间则被称为置信区间。

均值的区间估计意味着从总体中抽取出一定量的随机样本，然后计算样本均值。这个样本均值存在于所有样本均值的抽样分布中，确切位置不清楚，但根据正态分布规律可知，这个样本均值在实际总体均值的 1 个标准误差范围内的概率为 68%，实际值等于样本值加上或减去 1 个标准误差的置信度（即 68%），表示为

$$\bar{X} - \sigma \leqslant \mu \leqslant \bar{X} + \sigma$$

二、样本容量的确定

1. 均值问题

在估计平均一个月内消费者吃快餐次数的调查中，管理层需要对消费者的平均光顾次数做出估计，从而决定是否实行新促销计划。为了得到这个估计值，市场研究人员打算在总体中调查某个简单随机样本。首先，计算所需的样本容量，公式是

$$n = \frac{Z^2 \sigma^2}{E^2} \quad (8-4)$$

式中，Z 是概率度，σ 是总体标准差，E 是可接受的抽样误差范围内的允许误差。

计算出样本均值和样本标准差后，调查人员就可以正确估计出总体标准差，并确定所需的样本容量了。以调查消费者平均每月吃快餐的次数为例，考虑到对精确度的要求，估计值与实际值的误差不得超过 0.1，置信度定为 95%，而若要置信度为 95%，就必须在 2 倍标准误差范围内。运用该公司一年前曾做过的类似调查的数据，调查对象是消费者最近 30 天内吃快餐的平均次数，其标准差是 1.39，以此作为 σ。

将以上三个值代入式（8-4），可知样本容量为 773 时，可满足决策要求。

$$n = \frac{Z^2 \sigma^2}{E^2} = \frac{2^2 \times 1.39^2}{0.1^2} \approx 773$$

2. 计算比例的问题

估计最近 90 天内曾进行网络购物的所有成年人的比例，目标是从成年人总体中抽取一个简单随机样本，估计其比例。首先，要根据抽样结果估计总体均值，就要确定 E。假设可接受的误差 0.02，则将 0.02 作为 E 代入式（8-4）。其次，假设调查人员要求抽样估计在实际总体比例的 2 倍标准误差范围内的置信度为 95%，则把 1.96 或 2 作为 Z 代入式（8-4）中。最后，运用类似调查的结果，将 90 天内曾进行过网络购物的成年人的比例 0.05 作为 p 代入式（8-4）。

$$n = \frac{Z^2 [p(1-p)]}{E^2} = \frac{2^2 \times [0.05 \times (1-0.05)]}{0.02^2} = 475$$

如果缺乏估计 p 的依据，可以对 p 做最"悲观"或最"糟糕"的假设。在相同的 Z 和 E 的情况下，当 $p=0.5$ 时，$p(1-p)$ 有极大值 0.25，此时样本容量是最大的。

3. 总体容量和样本容量

通常情况下，我们假设样本的抽取是相互独立的，而独立假设在样本相对于总体很小时是成立的，当样本容量占总体的比例大于 5%（在规模较大的市场研究中，有时样本容量占总体的比例大于 10%）时则不成立，通常采用下列公式调整。

$$\sigma_{\bar{x}} = \frac{\sigma}{\sqrt{n}} \sqrt{\frac{N-n}{N-1}} \tag{8-5}$$

式中，$\frac{N-n}{N-1}$ 称为有限总体修正系数（Finite Population Correction，FPC）。当样本占总体的 5% 以上时，调查人员可以通过 FPC 减少所需的样本容量。

$$n' = \frac{nN}{N+n-1} \tag{8-6}$$

式中，n' 为修改后的样本容量，n 为原样本容量，N 为样本总量。

例如，如果样本总量为 2000，原样本容量为 400，则样本容量用 FPC 调整为

$$n' = \frac{400 \times 2000}{2000 + 400 - 1} \approx 333$$

经过 FPC 的调整，需要的样本容量由 400 变成了 333。

要注意，样本容量大小不是最重要的，最重要的是选取的样本是否能真实代表总体的特性。经验表明，有些经过仔细挑选的样本，尽管容量不大，却能十分准确地反映总体特征。

三、确定样本容量的其他问题

1. 多种特征和参数

在市场研究中，需要研究的特征往往有多个，此时计算样本容量应该考虑到所有必须估计的参数。例如，在估计进行网络购物的所有成年人的比例时，需要估计上网时间和支出金额。2000 人的抽样数据如表 8-2 所示。

表 8-2　2000 人的抽样数据

变量	上网比例	上网时间	支出金额
置信度	95%	95%	95%
Z	2	2	2
允许误差（精确度）	±0.1	±0.5	±20
总体标准差	1.39	3.6	263
所需样本容量	773	207	692
经过 FPC 调整后的样本容量	558	188	514

如果上网比例、上网时间、支出金额 3 个变量同样重要，则可以选出最大值 $n=558$ 来确定样本容量。但是，如果调查人员认为上网时间最重要，那么可以选择样本容量 $n=188$。

2. 其他概率抽样方法中的样本容量

对于其他概率抽样方法而言，确定样本容量所依据的原则基本相同。调查人员必须确定抽样误差（精确度）和置信度，并估计检验统计量的抽样分布。本章列出的所有样本容量有关的概念在分层抽样、整群抽样中同样适用。但是，本节列出的计算样本容量的公式只适用于简单随机抽样。分层抽样和整群抽样的计算公式复杂得多，需要考虑层内差异、群内和群间差异、成本等因素，且公式中用到的数据往往很难得到。

第四节　抽样误差的控制

一、抽样误差的含义和类型

在抽样调查中，用样本指标代替总体指标所产生的误差可分为两种，一种是由于主观因素破坏了随机原则而产生的误差，称为系统性误差；另一种是抽样的随机性引起的偶然的代表性误差。抽样误差仅仅指后一种误差。

总的来说，抽样误差是指样本指标与总体指标之间的绝对误差。进行抽样检查时不可避免地会产生抽样误差，因为从总体中随机抽取的样本的结构不可能和总体完全一致。例如，样本均值与总体均值之差为 $|\bar{x} - \bar{X}|$，样本比例与总体比例之差为 $|p - P|$。虽然抽样误差不可避免，但可以运用大数定律的数学公式精确地计算，确定具体的数量界限，并可通过抽样设计加以控制。

抽样误差也是衡量抽样调查准确程度的指标。抽样误差越大，说明样本对总体的代表性越小，抽样调查的结果越不可靠。反之，抽样误差越小，说明样本对总体的代表性越大，抽样调查的结果越可靠。

二、抽样误差的计算

抽样误差通常分为均值指标抽样误差和比例指标抽样误差。抽样误差的计算如表 8-3 所示。

表 8-3　抽样误差的计算

	重复抽样	不重复抽样
均值指标	$\hat{\mu}_{\bar{x}} = \sqrt{\dfrac{\sum(x_i - \bar{x})^2}{n}} = \dfrac{\hat{\sigma}}{\sqrt{n}}$	$\hat{\mu}_{\bar{x}} = \sqrt{\dfrac{\hat{\sigma}^2}{n}\left(\dfrac{N-n}{N-1}\right)}$
比例指标	$\hat{\mu}_p = \sqrt{\dfrac{p(1-p)}{n}}$	$\hat{\mu}_p = \sqrt{\dfrac{p(1-p)}{n}\left(\dfrac{N-n}{N-1}\right)}$

影响抽样误差的因素如下。

① 总体中各单位指标的差异程度。差异程度越大，抽样误差越大；差异程度越小，抽样误差越小。

② 样本的单位数量。在其他条件相同的情况下，样本的单位数量越多，抽样误差越小。

③抽样方法。抽样方法不同，抽样误差也不同。一般情况下，重复抽样误差比不重复抽样的误差大。

④抽样调查的组织形式。不同的抽样组织形式有不同的抽样误差。

思考题

1. 概率抽样与非概率抽样有什么不同？
2. 在所有抽样方法中，哪种方法成本最低、耗时最少？这种抽样方法的主要局限是什么？
3. 判断抽样和方便抽样之间的主要区别是什么？
4. 配额抽样和判断抽样之间有什么关系？
5. 简单随机抽样有哪些特征？
6. 在分层抽样中，选择分层变量的标准有哪些？
7. 成比例分层抽样和不成比例分层抽样有哪些区别？
8. 描述整群抽样的步骤。整群抽样和分层抽样的关键区别是什么？
9. 在概率抽样和非概率抽样之间选择时，应该考虑哪些因素？
10. 某项研究采用抽样调查的方法对某市职工的收入状况进行研究，该市有56000名职工，其中男性职工有36000名，女性职工有20000名。抽取1000名职工进行调查，他们的年平均收入为10000元，据此推断全市职工的年收入为8000~12000元。

随机数字表如表8-4所示，请运用类似的工具，用简单随机抽样方法获得1000个抽样职工编号。

表 8-4 随机数字表

	（1）	（2）	（3）	（4）	（5）	（6）
1	044	942	354	764	934	250
2	456	244	578	642	719	833
3	786	946	672	677	157	556
4	310	245	103	089	523	753
5	856	729	570	414	378	760
6	001	996	008	523	442	713
7	457	158	923	378	785	566
8	247	084	749	433	118	987
9	987	378	406	322	359	037
10	675	716	436	220	940	853
11	369	628	231	361	549	205
12	654	392	402	199	707	639
13	876	362	178	456	950	807
14	085	597	934	142	436	566
15	654	097	373	819	289	620

11. 某公司推出了新产品，需要对消费者的接受度进行调查，请运用系统抽样的方法从某校营销专业的 240 名学生中抽取 24 名进行调查。请说明你的方法。

12. 某公司要了解某地家用电器的潜在用户。这种商品的消费与居民收入水平相关，因而以家庭年收入为分层基础。某地有 100 万户居民，已确定样本容量为 1000 户，家庭年收入分为 10000 元以下、10000~30000 元、30000~60000 元、60000 元以上，其中年收入为 10000 元以下的家庭有 180000 户，收入为 10000~30000 元的家庭有 350000 户，收入为 30000~60000 元的家庭有 300000 户，收入为 60000 元以上的家庭有 170000 户。该公司计划在 3 个月内花费 5 万元对 2500 户左右家庭进行调查。请用分层抽样方法为该公司计算各层样本容量。

13. 在一项关于某品牌洗发水的消费者研究中，研究对象为 18~40 岁的女性，已确定样本容量为 400 人。调查人员选择"收入"和"发型"为控制特征；并要求高、低收入者各占 50%，烫发发型占 20%，直发发型占 50%。根据上述要求，完成表 8-5。

表 8-5　配额抽样控制表

		收入	
		高	低
发型	直发		
	烫发		

第九章 现场数据收集与误差控制

学习要点

- ◇ 理解非抽样误差及其来源,以及如何使其最小化
- ◇ 了解不响应误差及其评估方法
- ◇ 掌握控制现场数据收集误差的方法
- ◇ 了解调查问卷检查的方法

第九章课件　第九章习题

情境 9-1

什么时间段是淘宝商家发放优惠券的最好时机?

淘宝每天都会产生大量用户行为数据。对这些行为数据进行深入分析,寻找用户行为规律,对商家来说极具价值。

以各时间段的浏览量和购买量为例。早上 6 点开始,慢慢有用户访问淘宝,之后人数一直呈上升趋势。下午 4 点开始,浏览量和浏览人数有所下降,一直持续到下午 6 点。之后浏览人数开始极速上升,晚上 9 点浏览量和浏览人数达到峰值。购买量的趋势与此类似,如图 9-1 所示。

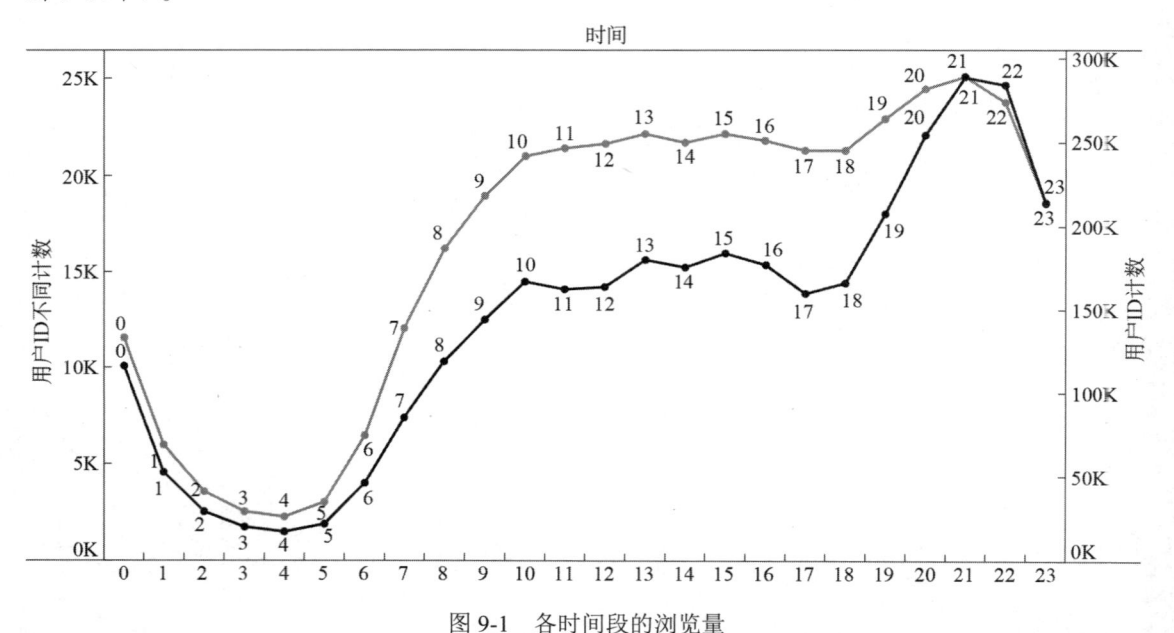

图 9-1　各时间段的浏览量

以上数据表明，下午 4 点到 6 点用户大多在忙自己的事情。因此，对商家而言，无论什么活动都应避开下午 4 点到 6 点这一时间段，应在晚上进行力度更强的促销活动，发放优惠券等活动应集中在晚上 9 点左右。

对那些以淘宝用户为对象的调查来说，调查的时间可能是数据收集误差的潜在原因。下午 4 点到 6 点进行的调查并不能代表淘宝主流用户的行为。调查中有两种误差，上述第一项是抽样误差，它是在抽样时产生的。但是，如果误差是因为被调查者没有听清楚问题或者调查人员自身的原因，就是第二种误差，即非抽样误差。

第一节　市场研究中的非抽样误差

非抽样误差包括不响应误差、数据收集误差、数据处理误差、数据分析误差、解释误差。事实上，它也包括那些在问题定义、文字措辞中出现的偏差以及所有抽样误差之外的误差。

可口可乐公司曾实施了代号为"堪萨斯工程"的市场研究。2000 名调查人员在 10 个主要城市调查消费者是否愿意接受全新配方的可乐。调查结果显示，只有约 10% 的消费者不接受新口味，而 50% 的消费者认为会适应新口味。随后，可口可乐公司进行了更大规模的不贴标签的口味测试，19.1 万名消费者中的 55% 对新配方表示欢迎，于是新款可口可乐走上市场。不料，抗议电话、抗议信纷至沓来。消费者的抱怨导致可口可乐公司不得不恢复传统配方。结果为什么会出人意料呢？

一般而言，在数据收集阶段最有可能出现非抽样误差。我们将这些误差分为两类，并在每一类内进一步细分。第一类是由现场工作人员进行调查时产生的误差，叫作现场工作人员误差。另一类是由被调查者造成的，叫作被调查者误差。当然，此类误差与采用的数据收集方法无关。在每类误差下，我们又作如下区分：故意误差和非故意误差，前者是有意造成的，后者则是在无意中产生的，如图 9-2 所示。

```
                            非抽样误差
                ┌───────────────┴───────────────┐
          现场工作人员误差                    被调查者误差
         ┌──────┴──────┐                 ┌──────┴──────┐
      故意误差       非故意误差          故意误差      非故意误差
      1. 欺骗    1. 调查人员的个人特征   1. 说谎       1. 误解
      2. 诱导被   2. 调查人员误解        2. 不响应     2. 猜测
         调查者   3. 调查人员疲劳                     3. 注意力减弱
                                                    4. 被干扰
                                                    5. 疲劳
```

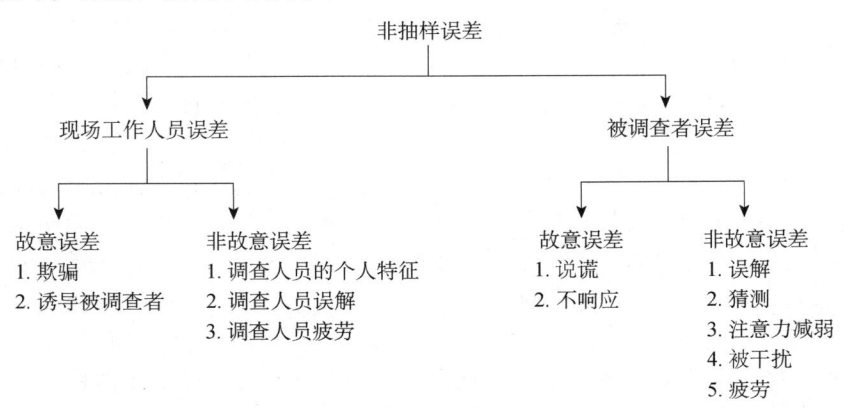

图 9-2　非抽样误差

一、现场工作人员故意误差

现场工作人员故意误差一般分为欺骗和诱导被调查者。当调查人员故意谎报被调查者的答案时，就产生了欺骗。那么，调查人员为什么故意说谎呢？原因可能在于报酬机制。例如调查人员是按小时工作的，却是按访谈完成的次数被支付报酬的。例如，电话调查人员或购物中心拦截调查人员每完成一次访谈能获得10元的报酬。每天调查结束后，他们上交的是完成的调查问卷，并用问卷的数量计算工作量。

某市烟草公司为改进对卷烟零售商的服务，委托专业调查机构对卷烟零售商进行客户满意度随机抽样调查，样本容量是500家。该调查机构完成了调查并提交了调查报告。烟草公司觉得调查结果可疑，查阅了原始的调查问卷，发现500份问卷中有50份的笔迹、答案完全相同，可见存在现场工作人员故意误差——欺骗。

现场工作人员的第二种故意误差是诱导被调查者，它表现为调查人员在措辞、声音或肢体语言方面影响被调查者的回答。例如，问卷上有这样一个问题：你关心冰箱是否省电吗？如果调查人员将问题改为"难道你不关心冰箱是否省电吗？"就会影响被调查者的回答。

还有其他诱导被调查者的例子。一种是用比较微妙的方式向被调查者表明调查人员所期望的回答。例如，如果调查人员说："我知道你将回答'是'，因为超过90%的被调查者对此表示赞同。"这样会在被调查者头脑中植入一种观念：他应该与大多数人保持一致。另一种诱导来自调查人员的暗示。例如，在面对面访谈中，调查人员在提问时，可能对自己不赞同的问题微微摇头，而对其赞同的问题微微点头。被调查者可能会根据头部动作所提供的信号迎合调查人员的期望。在电话访谈中，调查人员可能使用语言提示，例如用"嗯"表示赞同，或用"好"表示赞同，如果这种行为持续下去，调查人员就会微妙地影响被调查者的回答。

二、现场工作人员非故意误差

当调查人员明明犯了错误却认为自己操作正确时，就产生了非故意误差。非故意误差有三类：调查人员的个人特征、调查人员误解、调查人员疲劳。非故意误差可以在调查人员的个人特征中体现，如口音、外表、举止。在某些情况下，调查人员的性别也是产生误差的原因。

调查人员误解是指调查人员自认为知道怎样进行一次调查，但实际操作并不正确。你也许会想到，设计调查问卷的人员和执行调查的人员在受教育程度方面可能有很大的差异。这种差异可能导致调查人员对问卷上的说明摸不着头脑。在这种情况下，虽然调查人员通常会努力达到要求，但结果难免不尽如人意。

第三类现场工作人员非故意误差是调查人员疲劳，它往往发生在调查人员身心疲惫之际。因为调查有时是一项重复性工作，并且往往冗长乏味。在漫长的调查即将结束时，调查人员的头脑可能已不像早晨那样清醒，很容易造成疏漏和错误。

三、被调查者故意误差

有些被调查者在调查中故意谎报他们的情况，调查人员对这种被调查者故意误差必须加以防范。被调查者也许是因为感到尴尬，也许想保护个人隐私，甚至怀疑调查人员怀有某种不良动机。例如，对许多人来说，收入水平是一个敏感话题，对某些人来说年龄也是敏感问题，而个人健康问题也可能会触及某些被调查者的隐私。

第二种被调查者故意误差是不响应。不响应是指被调查者不参与调查或不回答某些特定问题。实际上，不响应是调查中最常见的被调查者故意误差，电话调查在这方面表现得尤其显著。几乎每项调查活动都会遇到不响应的情况，特别是拒访的情况。

四、被调查者非故意误差

当被调查者提供了无效的答案而他自己却认为提供的是事实时，就出现了被调查者非故意误差。被调查者非故意误差有五种情况：误解、猜测、注意力减弱、被干扰、疲劳。

第一，误解是指被调查者在没有理解问题或没有按照要求的情况下回答问题。被调查者误解存在于各种调查中，包括要求选择一个答案却选了两个答案，以及误解术语。例如，调查人员需要的是税前收入而被调查者可能想的是税后收入。

第二种形式的被调查者非故意误差是猜测误差，也就是被调查者在没有把握的情况下回答了问题。在有些情况下，被调查者会被问到一些他们知之甚少或已遗忘的问题，但他们又觉得必须回答。在这种情况下，他们就会猜测。所有猜测都可能是错误的。如果你是一位被调查者，当你被问及上个月你的汽车用了多少升汽油时，你会怎么回答呢？

第三种被调查者非故意误差是由于被调查者注意力减弱。一般的被调查者并不像调查人员那样对调查意兴盎然，而且在完成问卷的过程中，他们会发现自己参与调查的兴趣越来越弱。

第四，被调查者在进行问卷调查的过程中还会受到干扰。例如，在购物中心拦截访谈中，被调查者可能因为有熟人经过而分神。父（母）亲在参与电话调查时可能还要照看身旁的小孩。干扰源分散了被调查者的注意力，使被调查者不能像调查人员要求的那样严肃、认真地回答。

第五，被调查者非故意误差还可能源于疲劳。无论何时，只要被调查者感到疲劳，其思考和反应能力就会减弱。

第二节 现场数据收集误差控制

这一节我们将介绍如何采取预防措施将前面所讲的各种误差的影响降至最小。请注意我们说的是"降至最小"而不是"消除"，因为潜在的误差总会存在。然而，通过一些控制方法，调查人员可以将数据收集过程中的各种非抽样误差的影响降至最小。现场数据收集的质量控制方法如表9-1所示。

表 9-1 现场数据收集的质量控制方法

误差类型		质量控制方法
现场工作人员故意误差	欺骗	监督
	诱导被调查者	核实
现场工作人员非故意误差	调查人员的个人特征	选择和指导调查人员
	调查人员误解	培训课程和角色训练
	调查人员疲劳	休息或改变调查方式
被调查者故意误差	说谎	激励
		核实
		"第三者"技巧
		保证匿名和保密
	不响应	激励
		"第三者"技巧
被调查者非故意误差	误解	周密地设计问卷
		直接性问题
	猜测	周密地设计问题
		增加回答选项,例如"不确定"
	注意力减弱	激励
	被干扰	调整程度极端词
	疲劳	使用提示语

一、对现场工作人员故意误差的控制

有两种方法可以防止调查人员故意犯错误,一是监督,二是核实。监督是指派监督人员对调查人员的工作进行监督。在现场访谈中,监督人员可以陪同调查人员,观察调查人员的行为。

核实是指对调查人员的工作进行证实,这种方法是针对篡改和欺骗现象的。有多种方法可以核实调查人员的工作,其中一种方法是监督人员重新与被调查者取得联系来证明他是否接受了调查。常用的方法是从完成的调查问卷中随机选择10%来回访,以证实调查人员是否真正进行了这项调查;还可以就一些样本问题进行调查,以进行前后对照。

二、对现场工作人员非故意误差的控制

在抽样调查中,如果调查人员不讲究访问技巧和措辞技巧,不善于和不同类型的人打交道,就不可能得到被调查者的有效配合。如果调查人员缺乏实事求是的工作态度和责任心,没有吃苦耐劳的精神,就不可能获得准确的统计资料。因此选择和指导调查人员是一项重要的工作,也是减少误差的关键方法之一。

监督人员应从专业理论知识、道德品质、应变能力等方面入手,选择那些思想品质和业务素质较好、工作能力强的调查人员。选择之后,还有必要对其进行培训。最后,为了熟悉

问卷的操作要求,调查人员要进行角色训练。角色训练是对调查问卷的"彩排",由监督人员或其他调查人员充当被调查者的角色。

三、对被调查者故意误差的控制

一种避免被调查者说谎的方法是激励,向被调查者许诺如果其参与调查会得到现金、礼物或其他有价值的物品。另一种减少说谎行为的办法是核实,即对被调查者提供的信息进行核实。

最后,从问卷设计的角度来看,调查人员可以使用"第三者"技巧降低被调查者故意误差,即不直接向被调查者提问,而将提问对象设计为一个与被调查者相似的第三者。在这种情况下,大多数被调查者会从自己的角度回答问题,但是,由于问的是一位匿名的第三者,所以不会被视为私人问题。

四、对被调查者非故意误差的控制

考虑到有可能被误解,使用周密的问卷说明和范例是一种常用的避免被调查者误解的方法。另一种方法是调整程度极端词,即不将所有消极的形容词放在一侧,将积极的形容词放在另一侧,而是变换词语的位置,这种变换会提醒被调查者必须独立地考虑每种极端情况,吸引被调查者的注意力。

较长的问卷还需要使用一些提示语(特别是当被调查者注意力不集中或者略显疲倦时),例如"我们快完成了"或"现在是最难回答的问题",或者用其他语句来鼓励被调查者。

第三节 数据收集的其他误差

一、网络调查数据收集的误差

网络调查没有调查人员的参与,有三种特殊的误差:问卷被多次提交、欺骗、样本的代表性误差。

通常,网络调查的问卷比较容易完成。被调查者可能在短时间内重复提交问卷。如果被调查者可以随心所欲地将他们的问卷提交数次,那么他们的观点就会被过分强调,产生误差。这种误差可以从技术层面进行控制,即自动删除同一个手机号码、账户、IP地址重复提交的问卷。

互联网的匿名性会鼓励人们参与调查。正因为网络有这种性质,所以被调查者的回答往往会不着边际、过于极端或是虚假的。与多次提交问卷的情况一样,被调查者故意欺骗也会对网络调查产生较大的影响。如果这种问题很普遍,调查人员需要使用一些方法预先筛选被调查者来避免欺骗现象的发生。

另外,需要注意的是,并不是所有消费者都可以上网或愿意上网。实际上,有一部分被调查者(例如老年人、低收入家庭、偏远地区的消费者)上网不方便,他们参与网络调查的可能性较小,这就可能影响样本的代表性。

二、不响应误差

不响应是指被调查者拒绝参与调查或拒绝回答调查问卷中的某些问题,至少有以下三种类型的潜在不响应问题。

(1)拒绝参与调查。拒绝率会因被调查者所处地区的自然环境和人文环境的差别而不同。拒绝的理由多种多样,人们可能很忙,或者对参与调查不感兴趣,或者因调查人员的口音或举止而拒绝调查。解决这个问题的一种方法是使用物质激励提高响应率。

(2)调查中断。调查中断是指被调查者将调查进行到一定程度后决定不再回答更多的问题。中断的理由有很多,例如访谈时间超过了被调查者的预计时间、某一问题令人不愉快或涉及个人隐私、问题叫人摸不着头脑等。

(3)拒绝回答某些具体问题(也称为项目遗漏)。调查人员有时会发现一些问题的回答率低于其他问题。事实上,如果有涉及被调查者隐私的问题,就有可能被拒绝回答。如果该问题不是一个核心问题,可以考虑在问卷中加上"拒绝回答"这个选项。但这样做会使有些被调查者利用这一选项来达到逃避回答的目的。

情境9-2

如果我们进行超市餐具的消费者满意度调查,通过筛选问题来确定消费者是否符合调查要求,即询问消费者"在过去三个月里你买过餐具吗?",1000个样本的调查结果如下。

完成数量:400。

无效样本数量:300。

拒绝数量:100。

没能进行调查的数量:200。

如果要计算响应率,可以将完成数量作为分子。然而对于分母,既然我们没有与那些拒绝、没能进行调查的样本进行交谈,该怎样确定有效样本的百分比呢?

我们可以用我们交谈过的有效被调查者的百分比与这一数量相乘。之所以这样做,是因为可以假设交谈过的人群与没有交谈过的人群中有效样本的百分比相同(在700位已交谈的人中,约57%是有效的)。在这种情况下,计算响应率的公式如下。

$$响应率 = \frac{完成数量}{完成数量 + 完成数量 \div \left[\left(完成数量 + 无效样本数量 \right) \times \left(拒绝数量 + 没能进行调查的数量 \right) \right]}$$

$$响应率 = \frac{400}{400 + 400 \div (400 + 300) \times (100 + 200)}$$

因此,响应率为70%。

第四节 调查问卷检查

一、对已完成问卷的非系统检查和系统检查

除了在数据收集过程中由监督人员检查问卷,对其进行一次完整的检查也是必要的。进

行非系统检查时，调查人员只需要随便地浏览这些问卷。而进行系统检查时，调查人员要用随机和系统的方式选择一些问卷进行检查。当然，也可以对被调查者进行抽样或者对完成的全部问卷进行全面检查，这取决于调查人员的时间、资源和检查的必要性。

二、在检查问卷时寻找什么

经过检查可发现问卷中的五种问题：不完整问卷、对某些具体问题未回答、全赞成或全反对的回答模式、中间路线模式、不可信的回答，如表9-2所示。用术语来说，这些都是"例外"，对调查人员而言，它们标志着可能出现了现场数据收集误差。

表 9-2　问卷中的五种问题

问题类型	描述
不完整问卷	问卷没填完，被调查者在某一点处停止了回答问题
对某些具体问题未回答	被调查者拒绝回答某些问题，但回答了其他问题
全赞成或全反对的回答模式	被调查者对问题表现出一致肯定或否定的趋势，而没有考虑问题的实际情况
中间路线模式	被调查者对大多数问题回答"没有意见"
不可信的回答	被调查者的答案在可靠性检查中表现出不一致

（1）不完整问卷。不完整问卷是指那些靠后的问题或问卷的最后几页是空白的。我们将这种不响应误差称为"中断"，这种情况在面对面访谈或电话访谈中很普遍。也就是说，调查人员可能发现被调查者回答了前三页的问题，之后由于某种原因停了下来。调查人员必须认定这些问卷是不完整问卷。

（2）对某些具体问题未回答。被调查者有时会在一些问题上留下空白，调查人员必须判断是否有过多的遗漏导致问卷无效。

（3）全赞成或全反对的回答模式。即使被调查者回答了问题，也会存在缺陷。全赞成模式是指对问卷上的所有问题都回答"是"或"强烈赞同"，这就意味着这些回答都是无效的。与全赞成模式相对的是全反对模式，即对所有问题都回答"否"。

（4）中间路线模式。中间路线模式是指回答"没有意见"。"没有意见"在本质上就是没回答，如果问卷中有大量"没有意见"的回答，表明被调查者兴趣不高。

（5）不可信的回答。我们还需要检查被调查者前后的回答是否一致。

思考题

1. 什么是非抽样误差？怎样区分抽样误差和非抽样误差？
2. 阐述不同类型的现场工作人员故意误差并讨论使其最小化的方法，区分不同类型的现场工作人员非故意误差并讨论使其最小化的方法。
3. 阐述不同类型的被调查者故意误差并讨论使其最小化的方法，区分不同类型的被调查者非故意误差并讨论使其最小化的方法。
4. 什么是"不响应"？列出调查中常见的不响应类型及其应对措施。
5. 为什么需要对已完成的问卷进行检查？

6. 列出调查人员在对问卷进行检查时可能出现的问题。

7. 假设你所在的年级逃课的同学越来越多，你自愿设计一个电话调查问卷来找出同学们逃课的原因。请列出收集现场数据的步骤。

8. 假设你在一家保险公司兼职，你的报酬是由你拉到的保险申请者的数量决定的。公司老板发现保险申请业务量降低，于是他决定进行一项电话调查，并交给你一些必须完成的问卷。在这种情况下，可能出现什么样的现场工作人员故意误差？

9. 指出下列调查中可能产生的来自被调查者的故意误差和非故意误差。
（1）疾病控制中心寄出一份关于预防艾滋病的态度和行为调查问卷。
（2）一家电器公司进行购物中心拦截访谈，以了解大众对空调的意见及使用情况。
（3）某慈善机构发起了一项关于企业对慈善机构的态度的电话调查。

10. 如果某位被调查者在调查中总是说"不"，调查人员应该怎么办？

情境 9-3

任何时候都不要盲目相信市场调查数据

一家国际知名公司的营销人员发现，消费者对市场上的橙汁口味不太满意。消息传到公司总部后，引起了公司高层的关注，他们认为消费者不满意就意味着有巨大的商机。于是组织大批市场调查人员对橙汁的消费者进行了大规模的秘密调查。调查结果显示，近50%的消费者期望喝到口味更浓郁的橙汁。根据这一结果，公司决定立即开始新口味橙汁的研发，并将新产品定位为"100%纯天然橙汁"。

不久之后新产品上市，公司同步在各大媒体、短视频平台上播放广告，并联合终端卖场、网购平台进行了一系列大规模促销活动。本以为能收获胜利的果实，却发现市场对这种纯天然橙汁反应冷淡。为此，公司决定继续追加宣传投入，但最终还是难挽颓势。

可贵的是，公司并未就此罢休，决定再次对消费者进行深入调查和研究，并终于发现了问题所在。原来，消费者对当前市场上售卖的橙汁口味不太满意，希望能喝到口味更浓郁的橙汁，但由于早已喝惯了已有橙汁的味道，并不会因为口味更浓一点儿就彻底放弃原来已经习惯了的产品。同时，消费者对"100%纯天然橙汁"并不怀疑，但认为这与他们正在饮用的橙汁没什么两样，没有特别突出的优点。所以，调查结果并没有错，而是营销人员错误地发掘了消费者核心需求。

经过更深入的分析研究之后，公司重新确定了营销策略，将目标消费者定为18~55岁的群体，将卖点改为"新鲜摘取、更有营养"，并指出"每个橙子都是新鲜摘取的，数小时之后新鲜橙汁就能摆上货架，让您品尝到最新鲜的橙汁"。

经过此番调整，公司的橙汁销量立即上升，取得了不俗的销售业绩。丰厚的收益使公司能将资金投入到果园种植和物流配送上，从而体现其"新鲜"的卖点，销售业绩进一步提升，很快就将几家对手甩在了身后。

思考：
1. 该公司第一次的调查为何失败？为什么第二次能成功？第二次进行了什么改进？

第十章　数据资料的整理

学习要点

◇ 了解数据审查的意义及主要方法
◇ 理解数据编码和录入的方法
◇ 掌握建立数据文件的方法
◇ 理解描述统计分析的方法

第十章课件　第十章习题

情境 10-1

《中国企业形象全球调查报告2022》——中国企业可持续发展贡献获全球认可

2023年1月10日，由中国外文局国际传播发展中心联合当代中国与世界研究院、凯度集团（Kantar）共同完成的《中国企业形象全球调查报告2022》在第十届中国企业全球形象高峰论坛上正式发布，以下为报告节选内容。

1. 近七成全球被调查者肯定中国经济发展对全球及区域经济发展的贡献

从国家来看，泰国、印度尼西亚的被调查者最认可中国经济发展对全球及区域经济的贡献。相比于2021年，2022年印度的被调查者对中国经济发展的全球贡献认可度明显提升。从年龄来看，18~35岁的青年被调查者更认可中国经济发展对全球及区域经济带来的积极影响，如图10-1所示。

2. 超七成全球被调查者对中国企业的整体印象良好

73%的全球被调查者对中国企业的整体印象良好，与2021年相比有所提升。

整体而言，金砖国家和"一带一路"共建国家的被调查者对中国企业的认可度更高。印度尼西亚的被调查者对中国企业的好感度最高，达到91%。印度尼西亚、印度、哈萨克斯坦、南非的被调查者对中国企业的整体印象与2021年相比均有所提升。从年龄来看，海外18~35岁的青年被调查者对中国企业的评价更高，如图10-2所示。

第一节　数据分析准备

一、逻辑检查

逻辑检查是指检查问卷中是否存在逻辑错误。设计问卷时，问题之间常常具有逻辑关系，表明现象的相互关系及特征。

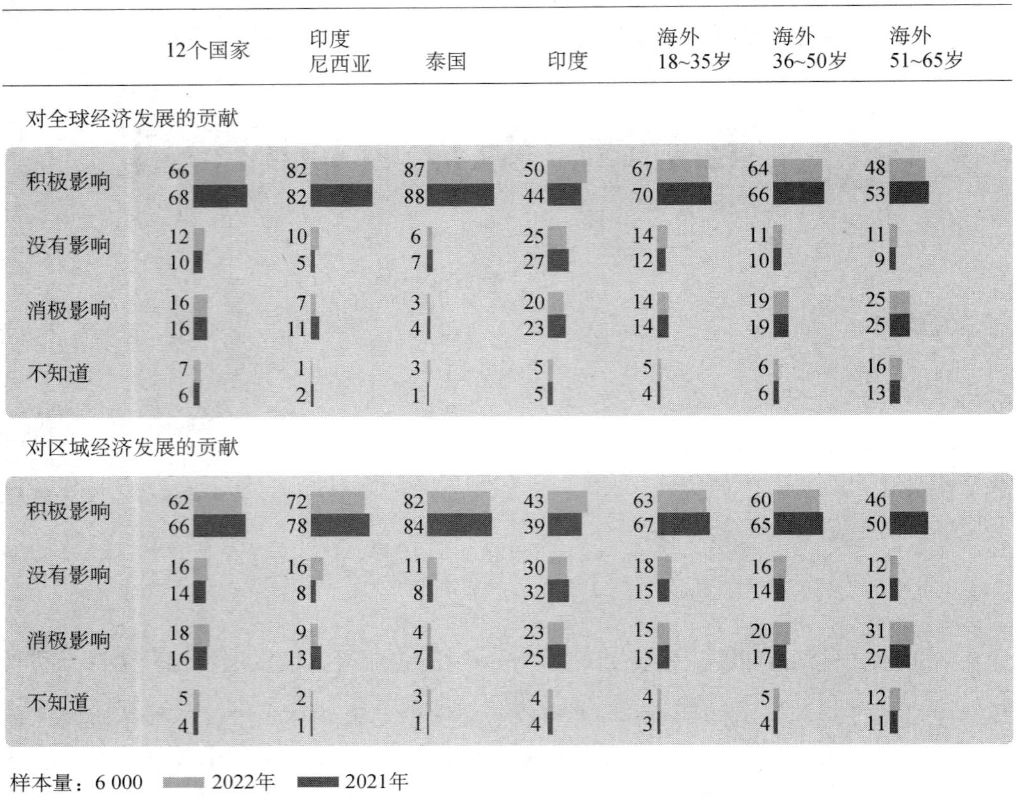

	12个国家	印度尼西亚	泰国	印度	海外 18~35岁	海外 36~50岁	海外 51~65岁
对全球经济发展的贡献							
积极影响	66 / 68	82 / 82	87 / 88	50 / 44	67 / 70	64 / 66	48 / 53
没有影响	12 / 10	10 / 5	6 / 7	25 / 27	14 / 12	11 / 10	11 / 9
消极影响	16 / 16	7 / 11	3 / 4	20 / 23	14 / 14	19 / 19	25 / 25
不知道	7 / 6	1 / 2	3 / 1	5 / 5	5 / 4	6 / 6	16 / 13
对区域经济发展的贡献							
积极影响	62 / 66	72 / 78	82 / 84	43 / 39	63 / 67	60 / 65	46 / 50
没有影响	16 / 14	16 / 8	11 / 8	30 / 32	18 / 15	16 / 14	12 / 12
消极影响	18 / 16	9 / 13	4 / 7	23 / 25	15 / 15	20 / 17	31 / 27
不知道	5 / 4	2 / 1	3 / 1	4 / 4	4 / 3	5 / 4	12 / 11

样本量：6 000　■2022年　■2021年

图 10-1　中国经济发展对全球及区域经济的影响（单位：%）

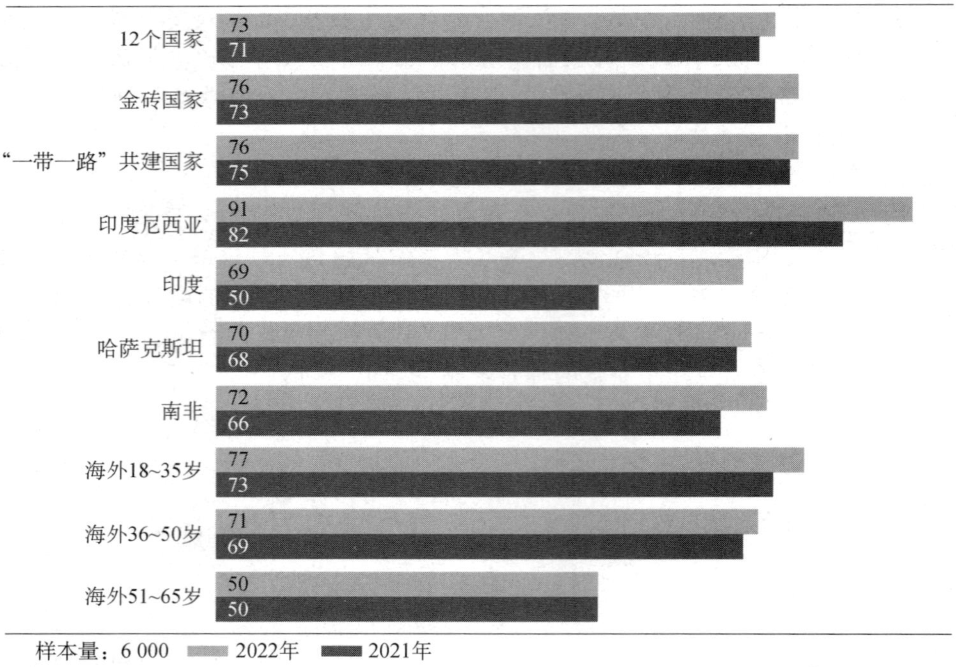

群体	2022年	2021年
12个国家	73	71
金砖国家	76	73
"一带一路"共建国家	76	75
印度尼西亚	91	82
印度	69	50
哈萨克斯坦	70	68
南非	72	66
海外18~35岁	77	73
海外36~50岁	71	69
海外51~65岁	50	50

样本量：6 000　■2022年　■2021年

注：1 分代表"印象非常差"，10 分代表"印象非常好"；图中的数据为选择 6~10 分的人群占比，单位：%

图 10-2　对中国企业的整体印象

例 10-1：

Q1. 您买过娃哈哈饮料吗？
（1）经常买　　　　（2）不经常买　　　（3）偶尔买　　　　（4）从没买过（跳答Q4）

Q2. 您通常为什么买娃哈哈饮料？
（1）宴请　　　　　（2）解渴　　　　　（3）补充营养　　　（4）其他

Q3. 您一般在什么地方买娃哈哈饮料？
（1）大型超市　　　（2）小型超市　　　（3）百货公司　　　（4）专卖店
（5）其他

Q4. 您经常买什么品牌的饮料？
（1）康师傅　　　　（2）农夫山泉　　　（3）可口可乐　　　（4）统一
（5）其他

上述问题之间是有密切联系的。只有第一个问题选了前三项中的任一项，才需要继续回答接下来的两题；如果被调查者在第一个问题中回答"从没买过"，则不必回答接下来的两题，否则就犯了逻辑错误。调查人员通过浏览问卷就能发现这类错误。

二、计算检查

有些情况下，需要通过计算才能发现问卷中的错误。

例 10-2：

Q1. 您的月平均收入在哪个范围内？
（1）2000 元以下　　　（2）2000～5000 元　　　（3）5000～10000 元
（4）10000～20000 元　　　　　　　　　　　　（5）20000 元以上

Q2. 您每月购买饮料的平均支出在哪个范围内？
（1）50 元以下　　　　（2）50～100 元　　　　（3）100～200 元
（4）200～500 元　　　　　　　　　　　　　　（5）500 元以上

Q3. 您每月购买饮料的平均支出占全部收入的比例在哪个范围内？
（1）1%以下　　　　　（2）1%～5%　　　　　（3）5%～10%
（4）10%～20%　　　　　　　　　　　　　　（5）20%以上

如果一份问卷包含了上述问题，则可以计算出其购买饮料的支出占全部收入的比例是否存在问题。

第二节　数据编码与录入

录入前，通常要对数据进行编码。数据编码（Data Coding）是指将问卷中的各个问题看作变量，将字母或其他符号作为这些变量的代码，输入计算机中，从而使录入速度更快，有利于运用图表进行分析。

一、数据编码

1. 数据编码的一般原则

① 编码时应尽可能采用字母，不要完全采用数字，以免与变量值中的数字混淆。可采用字母与数字组合成的代码，但首字符必须为字母，首字符之后的字符可以是字母、数字或除"？""—""!""*"以外的字符。

② 编码时应避免使用"_""."作为最后一个字符。

③ 变量名的代码应不超过8个字符，一般以2～4个字符为佳。

④ SPSS中的变量名不能与SPSS的保留字相同。SPSS的保留字为：ALL、AND、BY、EQ、GE、GT、LT、NE、NOT、OR、TO、WITH。

⑤ SPSS不区分变量名中的大小写字母，例如系统会将FAN和fan看作同一个变量。

> 在进行问卷设计时，要考虑问卷编码及数据录入的便利性。编码的基本思想是：按照问题的序号进行顺序编码。一般采用统一的阿拉伯数字进行编码，这样可以保证后续的原始资料录入速度较快，不易出错。

2. 数据编码实例

例10-3：

Q1. 请问您买过娃哈哈果奶饮料吗？
（1）经常买　　　（2）不经常买　　　（3）偶尔买　　　（4）从没买过

Q2. 请问您通常为什么买娃哈哈果奶饮料？
（1）宴请　　　（2）解渴　　　（3）补充营养　　　（4）其他

我们可以将问题代码确定为Q1和Q2。

3. 用SPSS建立数据文件

建立数据文件

调查人员通常会通过观察法、调查法及试验法获得大量原始数据，然而，这些原始数据（Raw Data）反映的是样本的特征，要进行综合分析还需要建立数据文件。

建立数据文件并对其进行分析的软件很多，这里主要介绍社会科学统计软件包（Statistical Package for the Social Sciences，SPSS）。利用SPSS建立数据文件的过程可分为两步，第一步是定义变量的属性，第二步是输入变量值，具体操作过程如下。

打开SPSS后，界面左下角有两个界面切换选项，系统的默认状态为"Data View"窗口。单击"Variable View"后，就可以在定义变量属性的数据编辑器窗口中按编码手册进行变量与变量值的定义。

① 在Name栏中输入变量名，如图10-3所示，例如输入变量名"Q1"。

② 在第二栏"Type"中选择"Numerical"。Numerical是一种变量类型，它的默认长度为8，小数位数为2（实际上，可以灵活调整小数位数）。

③ 输入变量标签（Label）。Q1的变量标签为"买过娃哈哈果奶饮料吗"。

④ 定义变量标签值（Values），分别用数字1、2、3、4代表各变量标签值，即：1代表经常买，2代表不经常买，3代表偶尔买，4代表从没买过。

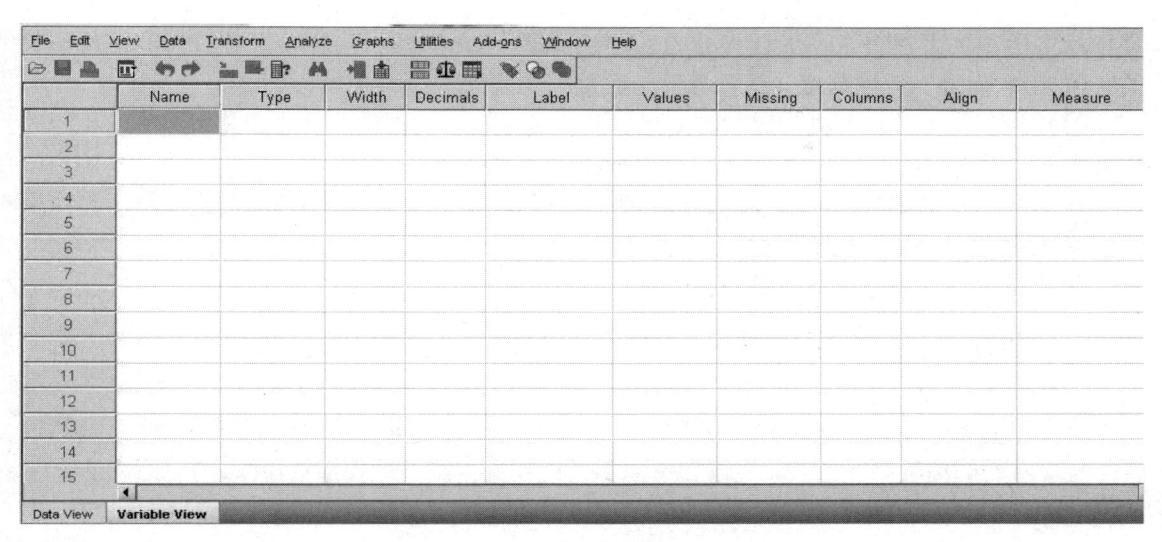

图 10-3　数据编辑器窗口

⑤ 定义默认值、变量的显示格式和对齐方式，分别在 Missing、Columns 和 Align 栏中根据需要设定。

⑥ 在 Measure 栏的 Scale、Ordinal、Nominal 中做出选择，Scale 代表高级测量方式，包括差别测量和比例测量，后两种是低级测量方式，Ordinal 代表顺序测量，Nominal 代表类别测量。

二、数据录入

数据录入是指建立计算机文件。数据录入有多种方式，可以逐字逐句通过键盘录入数据，也可以通过扫描工具把所有问卷扫描到计算机中并将其转化为数据文件。一般来说，前一种方式适用于问卷数据量小、填写要求不太高的调查；而后一种方式适用于大规模的问卷调查，这种问卷填写要求比较严格、规范。

采用手工录入方式时，单击界面左下角的"Data View"即可直接录入数据。录入时，应注意以下几个问题。

第一，最好横行录入，也就是以样本为单元（Case）逐个录入，将一份问卷全部录入完再录入第二份。

第二，最好在每份问卷录入完后标注样本序号，以备日后核对。

第三，将全部问卷录入完毕并检查无误后，及时存储并备份。

第三节　信度分析

一、理解信度分析

信度分析是指采用同样的方法对重复测量同一对象所得结果的一致性程度进行分析。信度指标多用相关系数表示，大致可分为稳定性信度（跨时间的一致性）、等值信度（跨形式的一致性）、内部一致性信度（跨项目的一致性）。

① 用同样的方法在不同的时间先后进行两次测量，两次测量结果的相关系数称为稳定性信度系数，所表示的两次测量的相关一致性称为稳定性信度。

② 等值信度又称为复本信度，也称为等效本信度，是指用两套相似的测量工具所测结果的相似程度表示测量结果的稳定性、一致性。

③ 内部一致性信度用来测量同一个概念的多个计量指标的一致性程度。

二、克隆巴赫系数

克隆巴赫系数是一个统计量，是量表所有可能的项目划分方法得到的折半信度系数的均值，是最常用的信度测量方法。克隆巴赫系数普遍用于内部一致性系数检验，其公式为

$$\alpha = \frac{n}{n-1}\left(1 - \frac{\sum_{i=1}^{n} S_i^2}{\sum_{i=1}^{n} S_x^2}\right) \quad (10\text{-}1)$$

式中，n 为量表中的问题数量，S_i^2 是某一问题的方差，S_x^2 为测量总分的方差。

这种方法适用于态度、意见式问卷（量表）的信度分析。克隆巴赫系数如果在 0.6 以下就要考虑重新设计问卷。一般来说，克隆巴赫系数大于 0.7 表明量表的可靠性较高；在深索性研究中，克隆巴赫系数可以小于 0.7，但应大于 0.6；问题数量小于 6 时，克隆巴赫系数大于 0.6 表明量表是有效的。因此，一般总量表的克隆巴赫系数最好在 0.8 以上，0.7~0.8 的克隆巴赫系数可以接受；分量表的克隆巴赫系数最好在 0.7 以上，0.6~0.7 的克隆巴赫系数可以接受。

情境 10-2

保健品购买动机的信度分析

信度分析

某公司开发了一种针对女性的保健品。鉴于激烈的市场竞争，该公司希望通过调查了解消费者对该类保健品的购买动机。因此，该公司设计了调查问卷，采用李克特量表法进行调查。为确保数据的内部一致性，首先对保健品购买动机的 20 个选项进行信度分析。20 个选项分别是：令面色红润、使皮肤有光泽、精神状态好、祛斑、祛痘、祛皱、解决皮肤干燥、调节内分泌、延缓皮肤衰老、消除疲劳、提高睡眠质量、消除黑眼圈、润肠通便、抗衰老、提高免疫力、应该对自己好点、希望自己像模特一样、同龄人都在服用、年轻人对我说该服用、女为悦己者容。

用 SPSS 检验的过程如下。

（1）依次单击"分析"→"度量"→"可靠性分析"。弹出的可靠性分析窗口如图 10-4 所示。

（2）在左侧将需要分析的变量选中，放入右侧的框中。

（3）单击右上方的"统计量"按钮，弹出的"可靠性分析：统计量"窗口如图 10-5 所示。

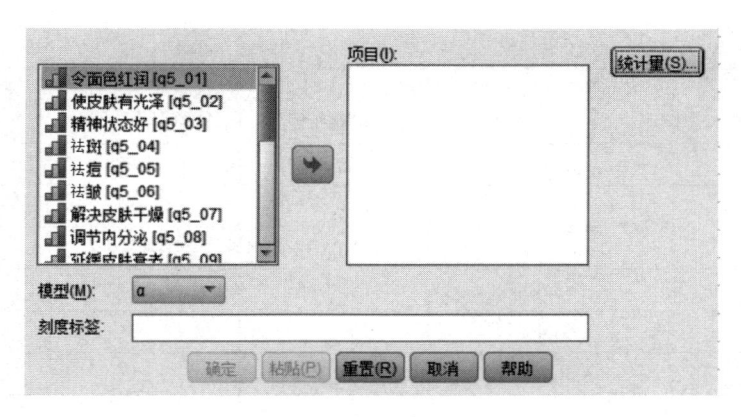

图 10-4　可靠性分析窗口

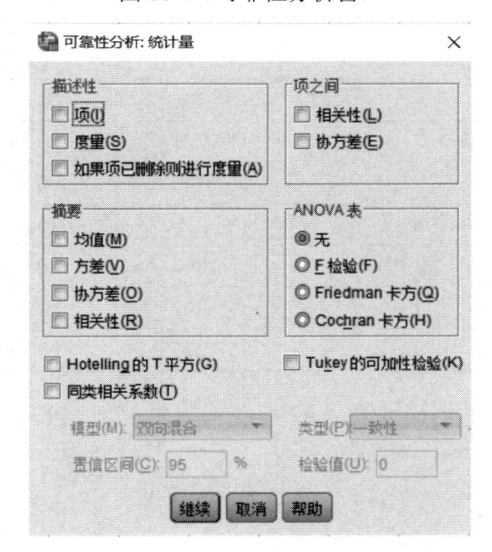

图 10-5　"可靠性分析：统计量"窗口

在"描述性"选项中勾选"如果项已删除则进行度量"，可以看出删除某一选项后克隆巴赫系数的变化。

（4）回到主窗口，单击"确定"按钮，分析过程结束，结果如表 10-1 和表 10-2 所示。

表 10-1　可靠性分析

克隆巴赫系数	项数
0.827	20

表 10-2　总计统计量

	删除该选项后的标度平均值	删除该选项后的标度方差	修正后的选项与总计相关性	删除该选项后的克隆巴赫系数
令面色红润	66.44	155.961	0.466	0.817
使皮肤有光泽	66.31	156.848	0.490	0.816
精神状态好	66.08	161.180	0.390	0.821
祛斑	66.93	155.068	0.415	0.819

续表

	删除该选项后的标度平均值	删除该选项后的标度方差	修正后的选项与总计相关性	删除该选项后的克隆巴赫系数
祛痘	67.48	158.843	0.288	0.826
祛皱	66.96	151.571	0.490	0.815
解决皮肤干燥	66.56	155.161	0.463	0.817
调节内分泌	66.60	157.065	0.394	0.820
延缓皮肤衰老	66.49	153.933	0.494	0.815
消除疲劳	66.34	161.019	0.352	0.822
提高睡眠质量	66.40	160.070	0.333	0.823
消除黑眼圈	67.10	152.206	0.531	0.813
润肠通便	66.80	158.768	0.333	0.823
抗衰老	66.57	154.206	0.468	0.816
提高免疫力	66.21	159.723	0.383	0.821
应该对自己好点	66.37	162.340	0.270	0.826
希望自己像模特一样	67.55	156.896	0.340	0.823
同龄人都在服用	67.20	157.665	0.374	0.821
年轻人对我说该服用	67.21	158.277	0.366	0.821
女为悦己者容	66.96	157.290	0.374	0.821

由表 10-1 可知，20 个选项的克隆巴赫系数为 0.827，可以接受。而由表 10-2 可知，删除任一选项后克隆巴赫系数都小于 0.827，说明这 20 个选项都可以保留。

第四节　描述统计分析

一、集中趋势指标

集中趋势指标用于反映典型的或经常性的回答。

1. 众数

众数（Mode）是指一组数据中出现频率最高的数。例如"你最喜欢看哪种类型的电视节目？"的选项及编码是：电视剧（1）；娱乐节目（2）；纪实节目（3）；访谈节目（4）；无（5）。发现众数的简单方法是：把每个数字的出现频数列在表格中，调查人员可以查看表格，也可以使用直方图使频数一目了然。如果"1"出现一次，"2"出现三次，"3"出现两次，"4"出现四次，则"4"的频数最高，所以访谈节目（即 4）是众数。

需要注意的是，众数是反映集中趋势的一个相对指标，它仅仅是出现最频繁的那个数值，并不要求它的出现频率超过 50%。如果两个众数并列出现，这种分布称为"两峰"。如果出现三个并列众数，可称为"三峰"分布。

2. 中位数

中位数（Median）表示的是一组有序数列里居中的那个数。即除这个数之外，其余数中的一半大于中位数，而另一半小于中位数。如果数字的个数是奇数，中位数会落在某个数上；如果个数是偶数，中位数会落在两个相邻的数中间。

为了确定中位数，编码必须被排序，所以它们不能是类别型的数据。例如：你每月购买娃哈哈饮料的次数是多少？（1）1次（2）2次（3）3次（4）4次以上（5）无。这是一个等距量表，对这一问题的回答中"2"出现一次，"3"出现四次，"4"出现四次，"5"出现一次。这表明中位数处在4和3之间，中位数是3.5。

3. 均值

均值（Mean）是一组数字的算术平均数，它容易受极端值的影响。均值不同于众数与中位数，需要通过计算得出。均值的计算公式为

$$\bar{x} = \frac{\sum_{i=1}^{n} x_i}{n} \tag{10-2}$$

均值在市场分析中用途极广，它既能表达总体的状况，又能在其他指标的配合下，通过比较分析，深刻认识市场的差异性和特点。

二、离散性指标

1. 频数分布

频数分布是指一个特定的数据集合中不同的数出现的次数。频数本身是原始资料，通常把这些频数转化为百分比以便于比较。只要将每个数出现的次数除以样本个数，再将结果转化为百分数，就得到了百分比分布。例如，本节在介绍众数时，我们描述了看电视节目的例子，其中"1"出现一次，"2"出现三次，"3"出现两次，"4"出现四次，这就是频数分布。各个选项的百分比是：电视剧10%、娱乐节目30%、纪实节目20%、访谈节目40%。

频数分布简明地表现了数据集合中不同数的情况，以及这些数之间的相似程度。百分比分布被转化成直方图后，可以直观地表达数据的变化程度。

2. 极差

极差（Range）是一组数据中的最大值和最小值之差，也称为全距。它表明了总体的离散程度。例如，在对10位被调查者每月在餐厅就餐费用的调查中发现，花费最少的是100元，最多的是300元，所以极差是200元。

3. 方差和标准差

方差（Variance）反映了各变量值与其均值的平均差异，能反映数据的分布特征，因此被认为是常用的描述差异性的指标。方差的计算公式为

$$\text{未分组数据：} \sigma^2 = \frac{\sum_{i=1}^{n}(x_i - \bar{x})^2}{n} \tag{10-3}$$

组距分组数据：$\sigma^2 = \dfrac{\sum_{i=1}^{n}(x_i - \overline{x})^2 F_i}{\sum_{i=1}^{n} F_i}$ （10-4）

标准差（Standard Deviation）反映了各变量值与其均值的平均差异的平方根，能确切反映数据的分布特征。如果标准差很小，数据的分布就很集中；标准差很大时，数据分布会"拉"得很宽。标准差的计算公式为

未分组数据：$\sigma = \sqrt{\dfrac{\sum_{i=1}^{n}(x_i - \overline{x})^2}{n}}$ （10-5）

组距分组数据：$\sigma = \sqrt{\dfrac{\sum_{i=1}^{n}(x_i - \overline{x})^2 F_i}{\sum_{i=1}^{n} F_i}}$ （10-6）

情境 10-3

运用 SPSS 获取描述统计量

描述性统计

对农夫山泉天然矿泉水调查的结果如表 10-3 所示，请运用 SPSS 获得频数分布、众数、均值、中位数与标准差。

表 10-3　对农夫山泉天然矿泉水调查的结果

编号	性别	年龄	月收入（元）	每月购买饮料的金额（元）	常购买的饮料品牌	对农夫山泉天然矿泉水的期望价格（元）
1	1	27	5000	200	2	1
2	1	45	4000	50	1	2
3	0	23	15000	400	2	3
4	1	34	6000	50	3	2
5	0	32	3100	100	2	1.5
6	0	36	4800	100	2	1
7	0	34	3300	200	5	2
8	1	38	4000	100	2	2
9	0	41	3500	200	3	1.5
10	1	22	5500	300	4	3
11	1	32	3000	300	4	1
12	1	35	4000	100	2	1
13	0	24	10000	100	4	2
14	0	29	5000	200	2	1
15	1	29	5000	300	3	1
16	1	31	6500	100	5	2.5
17	0	33	4000	100	2	1

续表

编号	性别	年龄	月收入（元）	每月购买饮料的金额（元）	常购买的饮料品牌	对农夫山泉天然矿泉水的期望价格（元）
18	1	36	4200	100	3	1
19	1	25	8000	200	2	3
20	0	28	2600	50	1	1

第一步，定义变量，如图 10-6 所示。

变量说明：

A=编号；

B=性别：男（0）、女（1）；

C=年龄；

D=月收入；

E=每月购买饮料的金额；

F=常购买的饮料品牌：娃哈哈（1）、农夫山泉（2）、康师傅（3）、可口可乐（4）、其他（5）；

G=对农夫山泉天然矿泉水的期望价格。

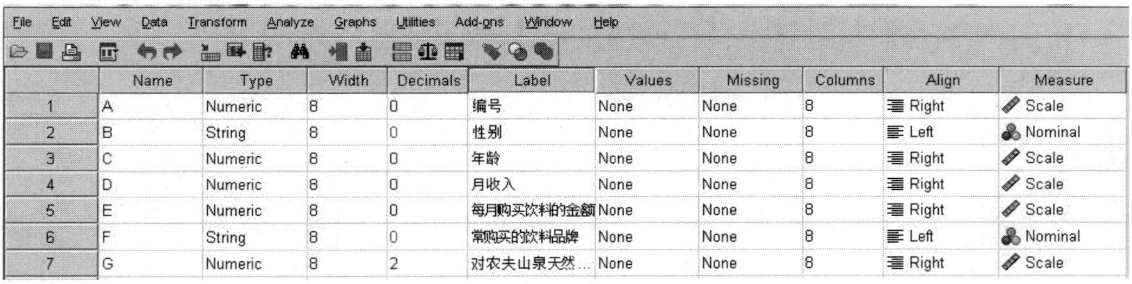

	Name	Type	Width	Decimals	Label	Values	Missing	Columns	Align	Measure
1	A	Numeric	8	0	编号	None	None	8	Right	Scale
2	B	String	8	0	性别	None	None	8	Left	Nominal
3	C	Numeric	8	0	年龄	None	None	8	Right	Scale
4	D	Numeric	8	0	月收入	None	None	8	Right	Scale
5	E	Numeric	8	0	每月购买饮料的金额	None	None	8	Right	Scale
6	F	String	8	0	常购买的饮料品牌	None	None	8	Left	Nominal
7	G	Numeric	8	2	对农夫山泉天然…	None	None	8	Right	Scale

图 10-6　定义变量

第二步，利用 SPSS 进行数据计算和分析，如表 10-4 所示。

表 10-4　被调查者常购买的饮料品牌

	频数	百分比（%）	有效百分比（%）	累积百分比（%）
1	2	10.0	10.0	10.0
2	9	45.0	45.0	55.0
3	4	20.0	20.0	75.0
4	3	15.0	15.0	90.0
5	2	10.0	10.0	100.0
合计	20	100.0	100.0	

由表 10-4 可知，20 位被调查者中有 2 位常买娃哈哈品牌的饮料，其百分比是 10.0%；有 9 位常买农夫山泉品牌的饮料，其百分比是 45.0%；有 4 位常买康师傅品牌的饮料，其百分比是 20.0%；有 3 位常买可口可乐品牌的饮料，其百分比是 15.0%；有 2 位常买其他品牌的饮料，其百分比是 10.0%。由此可知，众数是 2，即农夫山泉品牌的饮料。

第三步，分析消费者每月购买饮料的金额，如表 10-5 所示。

表 10-5　每月购买饮料的金额（均值与中位数）

总数量	20
缺失值数量	0
均值（元）	162.5
中位数（元）	100

由表 10-5 可知，20 位被调查者每月购买饮料的平均金额是 162.5 元，中位数是 100 元。每月购买饮料的金额的标准差如表 10-6 所示。

表 10-6　每月购买饮料的金额（标准差）

总数量	20
缺失值数量	0
标准差（元）	97.3075
最小值（元）	50
最大值（元）	400

20 位被调查者每月购买饮料的金额最少为 50 元，最多为 400 元，说明差距相当大（标准差是 97.3075），导致均值的代表性下降。这从另一方面说明，均值有时会引起调查人员的错误判断。

思考题

1. 数据审查方法有哪些？
2. 什么是集中趋势指标？它描述了什么？
3. 什么是离散性指标？它描述了什么？
4. 为什么均值在下列情况下是不太恰当的集中趋势指标？
（1）被调查者的婚姻状况（已婚或未婚）；
（2）被调查者购物的地点（大型超市、电商 App、品牌专卖店、商场）；
（3）一次品牌选择测试，测试人们对娃哈哈、康师傅、可口可乐、农夫山泉品牌的选择顺序。
5. 请进行一次问卷调查，调查内容为消费者每月的手机话费以及所使用的手机品牌情况，并进行数据审查、数据录入和描述统计分析。

情境 10-4

为了解消费者网购的频率、网购特点、对网络广告的态度和处理方式等，调查人员设计了一份调查问卷，请为该问卷编码。

关于网购行为的调查问卷

1. 您的性别是：
A. 男　　　B. 女

2. 您的年龄是：
A. 18 岁以下　　　　B. 18～25 岁　　　　C. 26～35 岁　　　　D. 35 岁以上
3. 您的职业是：
A. 上班族　　　　B. 我自己当老板　　　　C. 待业　　　　D. 学生
E. 其他（希望您能补充）
4. 您的月收入是：
A. 1000 元以下　　　　B. 1000～3000 元　　　　C. 3000～5000 元　　　　D. 5000～8000 元
E. 8000 元以上
5. 您的受教育程度是：
A. 高中及以下　　　　B. 大学或专科　　　　C. 硕士　　　　D. 博士
6. 您网购的频率是：
A. 每天 1 次及以上　　　　　　　　B. 每周 2～3 次
C. 每周 1 次及以下　　　　　　　　D. 其他
7. 您选择店铺时通常考虑：
A. 所售商品的价格　　　　　　　　B. 信誉度
C. 买家给出的好评率　　　　　　　D. 有没有人推荐过
E. 其他（请您补充）
8. 您网购的习惯是：
A. 确定自己需要某一物品，临时到网络上搜索并购买
B. 平时收藏一些好的店铺，有需要时先到所收藏的店铺中寻找
C. 没事喜欢在网络上闲逛，看到喜欢的东西就买下来
D. 朋友推荐了才买
E. 其他（希望您能补充）
9. 您是否曾经在淘宝 App 上收到过来自陌生人的变相广告？
A. 从来没有收到过　　　　　　　　B. 偶尔会收到
C. 几乎每次上线都会收到　　　　　D. 被淹没在这些广告之中
10. 您怎么处理这些广告？
A. 每次收到这样的广告都会点进去看一下　　　　B. 看到感兴趣的会点进去看一下
C. 以前会看一看，现在基本很少看　　　　　　　D. 直接关闭并将其拖入黑名单
11. 您对这些广告投放方式的态度是：
A. 觉得不错，说不定有好的店铺
B. 无所谓
C. 不喜欢，我已经有自己收藏的店铺了，并有自己的购买习惯
D. 非常讨厌，这些垃圾广告扰乱了我的网购行为

第十一章 均值检验

学习要点

- 理解并掌握如何检验两个独立组的均值差异
- 理解并掌握如何检验成对样本的均值差异
- 理解并掌握如何检验多种样本的均值差异
- 理解并掌握如何使用 SPSS 进行均值检验
- 掌握如何使用差异做市场细分决策

第十一章课件　第十一章习题

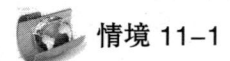

情境 11-1

能量饮料的未来

在过往的固化思维认知下，能量饮料的核心消费者是男性，消费场景聚焦于体力劳动、加班，主要满足提神、抗疲劳、补充能量等功能需求。随着现代化进程的逐步推进，能量饮料开始向多圈层、多场景探索。目前，能量饮料的消费群体不仅突破了性别，也正延展至各年龄层和职业层；消费场景逐渐扩展到聚会、旅行、日常生活等消费场景，更符合消费年轻化的趋势。部分能量饮料品牌开始赞助电竞、音乐节等活动，开发了新的消费场景。

巨大的市场、可观的前景吸引了众多品牌入局。但是，如何精准地切入市场，能量饮料的供应商需要对不同人群和场景进行分析，探讨消费习惯、价值观念以及消费态度的差异，以制订更适合的营销策略。

第一节　均值检验与市场细分

> 显著的、有意义的、稳定的、可操作的差异是市场细分的基础。

一、差异的特征

1. 显著的差异

差异的统计显著性意味着样本的差异真实存在于总体中。下面通过牙膏产品进行实例分析。首先，牙膏的营销人员可以询问消费者"对你来说，牙膏能解决牙齿的……问题重要吗？"消费者用数值（1 表示"非常不重要"，7 表示"非常重要"）来表示每种牙齿问题的重要程度。其次，通过统计检验来确定各项回答之间是否存在显著差异。我们可以将牙齿问题分为组 1（牙齿敏感、疼痛）和组 2（牙齿变黄、蛀牙），如表 11-1 所示。通过统计分析发现，两组确实存在显著差异。

表 11-1　组间差异

要求	解释	示例		
第一，差异必须是显著的	必须确定存在统计意义上的显著差异	用 1～7 来衡量，对你来说，牙膏能解决牙齿的……问题重要吗？		
		组	牙齿敏感、疼痛	牙齿变黄、蛀牙
		1	6.5	2.1
		2	3.6	6.3

2. 有意义的差异

具有统计意义上的显著差异并不能保证差异是"有意义"的。实际上，数据挖掘时面对的数据成千上万，基于大样本进行分析时，即使有显著的差异，这种差异也可能没有意义，因为统计意义上的显著性在很大程度上是由样本容量决定的。有意义的差异是营销人员可以用来作为营销决策依据的显著差异。

在有关牙膏的例子中，营销人员可以从消费者的需求差异中得到有意义的启示，两组样本对牙膏功能的需求是有差异的，一组需要能改善牙齿敏感、疼痛的牙膏，另一组则更需要能改善牙齿变黄、蛀牙的牙膏，这种差异对于消费者和牙膏生产企业都是有意义的。

3. 稳定的差异

差异的稳定性是指差异不是短期的或暂时的。所以，稳定的差异意味着差异会持续到可预见的将来。在有关牙膏的例子中，组 1 是牙齿受到外界刺激，如冷、热、食物的刺激引起的酸痛症状，这种症状可能是由于不良的饮食习惯，或者一些相关的系统性疾病；组 2 可能是由于抽烟、爱吃甜食等，而这些习惯又非可以轻易改变的。由此可以看出，两组之间的差异是稳定的，这两个群体在一定时间内是长期存在的。牙膏生产企业可以根据消费者的不同需求生产牙膏，因为不同群体的需求有很大差异。

4. 可操作的差异

可操作的差异是指营销人员可以针对不同的市场采取不同的产品设计方案，以强调这些细分市场之间的差异。在有关牙膏的例子中，消费者由于牙齿问题对牙膏有不同的需求，从中我们可以识别出两个有意义且稳定的群体，因此针对每个群体设计牙膏具有可操作性。

二、适合的差异检验

在开始差异检验之前，要先确定数据的类型。

最常用的假设检验之一是分析两组在某一行为、特征或状态上的差异。在统计术语中，零假设的含义是两组的均值相同。

差异的普通二元检验如表 11-2 所示，该表给出了在不同情况下最适合的差异检验方法。

表 11-2　差异的普通二元检验

数据类型	两个独立组的差异	三个及以上独立组的差异
定距数据和定比数据	T 检验、Z 检验	方差分析
定序数据	曼-惠特尼 U 检验、威尔科克森符号秩检验	H 检验
定类数据	Z 检验	卡方检验
	卡方检验	

第二节　单样本均值假设检验

假设检验一般遵循以下过程：确定统计假设；确定样本的总体特征；抽取样本，并计算变量均值；如果统计假设是正确的，则必须确定求得的样本均值与统计假设之间的差异，及其是否是偶然发生的。

典型的单样本假设检验

某企业将其生产车间分为 10 个班组，每个班组的月平均生产量为 750 件。生产总监认为新的培训措施会对生产效率有所帮助。基于 3 个班组的随机样本，生产总监希望了解实施培训措施后样本均值与原来是否有差异。单样本均值假设检验示意图如图 11-1 所示。

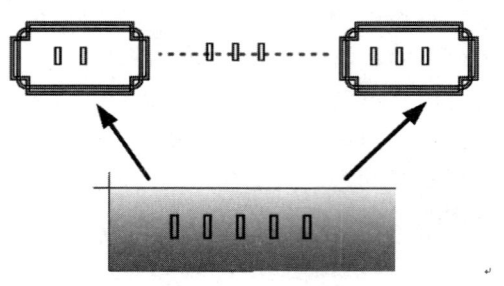

图 11-1　单样本均值假设检验示意图

回答以下问题。
（1）确定统计假设（750 件）；
（2）样本特征：是否是正态分布？方差是否可知？
（3）计算所抽取样本的均值；
（4）确定均值与 750 件之间是否有差异，以及差异发生的概率，以确定企业是否应该继续采取培训措施。

如果样本均值服从正态分布，样本均值等于总体均值，样本均值的方差 $\sigma_{\bar{x}}^2$ 等于总体方差除以样本容量 $\left(\sigma_{\bar{x}}^2 = \dfrac{\sigma^2}{n}\right)$。当总体方差已知时，对均值的假设检验选取合适的统计量：

$$Z = \frac{\bar{x} - \mu}{\sigma_{\bar{x}}} \qquad (11\text{-}1)$$

式中，$\bar{x}$ 表示样本均值，μ 表示总体均值，$\sigma_{\bar{x}} = \sigma/\sqrt{n}$ 是均值的标准差。

如果样本来自正态总体，那么 Z 统计量就是适用的。如果总体中的变量不服从正态分布，但是样本足够大，根据中心极限定理，Z 统计量也是适用的。

当总体方差未知时，均值的标准差 $\sigma_{\bar{x}}$ 由 $s_{\bar{x}} = s/\sqrt{n}$ 得出，这里的 s 是一个样本标准差的无偏估计。

$$\hat{\sigma} = s = \sqrt{\frac{\sum_{i=1}^{n}(x_i - \bar{x})^2}{n-1}} \qquad (11\text{-}2)$$

检验统计量 $T = \dfrac{(\bar{x} - \mu)}{s_{\bar{x}}}$，如果符合 T 检验的条件，这一统计量服从于自由度为 $n\text{-}1$ 的 T 分布。条件为满足两者之一即可：总体中的变量分布服从正态分布；样本容量足够大。

情境 11-2

SPSS 分析实例——企业的销售业绩

单样本均值检验

某企业的销售部门共有 200 名销售人员，针对企业的产品 A，销售人员的日销售量为 100 件。企业为提升销售业绩，对销售人员进行了为期一周的专业知识培训，一个月后对 60 名销售人员的业绩进行统计，以分析专业知识培训的必要性。

此检验的假设如下。

H_0：培训后，销售人员的日销售量仍是 100 件；

H_1：培训后，销售人员的日销售量不是 100 件。

用 SPSS 检验的过程如下。

（1）依次单击 "Analyze" → "Compare Means" → "One-Sample T Test"，弹出的 T 检验主窗口如图 11-2 所示。

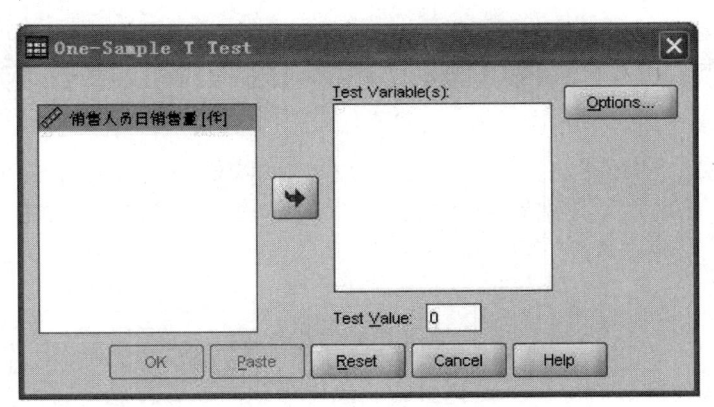

图 11-2　T 检验主窗口

(2)将需要分析的变量（销售人员日销售量）放入右侧。

(3)在"Test Value"框中将0修改为总体均值假设的值，本例改为100。

(4)单击右上方的"Options"按钮，选择置信区间，如图11-3所示，选择好后单击"Continue"按钮。

(5)回到主窗口，单击"OK"按钮，分析过程结束，结果如表11-3和表11-4所示。

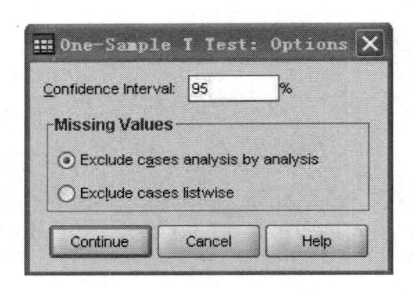

图11-3 选择置信区间

表11-3 描述统计结果

	n	均值	标准差	均值的标准误差
销售人员日销售量	60	112.05	90.379	11.668

表11-4 T检验结果

	检验值 = 100					
	T	df	Sig.（双侧）	均值差值	差分的95%置信区间	
					下限	上限
销售人员日销售量	1.033	59	0.306	12.052	−11.30	35.40

从表11-3和表11-4中可以发现一个很有意思的现象，T的显著概率0.306＞0.05，表明应当接受假设H_0，即培训后日销售量并未出现明显的提升，但是样本均值达112.05件。如果仅看均值，在不了解统计数据的情况下，可能有些管理人员会被均值"欺骗"，会说"销售人员经过培训后销售量明显提升了"。但这样的判断是错误的，这两个数字之间的差异是抽样的随机性造成的。

为了解均值提升的真正原因，我们对60名销售人员的销售数据进行了逐一分析，发现某一销售人员的单日销售量达到800件，而其他销售人员的销售量并未出现明显变化。

第三节 两个独立样本的均值假设检验

根据样本是独立的还是相关的，两个独立样本的均值假设检验方法有所不同。我们从"样本是独立的"开始假设，考虑两种情况：两个总体的方差已知、两个总体的方差未知。

情境 11-3

均值差异的假设检验

某大学对学生成绩进行分析，对比男女生在大学期间是否存在成绩差异。调查人员随机抽取一个班级作为样本，比较男女生最近一个学期的平均成绩，如图11-4所示。

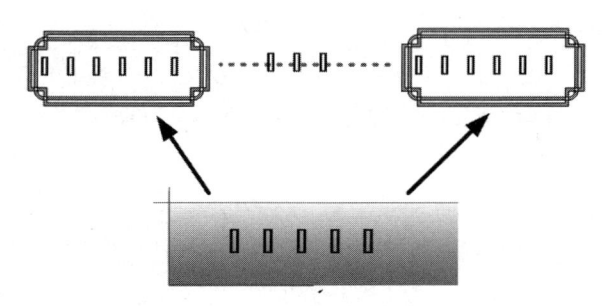

图 11-4　两个独立样本的均值假设检验

男女生成绩的比较应注意以下两个问题。
（1）男女生的平均成绩是否有显著差异？
（2）差异大到应该对其关注并采取调整措施吗？

一、方差已知

在通常情况下，总体方差的变化比总体均值的变化慢，因此某些研究可以用过去的估计方差作为现在总体的"已知"方差来进行研究。例如，我们要调查浙江省不同地区的居民夏天对某品牌凉茶的消费量，就可以使用上一年的方差作为"已知"方差来研究。

零假设是杭州市和宁波市的居民对凉茶的消费量无差异（H_0：$\mu_1 = \mu_2$），备择假设是杭州市和宁波市的居民对凉茶的消费量有差异（H_1：$\mu_1 \neq \mu_2$）。如果样本均值 $\overline{x_1}$、$\overline{x_2}$ 是服从正态分布的随机变量，则它们的和与差也服从正态分布。因为各地区的消费量服从正态分布，这两个样本又足够大，根据中心极限定理，这两个样本的均值服从正态分布，检验统计量可以表示为

$$Z = \frac{(\overline{x_1} - \overline{x_2}) - (\mu_1 - \mu_2)}{\sigma_{\overline{x_1} - \overline{x_2}}} \quad (11\text{-}3)$$

其中，$\overline{x_1}$ 是杭州市样本的均值，$\overline{x_2}$ 是宁波市样本的均值；μ_1、μ_2 是杭州市和宁波市样本的未知总体均值；$\sigma_{\overline{x_1} - \overline{x_2}}$ 是对均值差异的标准差。

已知杭州市样本的标准差为 6 罐，宁波市样本的标准差为 9 罐。我们选取 200 位杭州市居民和 200 位宁波市居民构成随机样本，其中 $\overline{x_1}$ 为 15，$\overline{x_2}$ 为 20。我们需要确定两个城市是否存在凉茶消费差异。

$$\sigma_{\overline{x_1} - \overline{x_2}} = \sqrt{\frac{6^2}{200} + \frac{9^2}{200}} \approx 0.76$$

$$Z = \frac{(\overline{x_1} - \overline{x_2}) - (\mu_1 - \mu_2)}{\sigma_{\overline{x_1} - \overline{x_2}}} = \frac{(15 - 20) - 0}{0.76} \approx -6.58$$

计算出的 Z 超过了 $\alpha = 0.05$ 的显著性水平下的临界值，所以零假设被拒绝，杭州市居民和宁波市居民在凉茶消费量上存在显著差异。

两均值差异的置信区间可由 $(\overline{x_1} - \overline{x_2}) \pm Z\sigma_{\overline{x_1} - \overline{x_2}}$ 计算。在 95% 的置信度下，$Z=1.96$，两组消费者凉茶消费量的区间估计是 -5 ± 1.49，杭州市居民比宁波市居民少喝 3.51～6.49 罐凉茶。

二、方差未知

因为 σ 是未知的，我们假定两个样本都是来自正态分布的定距数据，估计 $\sigma_{\overline{x}_1-\overline{x}_2}$ 的过程如下。

σ_1^2 的估计为

$$S_1^2 = \frac{\sum_{i=1}^{n_1}(x_{i1}-\overline{x_1})^2}{n_1-1} \tag{11-4}$$

σ_2^2 的估计为

$$S_2^2 = \frac{\sum_{i=1}^{n_2}(x_{i2}-\overline{x_2})^2}{n_2-1} \tag{11-5}$$

均值标准差的估计变成了：$S_{\overline{x}_1} = \frac{S_1}{\sqrt{n_1}}$、$S_{\overline{x}_2} = \frac{S_2}{\sqrt{n_2}}$。

$\hat{\sigma}_{\overline{x}_1-\overline{x}_2}$ 的估计可以写成

$$\hat{\sigma}_{\overline{x}_1-\overline{x}_2} \approx S_{\overline{x}_1-\overline{x}_2} = \sqrt{\hat{\sigma}_{\overline{x}_1}^2 + \hat{\sigma}_{\overline{x}_2}^2} = \sqrt{S_{\overline{x}_1}^2 + S_{\overline{x}_2}^2} = \sqrt{\frac{\hat{\sigma}_1^2}{n_1} + \frac{\hat{\sigma}_2^2}{n_2}} = \sqrt{\frac{S_1^2}{n_1} + \frac{S_2^2}{n_2}} \tag{11-6}$$

如果假设两个总体方差相等，对总体方差的较好估计可以通过合并样本来计算。检验统计量的标准差 $S_{\overline{x}_1-\overline{x}_2}$ 可以简化为

$$S_{\overline{x}_1-\overline{x}_2} = \sqrt{\left(\frac{(n_1-1)S_1^2 + (n_2-1)S_2^2}{n_1+n_2-2}\right)\left(\frac{1}{n_1} + \frac{1}{n_2}\right)} \tag{11-7}$$

由于假定每个总体的变量分布是正态分布，合适的检验统计量可以写成

$$T = \frac{(\overline{x}_1-\overline{x}_2)-(\mu_1-\mu_2)}{S_{\overline{x}_1-\overline{x}_2}} \tag{11-8}$$

这就是自由度为 n_1+n_2-2 的 T 分布。

下面通过一个产品销售实例来进行分析，某品牌在夏季推出了一款新口味果汁饮料，但一直未确定外包装，公司设计了两款外包装，一款是普通瓶装，另一款是金属罐装。在正式大量投入市场前，公司针对外包装进行了市场研究，如表 11-5 所示。均值的高低表示对某一种外包装的喜爱程度，零假设是消费者对两种外包装的喜爱程度没有差异。

表 11-5　消费者对不同外包装的喜爱程度

普通瓶装	金属罐装
$\overline{x}_1 = 16.5$	$\overline{x}_2 = 12.2$
$S_1 = 2.1$	$S_2 = 2.6$
$n_1 = 21$	$n_2 = 14$

相应的数据计算如下。

$$S_{\overline{x_1}-\overline{x_2}} = \sqrt{\left(\frac{(n_1-1)S_1^2 + (n_2-1)S_2^2}{n_1+n_2-2}\right)\left(\frac{1}{n_1}+\frac{1}{n_2}\right)}$$

$$= \sqrt{\left(\frac{20 \times 2.1^2 + 13 \times 2.6^2}{21+14-2}\right)\left(\frac{1}{21}+\frac{1}{14}\right)} \approx 0.797$$

$$T = \frac{(\overline{x_1}-\overline{x_2})-(\mu_1-\mu_2)}{S_{\overline{x_1}-\overline{x_2}}} = \frac{(16.5-12.2)-0}{0.797} \approx 5.395$$

自由度 $n_1 + n_2 - 2 = 33$。

如果选择的显著性水平是 0.01，通过查表得 F 临界值 2.75 < 5.39，所以它在 $\alpha = 0.01$ 的水平下是显著的。换言之，新口味果汁饮料更适合普通瓶装，消费者对普通瓶装的喜爱程度显著高于金属罐装。

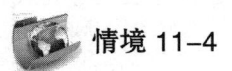

情境 11-4

SPSS 分析实例——保健品使用者偏好（1）

两组独立样本均值检验

某企业开发了一种针对女性的保健品，经过初步测试，该产品具有延缓皮肤衰老的功能。为了解该产品与主要竞争对手 A 品牌在这一功能上的差异，该企业决定进行一项调查，验证本企业保健品在这一功能上是否有优势。现将消费者分为两个小组，分别服用两种保健品，一个疗程之后收集他们对效果的评价，如表 11-6 所示。

请问：两种保健品的效果有差异吗？

表 11-6　两种保健品的效果评价

A 品牌	1	5	5	4	4	3	5	4	4	3	…
本企业品牌	2	4	5	2	5	5	5	3	5	5	…

（1）"独立样本 T 检验"主窗口如图 11-5 所示。

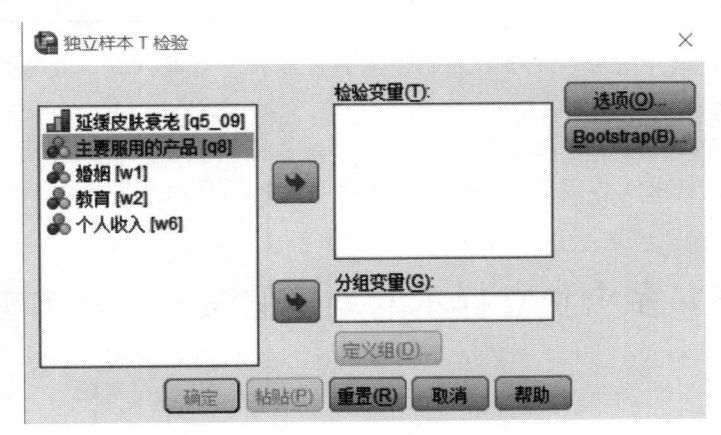

图 11-5　"独立样本 T 检验"主窗口

（2）从变量名中选出"延缓皮肤衰老"变量，放入右边的"检验变量"框中，作为要进行均值分析的变量。

（3）从变量名中选出"主要服用的产品"变量，放入右边的"分组变量"框中，作为分组变量。此时，"定义组"按钮会被激活。

（4）单击"定义组"按钮，输入分组标识，如图11-6所示。要求输入两个组的分组变量值。对于本例而言是分类变量，可在"组1"中输入"1"，在"组2"中输入"2"。若分组变量是一个连续变量，则需要选择"割点"选项，并输入一个分界值。

（5）单击"继续"按钮，回到主窗口，单击"确定"按钮，分析过程结束，结果如表11-7和表11-8所示。

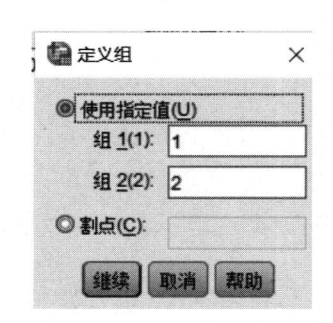

图11-6 输入分组标识

表11-7 组统计描述统计量

	主要服用的产品	n	均值	标准差	均值的标准误差
延缓皮肤衰老	A品牌	50	3.96	1.217	0.164
	本企业品牌	50	3.53	1.481	0.262

表11-8 独立样本 T 检验结果

		方差方程的Levene检验		均值方程的 T 检验					差分的95%置信区间	
		F	Sig.	T	df	Sig.（双侧）	均值差值	标准误差值	下限	上限
延缓皮肤衰老	假设方差相等	4.380	0.039	1.474	85	0.144	0.432	0.293	−0.151	1.015
	假设方差不相等			1.400	55.242	0.167	0.432	0.309	−0.187	1.051

首先，从表11-8中可知，F检验表明方差齐性成立（显著性概率0.039＜0.05），两种产品的服用效果的方差有明显差异。

所以，观察T检验的值，应该用下面一行的结果（假设方差不相等），此时T的显著性概率0.167＞0.05，即接受零假设，两种产品的服用效果不存在显著差异。

第四节　多个独立样本的均值假设检验：方差分析

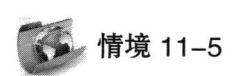

情境 11–5

有多个细分市场时，如何判断组间差异？

某大学的经济与管理学院拟开展市场研究大赛。在比赛方案征集阶段，各专业的学生可积极参与制订、修改、完善各环节。比赛结束后，学院对各专业的学生对此次比赛的喜欢程度进行了调查，了解各专业的学生对此项比赛的接受度是否存在差异。调查人员在各专业随机抽取了 100 人作为样本，对 3 个专业的共 300 名学生进行了调查。多个独立样本的均值假设检验如图 11-7 所示。

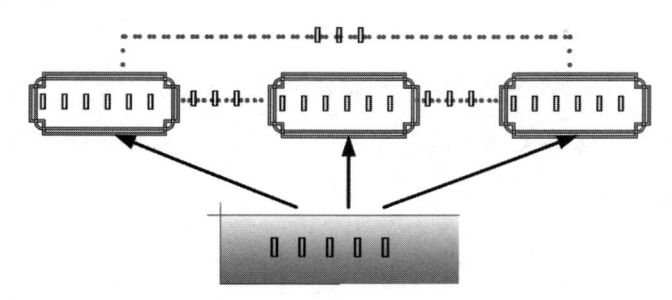

图 11-7 多个独立样本的均值假设检验

调查人员应注意以下两个问题。
（1）各专业之间是否有显著差异？
（2）如果差异显著，有管理的必要吗？

使用方差分析时，不管样本中有多少组，调查人员都能确定任何两组的均值是否存在显著差异。显著差异可能存在于所有组的均值之间，但方差分析的结果不能说明有多少对均值之间存在显著差异。

具体地说，方差分析是一个"信号旗"过程，意味着如果至少一对均值之间存在显著差异，方差分析就会通过信号来显示显著性。之后，调查人员需要进行进一步的检验（称为事后检验）来确定实际存在的显著差异以及它们存在于哪两个组之间。

单因素方差分析的基本思想是用各组之间的方差与所有组内部的方差之和的比值与 f_α 比较来判别各组的均值是否相同。

首先，求各组之间的方差 S_A：

$$S_A = \sum_{i=1}^{s}\left[\left(\overline{x}_i - \overline{x}\right)^2 n_i\right] \tag{11-9}$$

式中，$\overline{x} = \frac{1}{n}\sum_{i=1}^{s}\sum_{j=1}^{n_i}x_{ij}$（$n = \frac{1}{n}\sum_{i=1}^{s}n_i$），是所有数据的均值；$\overline{x}_{i.} = \frac{1}{n}\sum_{j=1}^{n_i}x_{ij}$，是第 i 个组的均值；s 为组的个数。

其次，求所有组内部的方差之和 S_E：

$$S_E = \sum_{i=1}^{s}\sum_{j=1}^{u_i}\left(x_{ij} - \overline{x}_i\right)^2 \tag{11-10}$$

之后，计算各组之间的方差与所有组内部的方差之和的比值：

$$f = \frac{S_A/(s-1)}{S_E/(n-s)} \tag{11-11}$$

f 对应的统计量 F 服从 $F(s-1, n-s)$ 分布。

最后，构建假设。H_0：$\mu_1 = \mu_2 = \cdots = \mu_s = \mu$；$H_1$：$H_0$ 不成立，并对假设进行检验。

若 $f > f_\alpha(s-1, n-s)$，则表示在 α 的概率水平上拒绝 H_0，即至少两个组之间的均值差异足够大，组内的差异相对小；反之，则接受 H_0，即不同组之间的均值没有显著差异。

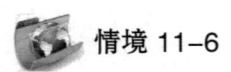

情境 11-6

SPSS 分析实例——保健品使用者偏好（2）

企业为了进一步验证本企业的产品与其他 7 个竞争品牌在功能上的差异，招募了 625 位消费者，让他们分别服用 9 种保健品，一个疗程后填写保健品在各个功能上的体验，来判断哪些方面存在显著差异。

（1）"单因素方差分析"窗口如图 11-8 所示。

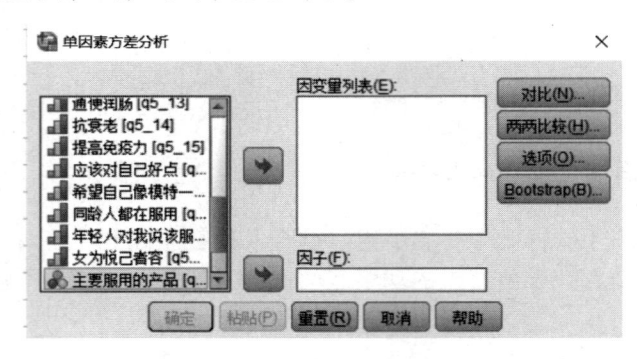

图 11-8 "单因素方差分析"窗口

（2）从变量名中选出功能变量，放入右边的因变量列表中。

（3）从变量名中选出"主要服用的产品"变量，放入右边的"因子"框中，作为分组变量。

（4）指定选项操作（根据实际分析需求决定是否操作该步骤）。

① 选择"方差同质性检验"，并输出检验结果，这一选择关系到在两两比较窗口中如何读取计算结果，如图 11-9 所示。

② 在"两两比较"窗口中选择各组均值两两比较的方法，如图 11-10 所示。

本例选择 LSD 方法，即在具有方差齐性时用 T 统计量两两检验各组均值是否有显著差异。

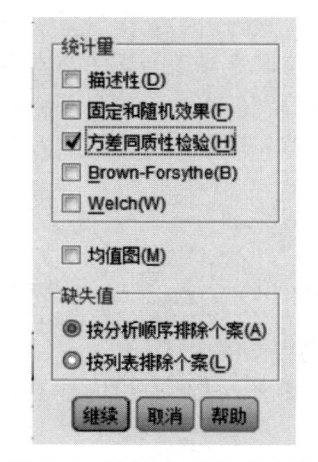

图 11-9 选择"方差同质性检验"

在"未假定方差齐性"框中有 4 个选项可供选择，本例选择"Tamhane's T2"选项，表示在方差不相等、没有正态分布假设的前提下进行两两 T 检验。

（5）单击"继续"按钮，回到主窗口，单击"确定"按钮，分析过程结束，结果如表 11-9、表 11-10 和表 11-11 所示。

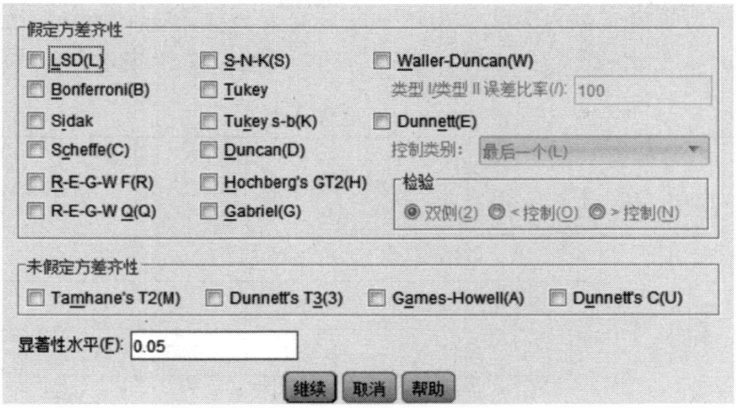

图 11-10 "两两比较"窗口

表 11-9　方差齐性检验

	Levene 统计量	df1	df2	显著性
令面色红润	2.336	7	617	0.023
使皮肤有光泽	1.878	7	617	0.071
精神状态好	0.296	7	617	0.955
祛斑	0.577	7	617	0.775
祛痘	4.480	7	617	0.000
祛皱	1.553	7	617	0.147
解决皮肤干燥	1.384	7	617	0.209
调节内分泌	1.308	7	617	0.244
延缓皮肤衰老	2.060	7	617	0.046
去除疲劳	5.797	7	617	0.000
提高睡眠质量	0.420	7	617	0.890
消除黑眼圈	1.221	7	617	0.289
通便润肠	1.219	7	617	0.290
抗衰老	2.370	7	617	0.021
提高免疫力	2.054	7	617	0.047

由表 11-9 可以看出，数据不具有方差齐性，我们选择"祛痘"进行进一步分析。

表 11-10　单因素方差分析

	平方和	df	方差	f	显著性
组间	53.206	7	7.601	3.193	0.002
组内	1468.794	617	2.381		
总数	1522.000	624			

表 11-10 分析了组间及组内方差，由于祛痘的显著性概率 $p=0.002<0.05$，所以拒绝零假设，即不同品牌的祛痘效果有显著差异，下面通过两两比较来确定这种差异来自哪些品牌。

表 11-11 两两比较

	主要服用的产品	主要服用的产品	均值差值	标准误差	显著性	95%置信区间 下限	95%置信区间 上限
Tamhane 检验	A 品牌	本企业品牌	−0.280	0.376	1.000	−1.50	0.94
		B 品牌	−0.545	0.276	0.766	−1.43	0.34
		C 品牌	0.639	0.282	0.521	−0.27	1.54
		D 品牌	−0.382	0.299	0.998	−1.34	0.58
		E 品牌	−0.306	0.380	1.000	−1.56	0.95
		F 品牌	−0.600	0.313	0.812	−1.60	0.40
		G 品牌	−0.117	0.238	1.000	−0.89	0.65
	本企业品牌	A 品牌	0.280	0.376	1.000	−0.94	1.50
		B 品牌	−0.265	0.347	1.000	−1.41	0.88
		C 品牌	0.919	0.352	0.286	−0.24	2.08
		D 品牌	−0.102	0.366	1.000	−1.30	1.10
		E 品牌	−0.026	0.435	1.000	−1.46	1.40
		F 品牌	−0.320	0.378	1.000	−1.55	0.91
		G 品牌	0.163	0.319	1.000	−0.91	1.23
	B 品牌	A 品牌	0.545	0.276	0.766	−0.34	1.43
		本企业品牌	0.265	0.347	1.000	−0.88	1.41
		C 品牌	1.183	0.243	0.000	0.41	1.96
		D 品牌	0.163	0.263	1.000	−0.67	1.00
		E 品牌	0.239	0.352	1.000	−0.95	1.42
		F 品牌	−0.055	0.278	1.000	−0.94	0.83
		G 品牌	0.428	0.190	0.524	−0.18	1.03
	C 品牌	A 品牌	−0.639	0.282	0.521	−1.54	0.27
		本企业品牌	−0.919	0.352	0.286	−2.08	0.24
		B 品牌	−1.183	0.243	0.000	−1.96	−0.41
		D 品牌	−1.020	0.269	0.008	−1.89	−0.16
		E 品牌	−0.945	0.357	0.285	−2.14	0.25
		F 品牌	−1.239	0.284	0.001	−2.15	−0.33
		G 品牌	−0.756	0.200	0.010	−1.41	−0.11

续表

	主要服用的产品	主要服用的产品	均值差值	标准误差	显著性	95% 置信区间 下限	95% 置信区间 上限
Tamhane 检验	D 品牌	A 品牌	0.382	0.299	0.998	−0.58	1.34
		本企业品牌	0.102	0.366	1.000	−1.10	1.30
		B 品牌	−0.163	0.263	1.000	−1.00	0.67
		C 品牌	1.020	0.269	0.008	0.16	1.89
		E 品牌	0.076	0.371	1.000	−1.16	1.31
		F 品牌	−0.218	0.302	1.000	−1.18	0.75
		G 品牌	0.265	0.223	1.000	−0.46	0.99
	E 品牌	A 品牌	0.306	0.380	1.000	−0.95	1.56
		本企业品牌	0.026	0.435	1.000	−1.40	1.46
		B 品牌	−0.239	0.352	1.000	−1.42	0.95
		C 品牌	0.945	0.357	0.285	−0.25	2.14
		D 品牌	−0.076	0.371	1.000	−1.31	1.16
		F 品牌	−0.294	0.382	1.000	−1.56	0.97
		G 品牌	0.189	0.323	1.000	−0.93	1.31
	F 品牌	A 品牌	0.600	0.313	0.812	−0.40	1.60
		本企业品牌	0.320	0.378	1.000	−0.91	1.55
		B 品牌	0.055	0.278	1.000	−0.83	0.94
		C 品牌	1.239	0.284	0.001	0.33	2.15
		D 品牌	0.218	0.302	1.000	−0.75	1.18
		E 品牌	0.294	0.382	1.000	−0.97	1.56
		G 品牌	0.483	0.241	0.756	−0.30	1.26
	G 品牌	A 品牌	0.117	0.238	1.000	−0.65	0.89
		本企业品牌	−0.163	0.319	1.000	−1.23	0.91
		B 品牌	−0.428	0.190	0.524	−1.03	0.18
		C 品牌	0.756	0.200	0.010	0.11	1.41
		D 品牌	−0.265	0.223	1.000	−0.99	0.46
		E 品牌	−0.189	0.323	1.000	−1.31	0.93
		F 品牌	−0.483	0.241	0.756	−1.26	0.30

由表 11-11 可以看出，品牌 C 与品牌 B、品牌 D、品牌 F、品牌 G 有较大差异。

情境 11-7

浙江省旅游市场的细分

旅游市场细分的出发点是区别消费者的不同需求，根据消费者购买行为的差异，分成两个或两个以上消费者群体。对旅游市场的细分有利于识别、发掘和开拓旅游市场，有针对性地制订和调整旅游市场营销策略，优化资源配置并取得良好的经济效益。

某调查公司受委托对浙江省的旅游资源进行研究，对旅游市场进行细分。样本为 2000 名游客。根据游客的喜好程度将浙江省的旅游景点大致分为五类：旅游度假区；风景名胜区；文物保护单位；森林公园、自然保护区；爱国主义教育基地、红色旅游景区。

调查公司设计出了不同的旅游线路以满足不同客户的需求，如表 11-12 所示。

表 11-12 不同的旅游线路

浙江省的旅游景点大致分为五类：(1) 旅游度假区；(2) 风景名胜区；(3) 文物保护单位；(4) 森林公园、自然保护区；(5) 爱国主义教育基地、红色旅游景区					
	年轻人户外市场	休闲游客市场	户外休闲、运动市场	假期市场	中老年游客市场
人口统计资料	✓ 20～30岁 ✓ 大学生、未婚、已婚但没小孩	✓ 25～35岁 ✓ 已婚且有小孩，但孩子较小	✓ 35～45岁 ✓ 孩子已上学 ✓ 假期旅游 ✓ 工作繁忙、周末旅游	✓ 40～50岁 ✓ 孩子上中学以上 ✓ 假期旅游	✓ 50岁以上 ✓ 孩子上大学或已工作 ✓ 有空闲时间
旅行关键决策因素	✓ 学校假期 ✓ 年假 ✓ 成本	✓ 安全 ✓ 成本	✓ 学校假期 ✓ 年假	✓ 学校假期 ✓ 孩子知识	✓ 安全 ✓ 成本 ✓ 体力
期望活动	(1)(2)(4)	(1)(2)	(2)(4)	(2)(3)(5)	(2)(5)
旅游信息来源	网络、报纸、口碑传播				

（1）设计一份适合进行旅游市场细分的调查问卷；
（2）对问卷的数据进行差异分析；
（3）针对差异分析的结果细分旅游市场。

思考题

1. 什么是差异？为什么研究人员应该关注差异？
2. 什么是零假设？什么是备择假设？
3. 为什么量表性质（类别或数值）在进行差异检验时很重要？
4. 一家运动鞋厂商猜测可能存在 5 个细分市场：10 岁以下的小孩、中学生、20 岁左右的青年人、专业人士、中老年人。请问：对均值进行多少次两两比较能测试差异的显著性？请指出每个配对。
5. 在下列每种情况下，用什么差异检验方法合适？
（1）比较市场营销专业男生和女生的课程平均分数。

（2）经理和副经理可以对某一问题回答"是""否"和"不确定"，比较他们的回答。

（3）在一项邮寄调查中，被调查者被分为两个小组，其中一组邮寄问卷时附带礼物，另一组没有礼物，比较两组的问卷回收率。

（4）调查浙江省、江苏省、上海市和北京市的职业经理人年收入。

（5）比较实行了激励措施的生产小组的生产量与上一个月的差异。

6. 从车间职工中随机选取30人（男女职工各一半），按照男女职工各一半的原则随机分为3组，分别接受三种培训，培训后测试各组的技能得分，如表11-13所示。

表11-13　各组的技能得分

	培训1	培训2	培训3
男	10、9、8、8、7	5、4、3、2、1	4、3、3、2、2
女	6、6、6、5、5	4、4、3、2、2	6、6、5、5、4

（1）三种培训的效果有无显著差异？

（2）经过培训，男女职工在该技能方面的得分有无显著差异？

第十二章　关联分析

学习要点

- ◇　了解关联分析的应用情境
- ◇　理解并掌握不同变量类型的关联分析方法
- ◇　掌握列联表分析、相关分析、一元线性回归分析方法
- ◇　理解多元线性回归分析的要点

第十二章课件　第十二章习题

情境 12-1

啤酒与婴儿纸尿裤

多年以来，以优质服务为支撑的沃尔玛品牌与消费者之间建立起了良好的关系，消费者对沃尔玛的满意度相当高。同样，优质的服务也带来了消费者对沃尔玛的持续忠诚。但是，沃尔玛并未因此而放松提升消费者满意度的努力。

沃尔玛在美国的一家分店发生过这样一件趣事。在一个夏季，管理者发现在那段时间里婴儿纸尿裤和啤酒的销量拔高。这如果在一般的商店也许会被忽略，但沃尔玛超市的管理者没有轻易放过。他们立即对这个现象进行了分析和讨论，并且派出了专门的人员在卖场内进行全天候观察。原来，购买这两种商品的消费者一般是年龄为 25～35 岁的青年男子，由于孩子尚在哺乳期，所以每天下班后他们都会到超市里为孩子购买婴儿纸尿裤。每当这个时候，他们大都会为自己买几瓶啤酒。沃尔玛的管理者立即针对此现象采取了行动，将卖场内原来相隔很远的妇婴用品区与酒水区的距离拉近，减少消费者的行走时间；并根据本地区新婚家庭的消费能力调查结果，对这两种商品的价格进行了调整，使价格更具有吸引力；向购物达到一定金额的消费者赠送婴儿奶嘴及其他小礼品。

通过有针对性的营销策略，该店不但大大提升了原有消费者的满意度，还吸引了其他竞争对手的同类消费者。该店的啤酒和婴儿纸尿裤的销售都取得了相当不错的业绩。事后，该店的管理者在向上司汇报的备忘录上这样写道："我们感到仅仅维持消费者目前的满意度是远远不够的，因为服务产品的同质化在我们这个行业已经泛滥成灾，任何一种服务形式都会以极快的速度传播并且被对手模仿。只有善于发现消费者的潜在需求，并立即去满足他们，这样获得的满意度才是可以持续保持的。"

第一节 变量间的关系

关系是否存在是指所关注的两个变量之间是否存在系统的联系，即在统计意义上关系是否显著。这一说法的含义是调查人员可以依赖统计显著性检验来确定是否存在充分的证据支持特定关系。这个过程可以从统计学的角度来说明，可表示为：

H_0=变量之间没有关系

H_1=变量之间存在关系

应用数据对这两个假设进行检验，如果检验结果拒绝了零假设，我们可以说两个变量在总体中的关系是存在的（在特定置信水平下）；如果检验结果接受了零假设，我们可以说两个变量在总体中的关系是不存在的（在特定置信水平下）。

> 在关系存在的前提下，为了进一步了解关系的特征，就涉及对关系方向、关系模式和关系强度的考察。

一、变量间的关系特征

1. 关系方向

关系方向是说明变量关系复杂性的一种重要特征。一般而言，关系方向可以分为三类，即无方向、单调关系（正向和负向）和曲线关系。

（1）无方向

无方向是指只知道两个变量之间存在关系，但是无法用函数关系进行描述。例如，夏季冰淇淋销量增加，冬季销量减少，我们不能说冰淇淋销量和季节之间存在正向或者负向关系。由于季节属于定类变量，因此无法简单地描述两个变量之间的关系方向。当然，虽然两个变量之间没有表现出变化方向，但是一个变量的表现与另一个变量的表现存在系统联系。

这样的关系在日常生活中有很多，例如麦当劳和肯德基的消费者在早上倾向于购买咖啡、牛奶，中午则倾向于购买果汁、茶等软饮料；夏天防晒霜的销量较高，冬天的销量相对较低。这些例子都说明某事物在某一方面的表现与另一事物在某一方面的表现有关联，但是这种联系是非常笼统的，必须用语言来明确描述。

（2）单调关系（正向和负向）

单调关系一般有正向单调关系和负向单调关系两类。正向单调关系描述的是两个变量之间存在同向的变化趋势。例如人的身高和体重一般呈现同向的变化趋势；鞋店老板知道年龄大的儿童比年龄小的儿童需要更大尺码的鞋；同时，孩子的年龄与他们买鞋时的参与程度存在同向关系。如图12-1所示，幼小的儿童基本不会参与购买决策，在成长过程中孩子在购买决策过程中得到越来越多的购买决策权，直到最终拥有完全的购买决策权。然而，没有普遍的规律能确定购买决策过程中父母的影响程度，或者何时孩子变得独立并拥有完全的购买决策权。我们只是简单地知道，年龄小的儿童在买鞋决策过程中的影响力小，而年龄大的孩子在买鞋决策过程中的影响力大。

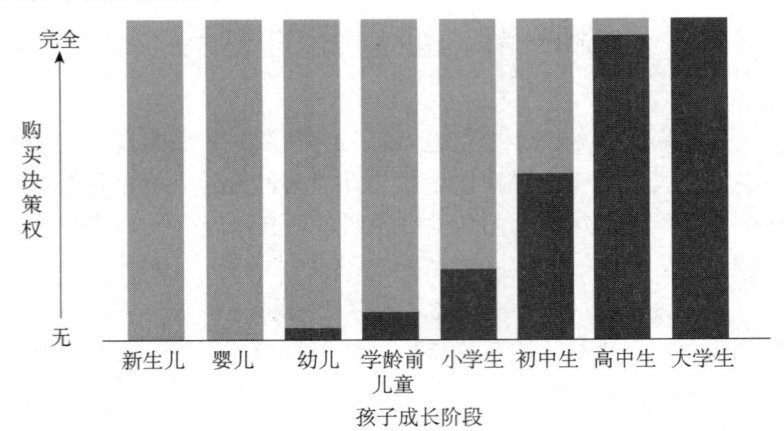

图 12-1　孩子的年龄与购买决策权之间的关系

负向单调关系描述的是两个变量之间存在着一种反向变化关系，即一个变量由大到小或由小到大变化时，另一个变量反而由小到大或由大到小变化。例如，A 和 B 为互补商品时，A 的需求量和 B 的需求量呈现负向变化的关系，如图 12-2 所示；而 A 的价格和 A 的销量存在着负向变化的关系；又例如，随着计算练习次数增加或练习时间加长，计算错误会越少。

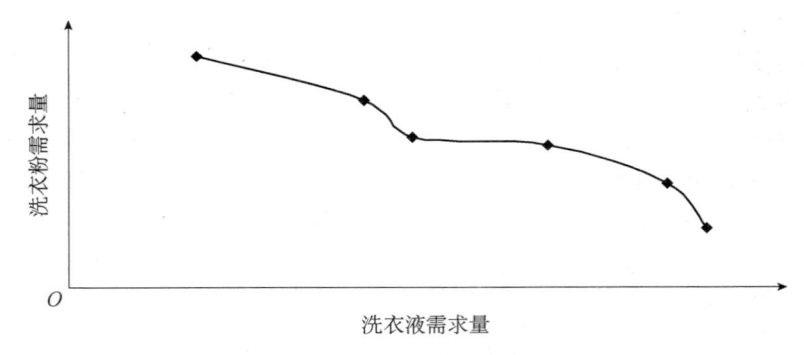

图 12-2　互补商品的市场需求量分布图

（3）曲线关系

曲线关系指的是两个变量的分布成曲线。一般有两种情况，第一种情况是两个变量的关系并非自始至终都是正向单调或者负向单调关系，可能在变化的过程中时而正向单调时而负向单调，存在一个或者多个拐点；第二种情况是两个变量的关系虽然显示为单纯的正向单调或者负向单调关系，但是变化的速度有差异，即不同点的切线斜率不同，如图 12-3 所示。

曲线关系的种类很多，例如曲线关系可能呈倒抛物线形、S 形、J 形或其他形状。商品生命周期曲线是一种比较典型的曲线关系，它描述的是商品的销量与时间的关系。商品销售量在引入期缓慢增长，在成长期快速增长，最后随着市场的饱和，销量保持平稳或缓慢下降。

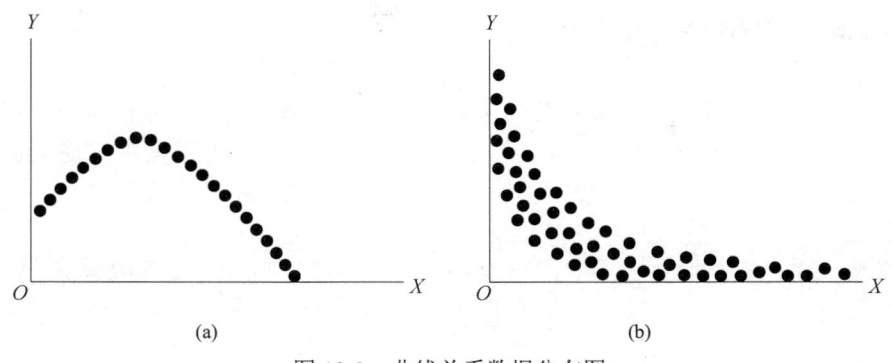

图 12-3　曲线关系数据分布图

2. 关系模式

变量之间的关系模式大致可以分为相关关系和因果关系。两种关系都描述了一个变量与另一个变量之间存在着系统的相关关系，并且仅从数据的分布形态来看是很难区分的，然而它们表示的关系意义却有很大的差异。相关关系与因果关系具有两个明显的差异。

（1）相关关系是指当一个变量取一定的数值时，与之相对应的另一变量的数值虽然不确定，但它仍按某种规律在一定的范围内变化，可能表现为一个变量随另一个变量的增加而增加或者减少。相关关系意味着仅能从总体上描述关系。例如，电视机的拥有率与人均收入水平有关，但对于人均收入水平相同的地区，其电视机的拥有率可能不相同。

（2）两个变量之间具有相关关系并不能说明变量之间有内在的直接联系，即其中一个变量变化并不能引起另一个变量变化。不论公鸡打鸣与日出的相关程度多么高，公鸡打鸣也不是日出的原因。

因果关系的条件：共变、时间序列、系统排除、实验设计验证。

（1）共变：必须证实两个变量同时产生且两者之间存在一定的变化关系。例如，价格和销量在数据上存在一种变化关系，当价格下降时，销量会提升。

（2）时间序列：必须证实自变量的变化早于或同步于因变量的变化。例如星期一某商品降价，则当天及降价后的其他日期销量上升。

（3）系统排除：必须证实其他所有可能的自变量被排除，例如，如果广告活动与降价发生在同一天，则不能排除广告活动是销量上升的原因之一，因此要证实价格与销量之间的因果关系，必须控制其他可能影响销量的因素。

（4）实验设计验证：必须证实已进行过有效的实验，以确保自变量是产生变化的原因。例如设计并实施正规市场测试，以确定降价对销量的影响。

3. 关系强度

当我们确定两个变量之间存在稳定而系统的关系时，调查人员就需要确定关系的强弱，我们可以用关系强度来对其进行描述。通常我们可以描述两个变量具有强关系、中等关系或者弱关系。强关系是指不管被分析的关系类型如何，两个变量之间表现出一种高概率的依赖关系。反之，弱关系是指两个变量之间表现出一种低概率的依赖关系，关系存在于两个变量之间，但不那么明显。

二、变量关系的统计分析

我们已经明确了变量之间的关系可以从关系方向、关系模式和关系强度三个维度进行描述。下面的问题是如何确定变量之间的关系,如何使用统计分析工具来描述变量之间的关系,即关系方向、关系模式和关系强度如何使用统计公式或者指标来说明。

> 变量关系分析的六个步骤:(1)选择要分析的变量;(2)变量的测量;(3)选择分析方法;(4)确定关系存在;(5)确定关系方向;(6)确定关系强度和关系模式。

在上述六个步骤中,最重要的是确定正确的分析方法,如果方法错误就会导致错误的结果。变量类型和分析方法如表 12-3 所示。

表 12-3 变量类型和分析方法

变量类型	分析方法	问题举例
两个变量均为定类变量	列联表	对商品的兴趣(是或否)与性别(男或女)是否有相关性?
一个变量是定类变量,另一个变量是定量变量	方差分析	商品的消费金额(连续变量)与性别(男或女)有相关性吗?
两个变量均为定量变量	相关分析 回归分析	商品的消费金额(连续变量)与收入(连续变量)有相关性吗?精确关系是什么样的?
两个变量均为定序变量	卡方分析 斯皮尔曼等级相关分析 肯德尔等级相关分析	消费者对购物中心的等级偏好与其所处位置的李克特量表值有相关性吗?

第二节 列联表分析

> 如果两个变量均属于定类变量,可以采用列联表对变量间的关系进行分析。

列联表是用来描述两个或两个以上变量的关系的统计表。列联表一般分为频数表和相对频数表。例如某公司想了解消费者是否知道该公司的品牌,并且分析不同人群对该品牌的知晓情况是否有差异,原始资料示例如表 12-4 所示。

表 12-4 原始资料示例

序号	性别	是否知道
1	男	知道
2	男	不知道
3	女	知道
4	男	知道
…	…	…

如果我们要分析品牌知晓情况与性别是否具有一定的关系，便要采用列联表分析方法。制作频数表即把不同性别的消费者知道和不知道该品牌的人数作为列联表的统计数据；制作相对频数表即把不同性别的消费者知道和不知道该品牌的人数的百分比作为统计数据。在本例中，相对频数有两种，一种是不同性别的知道和不知道该品牌的消费者占的百分比；另一种是男性和女性知道该品牌的人数在所有知道人数中所占的百分比。性别与品牌知晓情况的列联表如表 12-1 所示。

表 12-1 性别与品牌知晓情况的列联表

	知道	不知道	总计
男性	50	200	250
性别中的百分比	20%	80%	100%
人数中的百分比	25%	40%	
女性	150	300	450
性别中的百分比	33.3%	66.7%	100%
人数中的百分比	75%	60%	
总计	200	500	700
	28.6%	71.4%	100%

列联表能直观地列出两个变量之间的联合分布，但从表中我们无法准确地了解所观察到的列联关系在统计学意义上是否显著，以及这种关系的强度。因此，我们还需要衡量变量关系强度和显著性来做出判断。在列联表中，这一问题是通过卡方分析来进行检验的。

进行卡方分析时，最初的假设是"两个变量之间不相关"，而统计分析的逻辑也是从该假设出发的。表 12-1 显示的数据为观察频数，假设两个变量之间相互独立，那么我们可以不考虑性别，根据知道和不知道该品牌的消费者在总人数中的比例来推导预测频数，推导公式如下。

知道该品牌的男性预测人数=男性总人数×知道该品牌的总比例

其他预测人数的推导以此类推，由此形成预测频数表格，如表 12-2 所示。

表 12-2 预测频数表格

			知道	不知道
性别	男	计数	71	179
	女	计数	129	321

然后，我们只需要比较观察频数和预测频数，计算出卡方统计量，便可以判断二者是否有显著差异。预测频数和观察频数的差异越大，卡方统计量的值越大，公式如下。

$$\chi^2 = \sum_{i=1}^{n} \frac{(观察频数_i - 预测频数_i)^2}{预测频数_i} \quad (12\text{-}1)$$

式中，观察频数$_i$是单元格 i 的观察频数；预测频数$_i$是单元格 i 的预测频数；n 是单元格个数。

本例中，根据上述公式计算可得

$$\chi^2 = \frac{(50-71)^2}{71} + \frac{(200-179)^2}{179} + \frac{(150-129)^2}{129} + \frac{(300-321)^2}{321}$$

χ^2 =13.4674，自由度为(2-1)×(2-1)=1，在 0.05 的显著性水平下的值为 3.841，13.4674 大于 3.841，说明存在显著差异，即性别与品牌知晓情况之间存在一定的关联。

卡方分析可以帮助判断列联表中所观察的变量之间的关系是否存在统计学上的显著关系，但并没有说明这种关系的强度如何，因此还需要进行关系强度分析。常用的衡量列联表中变量关系强度的统计量有 Φ 系数、列联系数和 λ 系数等。

（1）Φ 系数

Φ 系数是用于测量 2×2 表格中变量之间关系强度的统计量，其计算公式如下。

$$\Phi = \sqrt{\frac{\chi^2}{n}} \qquad (12\text{-}2)$$

n 是样本容量。Φ 系数取决于卡方统计量和样本容量之比。当变量之间没有关系时，卡方统计量为 0，Φ 也等于 0；当变量之间完全相关时，卡方统计量等于样本容量，Φ 等于 1。

（2）列联系数 C

列联系数 C 可用于衡量任意大小的列联表中变量的关系强度，其计算公式为

$$C = \sqrt{\frac{\chi^2}{\chi^2 + n}} \quad (n \text{ 为样本容量}) \qquad (12\text{-}3)$$

该系数也取决于卡方统计量和样本容量，取值范围为 0~1，但永远无法达到 1。当变量之间没有关系时，卡方统计量为 0，列联系数 C 等于 0。C 的最大值取决于列联表的行数和列数，因此不同大小的表格的 C 不具有可比性。

情境 12-2

SPSS 分析实例——经济衰退背景下消费者心理预期分析

列联表分析

由于经济大背景的影响，消费者对未来经济的心理预期会发生很大的变化，心理预期的差异会导致不同的经济行为。那么如何了解消费者心理预期是否存在人群上的差异？下面是编者于 2009 年做的关于经济衰退背景下消费者心理预期的市场研究，包括性别、婚姻状况、工作单位性质、教育程度以及短期预期（明年的家庭收入）和长期预期（未来三年的家庭收入）等变量，其中预期水平分为增加、减少、持平和难预测，如表 12-5 所示。

表 12-5 列联表原始资料

性别	婚姻状况	工作单位性质	教育程度	短期预期	长期预期
男	已婚	政府机关	本科	持平	增加
女	未婚	私营企业	高中	减少	持平
男	未婚	外资企业	硕士及以上	持平	增加
女	已婚	国有企业	本科	减少	持平
…	…	…	…	…	…

我们用 SPSS 软件制作列联表进行分析。首先制作性别和短期预期的频数表，分析窗口如图 12-4 所示。

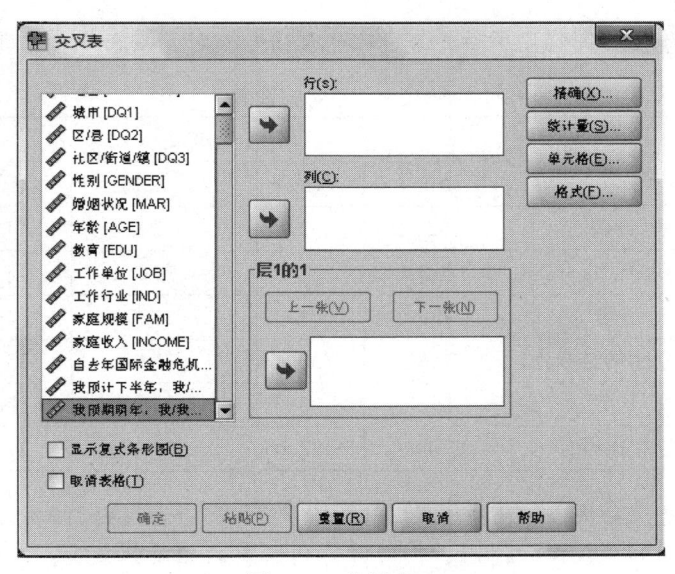

图 12-4　分析窗口

我们将"短期预期"拉入列，将"性别"拉入行，然后单击"确定"按钮，输出关于性别和短期预期的列联表，如表 12-6 所示。

表 12-6　性别和短期预期的列联表（绝对频数）

		预测明年的家庭收入				合计
		减少	持平	增加	难预测	
性别	男	92	218	202	119	631
	女	69	177	183	145	574
合计		161	395	385	264	1205

表 12-6 中的数据为绝对频数，由于男女人数有差异，不便于直接比较绝对频数，因此最好比较其百分比，即男性和女性的短期预期在各自样本中所占的比例。我们在分析窗口中单击"单元格"按钮，在"百分比"下的"行"前面的方框内打钩，如图 12-5 所示。

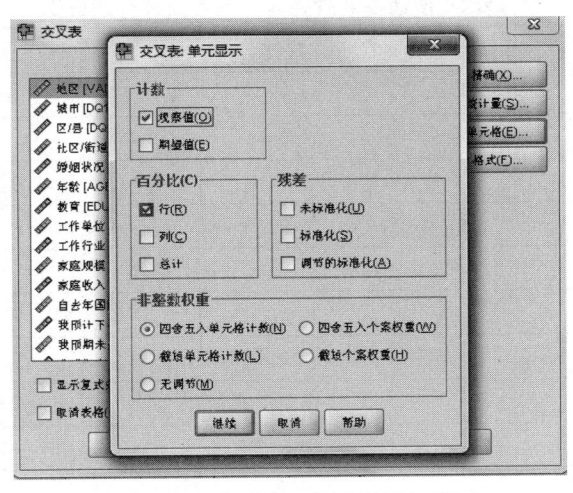

图 12-5　"交叉表：单元显示"窗口

· 143 ·

输出的相对频数表如表 12-7 所示，百分比代表了每一种预期在各自性别中的占比。

表 12-7 相对频数表

			预测明年的家庭收入				合计
			减少	持平	增加	难预测	
性别	男	计数	92	218	202	119	631
		性别中的百分比	14.6%	34.5%	32.0%	18.9%	100.0%
	女	计数	69	177	183	145	574
		性别中的百分比	12.0%	30.8%	31.9%	25.3%	100.0%
合计		计数	161	395	385	264	1205
		性别中的百分比	13.4%	32.8%	31.9%	21.9%	100.0%

这里要说明的是，如果在"百分比"下的"列"前面的方框内打钩，那么显示的百分比受男女总人数的比例影响较大。所以，一般计算列联表的相对频数时，我们选择按照自变量（性别）分组，然后计算因变量（短期预期）在每组中的相对频数分布。

第三节 皮尔逊相关分析

相关分析用于检验两个定量变量的关系。相关分析的前提条件如下：
（1）相关分析并不说明因果关系；
（2）相关分析只用于有线性关系的变量；
（3）两个变量服从正态分布。

下面我们用一个简单的例子来说明相关分析方法。表 12-8 是一组关于运动鞋的款式评分与质量评分的数据。

表 12-8 运动鞋的款式评分和质量评分的数据

	款式评分	质量评分
1	9	8
2	7	7
3	6	7
4	9	9
5	8	7
6	5	5
7	9	8
8	7	8
9	8	7
10	10	9

续表

	款式评分	质量评分
11	6	5
12	9	10

一、关系判断

散点图是一种直观且便捷的判断方法。通过绘制数据点,能很好地描述两个变量之间的原始关系,从而辅助调查人员识别变量的关系。

①当散点图呈弯月状时,说明两变量之间是非线性关系,如图12-6所示。

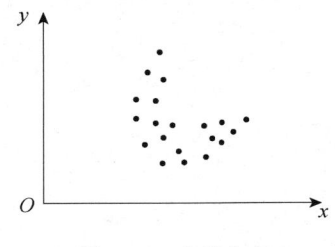

图12-6 曲线分布

②当散点图是椭圆形时,说明两变量之间是线性关系,如图12-7所示。

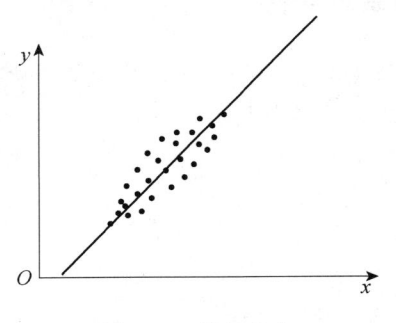

图12-7 线性分布

③散点图的形状和疏密反映着相关程度的高低。如图12-8所示,散点图的椭圆形状较狭长,则变量高度相关;如果散点图的椭圆形状比较粗,则变量低度相关。

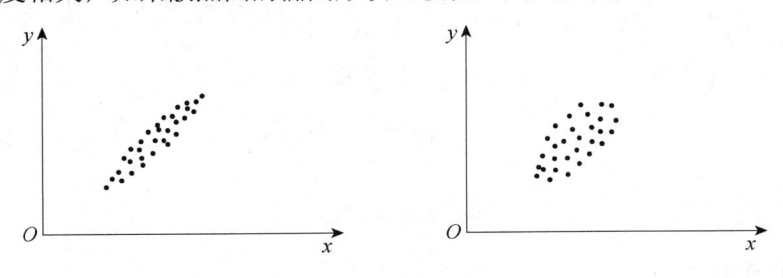

图12-8 数据分布疏密与关系强弱

④按照关系方向,线性相关一般分为两类,即正相关和负相关。皮尔逊相关系数的取值在−1到+1之间,相关系数的符号表示相关关系的方向。

本例中，我们根据数据将款式评分作为横轴，将质量评分作为纵轴，得到散点图，如图 12-9 所示。

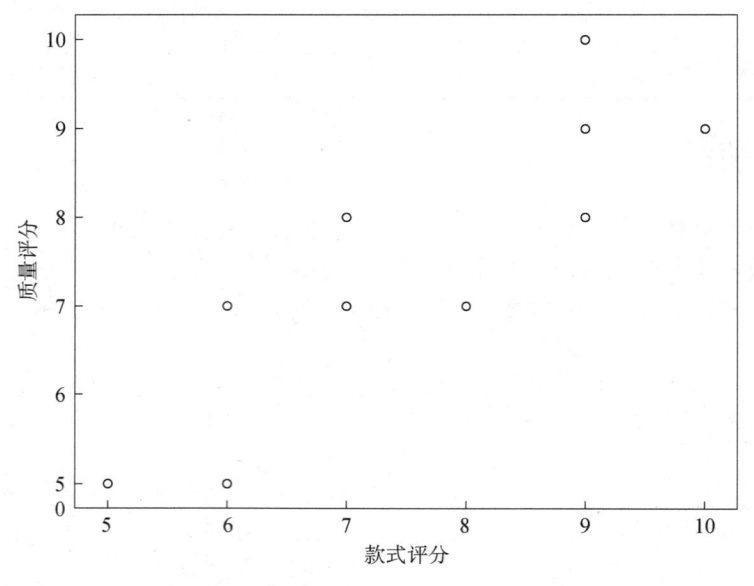

图 12-9　款式评分和质量评分的散点图

二、皮尔逊相关系数及其显著性

散点图能帮助我们初步识别变量之间的关系，如果变量之间存在着线性相关关系，我们就可以使用合适的相关系数来进行具体分析。

1. 皮尔逊相关系数

皮尔逊相关系数 r_{xy} 可以表示为

$$r_{xy} = r_{yx} = \frac{\Sigma(x_i - \bar{x})(y_i - \bar{y})}{\sqrt{\Sigma(x_i - \bar{x})^2 \Sigma(y_i - \bar{y})^2}} \qquad (12\text{-}4)$$

另一种表达式可以帮助我们更好地理解皮尔逊相关系数的意义，即

$$r_{xy} = r_{yx} = \frac{\text{Cov}_{(x,y)}}{\sigma_x \sigma_y} = \frac{\Sigma(x_i - \bar{x})(y_i - \bar{y})}{\sqrt{\Sigma(x_i - \bar{x})^2 \Sigma(y_i - \bar{y})^2}} \qquad (12\text{-}5)$$

$\text{Cov}_{(x,y)}$ 是 x 和 y 的协方差，皮尔逊相关系数的平方可以表示为

$$r_{xy}^2 = r_{yx}^2 = \frac{\text{Cov}_{(x,y)}}{S_x} \frac{\text{Cov}_{(x,y)}}{S_y} \qquad (12\text{-}6)$$

本例中，我们通过上述公式计算得到 $r_{xy}^2 \approx 0.8393$。

2. 相关系数的解读

（1）皮尔逊相关系数的大小

皮尔逊相关系数的大小为 -1~1，相关系数的绝对值反映了关系强度。一般来说，

0.81～1.00 或-1.00～-0.81 的相关系数被认为是"强"关系程度。0.61～0.80 或-0.80～-0.61 的相关系数通常表示"中等"关系程度。0.41～0.60 或-0.60～-0.41 的相关系数一般被认为是"弱"关系程度，它们表示较弱的关系。

> 注意：相关系数受变量取值区间大小及观测值个数的影响较大。变量的取值区间越大，观测值个数越多，相关系数受抽样误差的影响越小，结果越可靠。

（2）皮尔逊相关系数的显著性

一般来说，可以用以下公式进行 T 检验。

$$T = \frac{r\sqrt{n-2}}{\sqrt{1-r^2}} \tag{12-7}$$

式中，r 是相关系数，n 是样本容量。假如计算出的 T 的绝对值大于 1.96，则可以有这样的结论：假如更大的总体的相关系数为零，则观察到的相关系数等于或大于这一数值的可能性小于 5%。在这样的结果下，变量之间在统计意义上是显著相关的。

情境 12-3

SPSS 分析实例——销售额的相关分析

某公司在年底要制订各地区的销售计划，销售经理想知道销售额和哪些因素相关。为了解决这个问题，他让助理统计了公司各个地区的销售额、广告支出、竞争对手数量、产品价格、服务政策、人口等数据，开始着手研究。表 12-9 显示了各地区销售额、经销点数量和竞争对手数量的数据。

表 12-9 各地区销售额、经销点和竞争对手数量的数据

地区	销售额（千万元）	经销点数量（个）	竞争对手数量（个）
1	5	5	15
2	10	13	8
3	6	5	14
4	20	15	5
5	15	10	9
6	9	9	10
7	11	5	12
8	18	13	4
9	22	17	6
10	7	6	13
11	24	19	2
12	14	12	8
13	16	15	6

续表

地区	销售额（千万元）	经销点数量（个）	竞争对手数量（个）
14	17	14	7
15	23	18	1
16	8	7	11
17	12	10	10
18	13	12	7
19	21	16	7
20	19	16	3

销售经理打开 SPSS 软件，依次单击"图形"→"旧对话框"→"散点/点状"，选择"简单分布"，进入"简单散点图"窗口，如图 12-10 所示，产生了如图 12-11 所示的散点图。

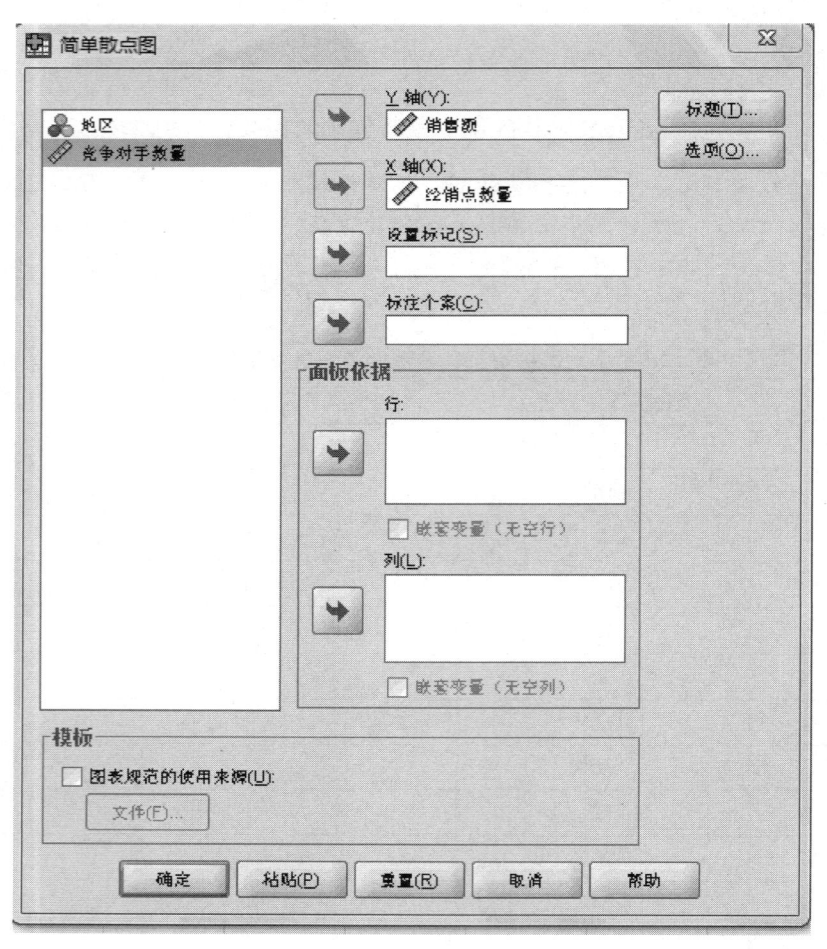

图 12-10 "简单散点图"窗口

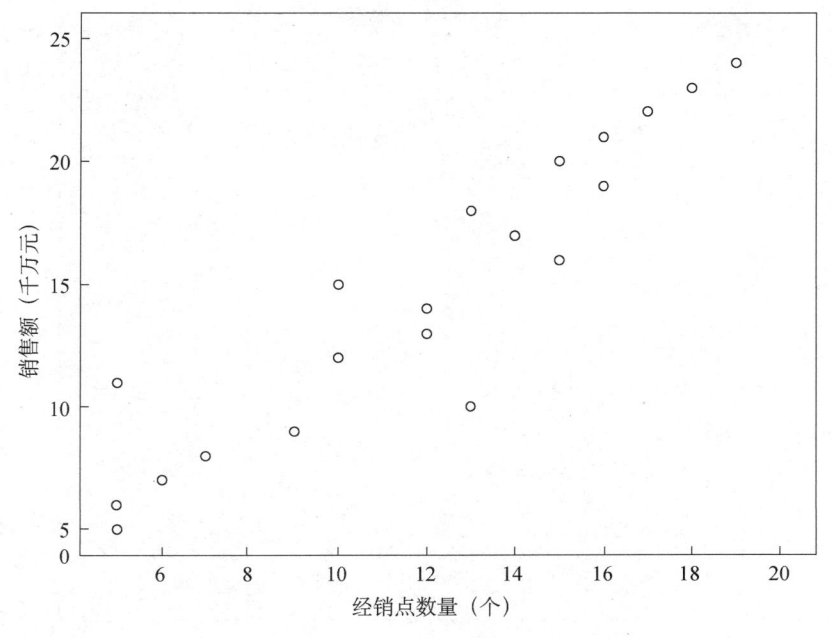

图 12-11　经销点数量和销售额的散点图

从散点图的分布可以看出经销点数量和销售额之间大致呈线性关系，且方向是同向的。可以将竞争者数量和销售额也做出散点图，如图 12-12 所示。

在"双变量相关"窗口中设置变量，如图 12-13 所示。

表 12-10 显示了经销点数量和销售额的 Pearson 相关系数和双侧显著性结果，两者的相关系数为 0.927，且在 0.01 水平上显著。

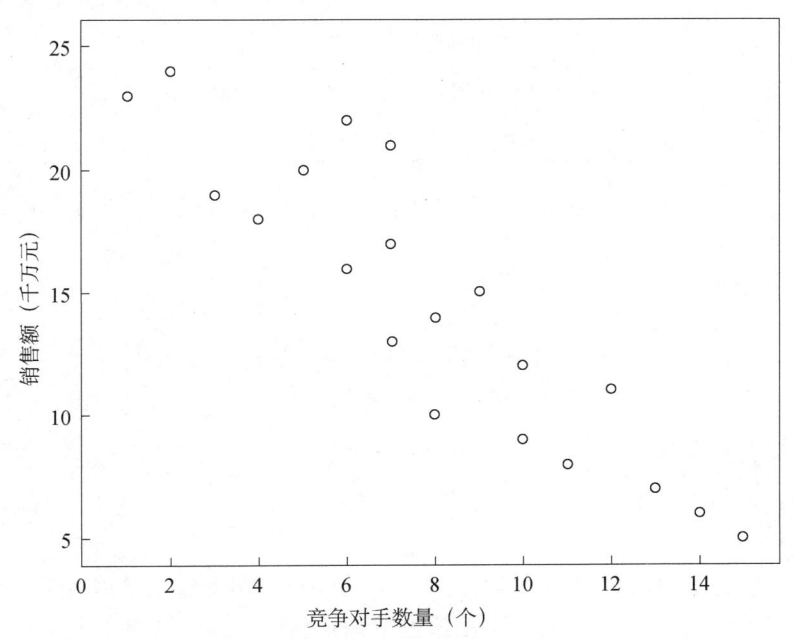

图 12-12　竞争对手数量和销售额的散点图

· 149 ·

图 12-13 "双变量相关"窗口

表 12-10 经销点数量和销售额的相关分析结果

		销售额	经销点数量
销售额	Pearson 相关系数	1	0.927
	显著性（双侧）		0.000
	n	20	20
经销点数量	Pearson 相关系数	0.927	1
	显著性（双侧）	0.000	
	n	20	20

同样的操作可得出竞争对手数量和销售额之间的 Pearson 相关系数为-0.909，在 0.01 水平上显著。

第四节 回归分析

回归分析描述了一个或多个自变量和一个因变量之间的数学关系，反映了因变量对自变量的依赖程度。

回归方程一般包括自变量和因变量，自变量也称为解释变量或预测变量。这个变量一般被认为是引起其他变量变化的原因；因变量也称为被解释变量。由此我们可以看出，回归分析能说明变量之间的精确关系，它具有以下两个作用。

（1）回归分析能帮助我们进行预测；
（2）回归分析也能指导我们改变因变量。

一、一元线性回归分析

1. 确定回归模型

在进行回归分析之前，我们必须先明确数据可能拟合的函数类型，进行一元线性回归分析之前也需要清楚数据是否为线性分布，是否能用线性函数拟合。

（1）绘制散点图

我们已经了解了散点图能直观地反映变量间的大致关系，包括它们的强弱程度和分布状况，这对于建立回归方程的概念框架是十分有益的。因此，绘制自变量和因变量的散点图是进行线性回归分析的开始。

（2）对变量进行初步检查

一般来说，线性回归分析的数据要符合正态分布，但是并没有非常严格的要求，如果数据略不符合并无太大影响。如果数据非常不符合正态分布，我们可以通过数据转换使之更接近正态分布。

（3）确定线性模型

初步确定两个变量存在线性关系后，我们基本可以把回归分析形式确定为线性函数，一般方程为

$$y = \beta x + \alpha + \varepsilon$$

式中，x 为自变量，y 为因变量，α 表示 Y 轴上的截距，β 是斜率，ε 表示误差。

2. 估计模型参数

虽然确定了数据可能符合线性函数，但是如何通过散点图来构建一条合适的直线呢？一种方法是通过视觉估算在主观上构建一条看起来合适的直线。但是这种方法存在一个问题：不可能只产生一条直线，存在无数条看起来与散点图拟合程度很好的直线。因此，我们需要一种更客观的方法来找出拟合程度最好的那条直线。

最常用的估计模型参数的方法是最小二乘法。最小二乘法是确保所求直线能最好地拟合 x 和 y 之间关系的、相对简单的数学方法。最小二乘法的基本思路是：没有直线能完全经过散点图中的每一个点，除非两个变量之间存在完全相关关系。也就是说，所画的任何直线都存在误差。最小二乘法希望使通过 x 预测 y 的总误差最小，即 $\sum_{i=1}^{n} e_i^2$ 最小，其中 $e_i = y_i - \hat{y}_i$，y_i 为因变量的实际值，$\hat{y}_i$ 为因变量的预测值。

在此思路的基础上，推导出参数的公式为

$$\beta = \frac{\sum_{i=1}^{n} x_i y_i - n \bar{x}\,\bar{y}}{\sum_{i=1}^{n} x_i^2 - n(\bar{x})^2} \qquad (12\text{-}8)$$

$$\alpha = \bar{y} - \beta \bar{x} \qquad (12\text{-}9)$$

根据这两个公式，我们可以计算出线性函数的两个参数，由此估计出模型。

情境 12-4

SPSS 分析实例——销售额的影响因素分析（1）

一元线性回归分析

我们沿用相关分析的例子，打开 SPSS，依次选择"分析"→"回归"→"线性"，打开"线性回归"窗口，把"销售额"拉入"因变量"框，把"经销点数量"拉入"自变量"框，选择"进入"方法，单击"确定"按钮，即可获得销售额和经销点数量的回归方程，如图 12-14 所示。

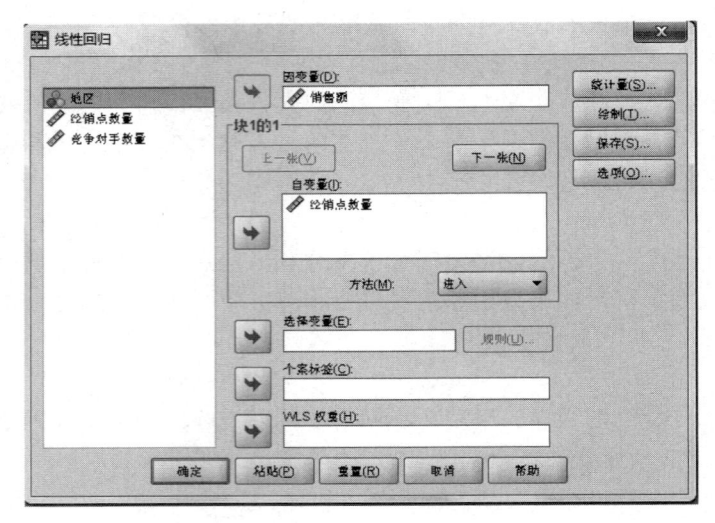

图 12-14 "线性回归"窗口

如表 12-11 所示，SPSS 给我们输出了一个系数表，其中 α=0.163，β=1.210，得到的回归方程为 $y=1.210x+0.163$。

表 12-11 回归系数表

模型		非标准化系数		标准化系数	T	Sig.
		B	标准误差	试用版		
1	（常量）	0.163	1.457		0.112	0.912
	经销点数量	1.210	0.115	0.927	10.499	0.000

3. 评价回归方程

应用最小二乘法估计的模型参数还不能成为最终的回归模型，我们需要从多方面对回归方程进行全面的评价。

（1）评价模型的拟合度

虽然我们在估计参数时尽量让实际值与预测值的差异最小化，但是究竟差异有多大呢？为了解决这个问题，我们必须讨论误差。根据前面的拟合函数，如果销售经理希望预测某个地区的销售额（y），但是不知道经销点数量（x），最好的预测值就是所有地区的平均销售额（$\bar{y}$）。例如，假设销售经理希望知道地区 8 的销售额，最好的估计值是 14.50（$\bar{y}=14.50$）。这个估计值有较大的误差，因为地区 8 的实际销售额是 18。通过回归方程，地区 8 的销售额预测值是 15.893（1.210×13+0.163），误差从 3.50（$y_i-\bar{y}$=18-14.50）降低为 2.107（$y_i-\hat{y}$=18-15.893）。简单地讲，使用 $y_i-\hat{y}$ 而不是 $y_i-\bar{y}$ 是误差降低的原因。误差降低的部分是被回归方程"解释"的离差；较小的部分（2.107）是不能被回归方程解释的离差。因此，总离差可以分为两部分：

$$y_i-\bar{y}=(\hat{y}-\bar{y})+(y_i-\hat{y}) \tag{12-10}$$

总离差=回归方程可解释的离差+回归方程不可解释的离差（残差）

将各离差平方求和，我们便得到通过回归方程可解释和不可解释的 y 的方差的估计值：

$$\sum_{i=1}^{n}(y_i-\bar{y})^2=\sum_{i=1}^{n}(\hat{y}_i-\bar{y})^2+\sum_{i=1}^{n}(y_i-\hat{y}_i)^2 \tag{12-11}$$

总方差 SS_t =可解释方差 SS_r +不可解释方差（残差）SS_e

在此基础上，我们可以采用判定系数 r^2 和 F 检验来判断回归方程的拟合程度。判定系数 r^2 是衡量 x 和 y 之间线性关系强度的指标。

$$r^2=\frac{SS_t-SS_e}{SS_t} \tag{12-12}$$

情境 12-5

SPSS 分析实例——销售额的影响因素分析（2）

在回归分析的输出结果中，r^2 结果如表 12-12 所示。

表 12-12 r^2 结果

模型	r	r^2	调整后的 r^2	标准估算的误差
1	0.927	0.860	0.852	2.277

表 12-12 显示，该拟合方程的 r^2 为 0.860，调整后的 r^2 为 0.852，说明该方程的解释度在 80%以上。

F 检验用于对 r^2 的显著性进行检验，即为回归方程检验可解释方差与不可解释方差以及它们的自由度。

在本例中，F=110.221，在 0.01 水平上显著，如表 12-13 所示。

表 12-13 回归方程显著性检验表

模型		平方和	df	均方	F	Sig.
1	回归	571.646	1	571.646	110.221	0.000
	残差	93.354	18	5.186		
	总计	665.000	19			

（2）进行回归系数显著性检验

当我们确定了回归方程显著时，自变量 x 和因变量 y 之间具有显著的线性关系。下面我们要处理的问题是估计参数的显著性问题，在一元线性回归方程中的估计参数主要指回归系数，回归系数是否在统计意义上显著大于零通过 T 检验来验证。

零假设 H_0：$\beta = 0$。
备择假设 H_1：$\beta \neq 0$。

$$T = \frac{b - \beta}{\sigma_b} \quad (\text{其中}\sigma_b\text{是}b\text{的标准差}) \tag{12-13}$$

在本例中，经销点数量与销售额的回归方程中的系数 β 的 T 检验显著，而常数项不显著，说明该方程的拟合直线通过原点。而在竞争对手数量与销售额的回归方程中，系数 β 和常数项均显著。

（3）检查假设是否成立（残差分析）

进行回归分析时，仅以 r^2 来判断模型的拟合程度是不够的，还需要认真检验回归模型的残差。残差是实际值与回归方程预测值之间的差。

$$e_i = y_i - \hat{y}_i = y_i - (\alpha + \beta x) \tag{12-14}$$

残差分析的出发点是：如果回归方程能较好地解释变量的特征与变化规律，那么残差序列应不包含明显的规律性和趋势性。如果残差仍然有明显的规律性和趋势性，那就说明因变量没有被自变量很好地解释。

①残差正态分布检验。

残差正态分布检验有多种形式，最常用的是标准化残差直方图和 P-P 图。标准化残差直方图描述的是标准化残差的频率分布，将标准化残差值作为横坐标，将频率作为纵坐标。通过标准化残差直方图可以分析标准化残差是否符合正态分布，如果其与正态分布基本符合，说明因变量被自变量较好地解释了。

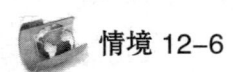

情境 12-6

SPSS 分析实例——销售额的影响因素分析（3）

在"线性回归"窗口中单击"绘制"，在跳出的"线性回归：图"窗口中的"直方图"前的方框中打钩，即产生标准化残差直方图，如图 12-15 和图 12-16 所示。

图 12-15 "线性回归：图"窗口

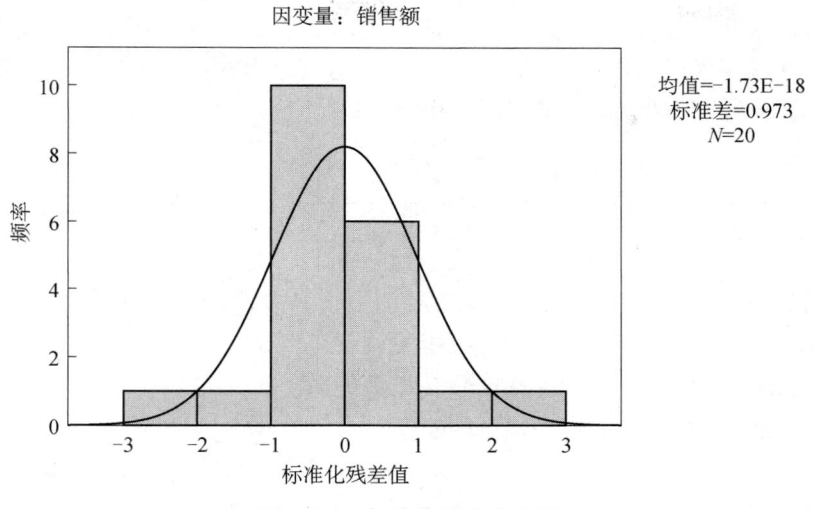

图 12-16　标准化残差直方图

　　P-P 图是根据变量的累积比例与指定分布的累积比例之间的关系绘制的图形。通过 P-P 图可以检验数据是否符合指定的分布。当数据符合指定分布时，P-P 图中的各点近似呈一条直线。如果 P-P 图中的各点不呈一条直线，但有一定规律，可以对数据进行转换，使转换后的数据更接近指定分布。Q-Q 图的用途与 P-P 图相似，只是采用的检验方法不同，其是用变量数据分布的分位数与指定分布的分位数之间的关系曲线来进行检验的。要在 SPSS 中制作 P-P 图，在"线性回归：图"窗口中勾选"正态概率图"即可，输出结果如图 12-17 所示。

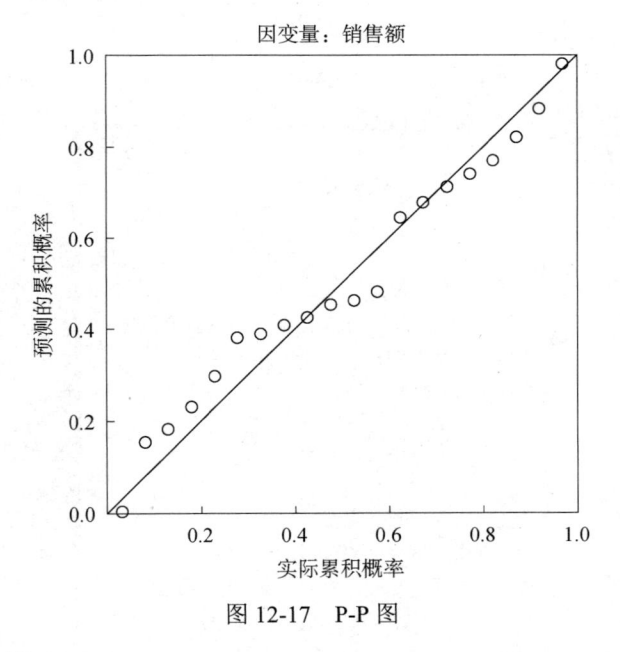

图 12-17　P-P 图

②残差独立性分析。
　　残差序列的前期和后期数据之间不应该存在相关关系。若残差序列存在自相关性会带来许多问题，如果方程参数的最小二乘估计不再是最优的，不再是最小方差无偏估计，就容易

导致回归系数显著性检验的 T 值偏高，进而拒绝原假设，使那些本不应该保留在方程中的变量保留下来，并最终使模型的预测偏差较大。残差独立性分析的方法很多，例如绘制残差序列的序列图、计算残差的自相关系数或者 DW 检验。

$$d = \frac{\sum_{i=2}^{n}(e_i - e_{i-1})^2}{\sum_{i=2}^{n}e_i^2} \quad (12\text{-}15)$$

在 DW 检验临界值表中可以查找 DW 检验的下临界点 d_L 和上临界点 d_U：

若 $0 < d < d_L$，则残差序列存在一阶正相关关系；

若 $4 - d_L < d < 4$，则残差序列存在一阶负相关关系；

$d_U < d < 4 - d_U$，则残差序列不存在相关关系；

$d_L < d < d_U$ 或 $4 - d_U < d < 4 - d_L$，则不能确定残差序列是否存在相关关系。

当 $d=4$ 时残差序列完全负相关；$d=2$ 时残差序列无自相关关系；当 $d=0$ 时，残差序列存在完全正自相关性。如果残差序列存在自相关性，则说明回归方程没能充分说明被解释变量的变化，也就是认为方程中遗漏了一些较重要的解释变量，或者变量的取值具有滞后性，或者回归模型选择不合适，不应选用线性模型等。

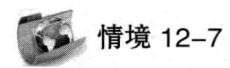

情境 12-7

SPSS 分析实例——销售额的影响因素分析（4）

在 SPSS 的"线性回归"窗口单击"统计量"按钮，在跳出的窗口中的"Durbin-Watson"前的方框中打钩，如图 12-18 所示。

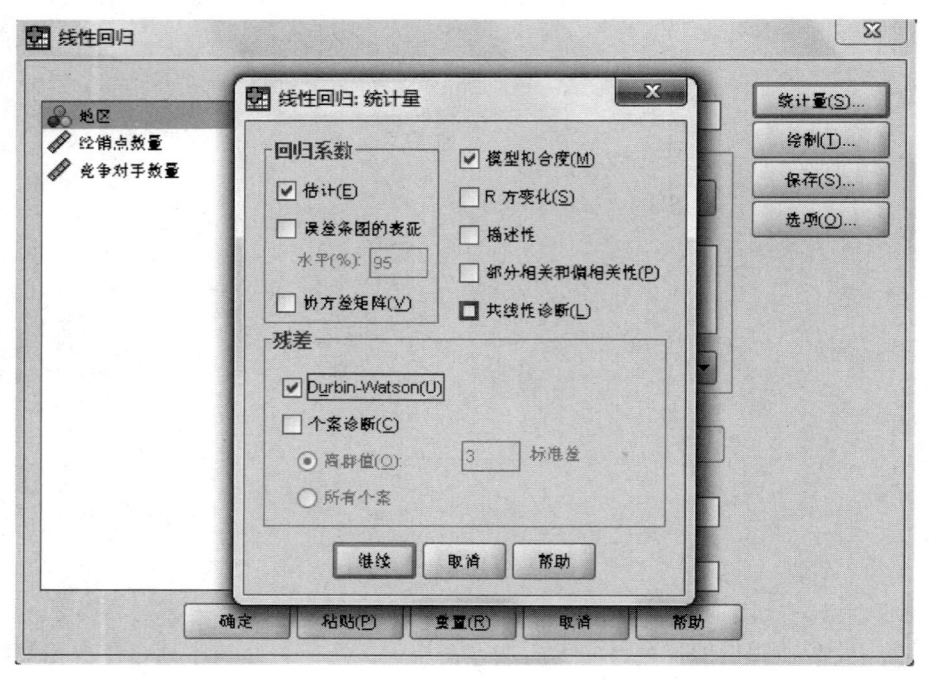

图 12-18 "线性回归：统计量"窗口

③异方差分析。

从前面的讨论中可知，无论解释变量取怎样的值，对应残差分析的方差都应相等。当存在异方差现象时，参数的最小二乘估计不再是最小方差无偏估计，容易导致回归系数显著性检验的 T 值偏高，进而容易拒绝原假设。异方差分析可以通过绘制残差图和等级相关分析实现。

残差图是以残差为纵坐标，以任何其他指定的变量为横坐标的散点图。常用的残差图是以回归方程的自变量作为横坐标，将每一个自变量对应的残差绘制在平面上形成图形。如果回归直线对原始资料的拟合是良好的，那么残差的绝对数值应比较小，所描绘的点应在残差等于 0 的直线上随机分布。若残差数据点不在残差等于 0 的直线上随机分布，则表明存在异方差。

情境 12-8

SPSS 分析实例——销售额的影响因素分析（5）

在 SPSS 的"线性回归"窗口单击"保存"按钮，在"残差"的"标准化"前面的方框中打钩，当输出回归结果时，数据视图中会增加"标准化残差"一栏数据，如图 12-19 所示。

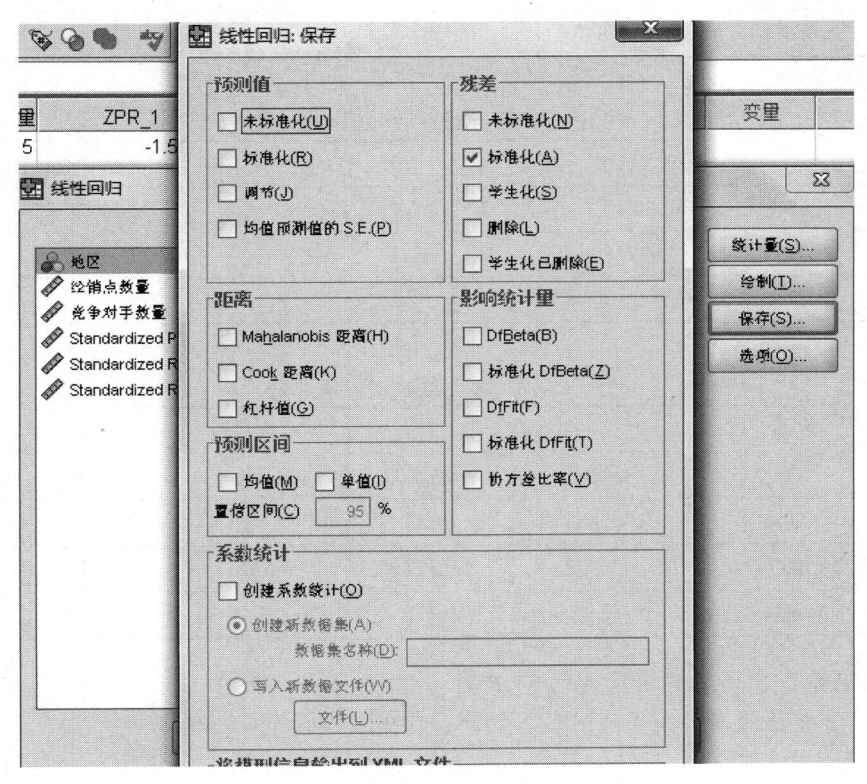

图 12-19 "线性回归：保存"窗口

二、多元线性回归分析

1. 回归模型

一元线性回归通常可以在二维坐标中画出图形，但多元线性回归更复杂，每增加一个自

变量就增加一个维度或轴。多元线性回归方程一般表示为

$$y = a + b_1x_1 + b_2x_2 + b_3x_3 + b_4x_4 + \cdots + b_mx_m$$

式中，y 是因变量，x_i 为第 i 个自变量，a 是截距，b_i 是自变量 i 的系数，m 是自变量的个数。

可见，其他自变量的加入只是在方程中增加了 b_ix_i 项而已。我们保留了基本的 $y=a+bx$ 直线公式，只是现在有多个变量。

情境 12-9

SPSS 分析实例——销售额的影响因素分析（6）

为确定回归模型，我们在 SPSS 中依次选择"分析"→"回归"→"线性回归"，把销售额拉入因变量框，把经销点数量和竞争对手数量拉入自变量框，得到多元线性回归方程。多元线性回归模型如表 12-14～表 12-16 所示。

表 12-14 多元线性回归模型汇总

模型	r	r^2	调整后的 r^2	标准估算的误差	d
1	0.934	0.873	0.858	2.231	2.314

表 12-15 多元线性回归模型显著性

模型		平方和	df	均方	F	Sig.
1	回归	580.373	2	290.187	58.293	0.000
	残差	84.627	17	4.978		
	总计	665.000	19			

表 12-16 多元线性回归系数表

模型		非标准化系数 B	非标准化系数 标准误差	标准化系数 试用版	T	Sig.
1	（常量）	8.854	6.717		1.318	0.205
	经销点数量	0.808	0.324	0.619	2.496	0.023
	竞争对手数量	−0.498	0.376	−0.328	−1.324	0.203

上述数据显示，模型解释度达到 87.3%。回归方程中，经销点数量的回归系数显著不为 0，而竞争对手数量的回归系数不显著。因此，回归方程为 $y = 0.808x$。

2. 多重共线性

我们对情境 12-9 的结果进一步分析，一元线性回归分析中竞争对手数量和经销点数量都对销售额有显著影响，但是当我们将两个变量同时引入多元线性回归方程中时，经销点数量的回归系数在统计意义上显著不为 0，而竞争对手数量的回归系数在统计意义上为 0。换句话说，根据多元线性回归分析的结果，尽管经销点数量对销售额有很重要的影响，但是竞争对手的数量对销售额的影响却不明显，这个结果令人感到惊讶。经销点数量和竞争对手数量

之间存在着高度负相关关系。当多元线性回归方程中的自变量之间高度相关时，我们就说自变量之间存在多重共线性。

多重共线性是一个经常会遇到的问题，我们在解释一个多元线性回归方程时必须先检验变量间是否存在多重共线性。

发现并避免多重共线性问题的一个常用的统计量是方差膨胀因子（VIF）。VIF 是一个数值，VIF 越大说明多重共线性越严重。当 VIF 大于 10 时，多重共线性非常严重。一般来说，VIF＜5 时，无须担心多重共线性。在查看多元线性回归分析结果时，调查人员需要注意最终的多元线性回归方程中每个自变量的 VIF 值。如果 VIF 值大于 10，则调查人员应该将这个自变量剔除，重新进行线性回归分析。重复这个过程，直到最终的多元线性回归方程中的自变量都在统计上显著，而且 VIF 值可接受。

情境 12-10

SPSS 分析实例——销售额的影响因素分析（7）

如图 12-20 所示，在 SPSS 的"线性回归"窗口中单击"统计量"按钮，在打开的对话框的"共线性诊断"前面的方框中打钩，得到多元线性回归系数表，如表 12-17 所示。

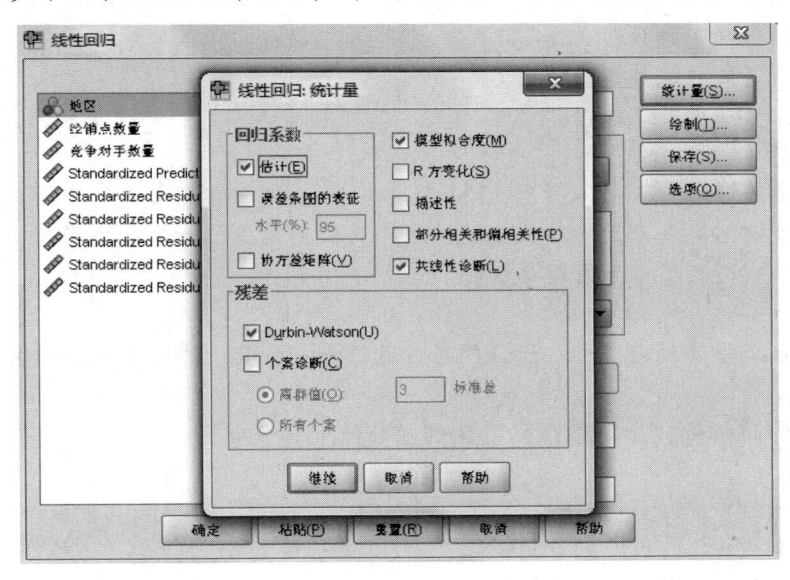

图 12-20 "线性回归"窗口

表 12-17 多元线性回归系数表

模型		非标准化系数		标准化系数	T	Sig.	共线性统计量	
		B	标准误差	试用版			容差	VIF
1	（常量）	8.854	6.717		1.318	0.205		
	竞争对手数量	−0.498	0.376	−0.328	−1.324	0.203	0.122	8.221
	经销点数量	0.808	0.324	0.619	2.496	0.023	0.122	8.221

VIF=8.221，说明变量间具有多重共线性，需要对变量进行处理或删除。

情境 12-11

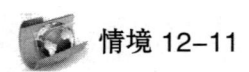

来必堡的满意度调查

来必堡是一家快餐连锁企业，为广大消费者提供快餐服务。公司承诺提供以市场导向的高质量产品。为实现承诺，公司要进行一项市场调查来解决两个问题：第一，消费者是怎么定义质量的；第二，消费者对质量有怎样的期待。

这次调查的目标有以下几点。

（1）识别影响消费者满意度的关键因素；
（2）根据关键因素衡量目前的消费者满意度；
（3）确定影响消费者整体满意度的不同关键因素的相对重要性；
（4）提供管理建议，指明公司的努力方向。

第一个调查目标可以用定性分析的方法实现。几个调查小组与消费者进行了沟通，从而确定快餐店的产品和服务的哪些属性对消费者而言是重要的。在以上研究的基础上，下列属性被识别出来。

（1）食物的整体质量；
（2）菜单内容的多样性；
（3）快餐店员工的服务态度；
（4）快餐店员工的服务速度；
（5）性价比。

在调查的第二阶段，调查人员对 1200 名过去 30 天内曾在来必堡用餐的消费者进行了访问，要求被调查者对快餐店的整体满意度和 5 个关键因素进行打分。公司对回收的结果进行了统计分析，从中得到了很多管理建议。

思考：

（1）根据来必堡的调查目标，设计问卷，进行数据收集，并通过适当的统计方法完成调查目标 3；
（2）根据你的分析，你会建议公司在哪方面投入更多努力？

思考题

1. 什么是关系？两个变量之间可以有哪些关系？
2. 绘制散点图的目的是什么？
3. 一家汽车公司对销售人员的工作满意度进行了调查，把工作满意度与销售人员在公司的年限进行了相关分析。经计算，发现工作满意度与销售人员在公司的年限的相关系数为 0.09。根据该分析，判断销售人员的工作满意度与他在公司的年限没有显著关系，也就是说不管他在公司多少年，工作满意度变化不大。你同意这个结论吗？说出你的理由。
4. 一位市场调查人员完成了对软饮料市场的研究，表 12-18 显示了按照性别区分的市场上最畅销的品牌，调查人员希望知道购买者的性别与畅销品牌之间是否存在一些联系，应该如何分析？

表 12-18 性别与畅销品牌的数据

品牌	男性数量	女性数量
可口可乐	66	52
百事可乐	67	48
雪碧	35	38
果粒橙	34	56
鲜橙多	32	41
酷儿	24	42
营养快线	18	25
脉动	42	24

5. 请收集我国 5 年以上的上证指数和深证指数数据，同时收集我国 GDP、人均 GDP、居民收入、储蓄水平、投资水平等相关数据，分析股票市场运动趋势与哪个经济指标具有一定的关系，如何描述关系？

6. 请对下面的方程做出解释。

（1）$y = 0.25 - 0.004x$。其中，y 表示去游乐场的可能性，x 表示年龄。

① 根据该模型，一个 12 岁的孩子去游乐场的可能性有多大？

② 60 岁的老人呢？

③ 40 岁的人呢？

④ 还有哪些因素会影响去游乐场的可能性？

（2）$y = 0.71 + 0.009x$。其中，y 表示家庭买房的可能性，x 表示家庭年收入（万元）。

① 按照该模型，年收入为多少的家庭有 80% 的可能性买房？

② 100% 买房的家庭年收入为多少？

③ 这些推测有逻辑吗？请解释。

7. 某品牌新设计了 20 款运动鞋，消费者对这些运动鞋的价格、款式、质量以及购买意愿进行了评分，评分为 1～10 分，如表 12-19 所示。

表 12-19 运动鞋的评分

序号	价格	款式	质量	购买意愿
1	5	6	9	6
2	4	9	6	8
3	6	6	6	6
4	7	5	7	4
5	5	7	8	6
6	6	7	7	6
7	8	4	5	4
8	8	4	4	5
9	9	3	6	4
10	5	7	3	5

续表

序号	价格	款式	质量	购买意愿
11	6	5	5	4
12	4	8	7	6
13	5	7	6	7
14	5	6	6	6
15	5	5	6	6
16	6	5	5	5
17	4	7	7	6
18	4	7	6	6
19	4	8	6	7
20	3	9	7	7

① 本章中的哪种统计方法适合分析影响消费者购买意愿的因素？请用该种方法进行分析。

② 比较一下，将价格、款式和质量分别进行一元线性回归分析，与一起进行多元线性回归分析的结果有什么差异？如何解释这个结果？

第十三章 降维分析

学习要点

- ◇ 了解降维分析的作用和用途
- ◇ 理解主成分分析和因子分析的基本思路
- ◇ 掌握因子分析的操作方法

第十三章课件　第十三章习题

情境 13-1

3A 公司的消费者满意度调查

3A 公司是一家为企事业单位提供变电设备的企业，为客户提供优质产品和服务一直是企业坚持的原则。市场部门每年都会开展消费者满意度调查。以往的消费者满意度调查规模小，且以非结构化访谈为主，结论零散，不成体系。今年的消费者满意度调查邀请了第三方机构，希望对企业提供的产品和服务开展较全面、系统的调查，不仅扩大调查规模，同时提高调查的科学性。

第三方机构对该公司的质量部门、销售部门等进行访谈后，结合该公司的产品文件、消费者投诉处理记录等文件，形成了消费者满意度调查模型，以此为基础制订了一份全面的满意度调查问卷。

调查问卷被广泛分发，调查人员回收了大量有效数据。可是，问题太多，如果对所有问题的结论进行汇报会使人抓不到重点。于是，该公司考虑如何将这些问题浓缩为几方面，同时尽量避免丢失整体信息。

我们常常需要判断某一事物在同类事物中的好坏、优劣程度及其发展规律，而影响事物的特征及其发展规律的因素是多方面的，因此在对该事物进行研究时，不应仅从单个指标或单方面去评价它，而应考虑与其有关的多方面因素，引入更多与该事物有关的变量。但在处理多变量问题时，变量之间往往存在一定的相关性，使得数据所反映的信息存在重叠现象。

因此为了尽量避免信息重叠，减轻工作量，人们希望找出少数几个互不相关的综合变量来反映数据所包含的绝大部分信息，寻找这种综合变量就需要用降维分析方法。

概括地讲，降维分析在数据分析方面有两个主要作用，一是发现隐含在数据内部的结构，找出各变量的内在联系；二是对变量或样本进行分类。

第一节 主成分分析

> 主成分分析是指采取数学降维的方法，找出几个综合变量来代替原来的众多变量，使这些综合变量尽可能地代表原变量的信息，而且彼此之间互不相关。

一、主成分分析的基本思路

下面我们举一个简单的例子，假设对教师的评价包括教学质量和知识内容，n 位教师在这两项上的评价如表 13-1 所示。

表 13-1 教师评价表

教师	教学质量	知识内容
1	7	8
2	6	7
3	5	5
4	8	7
…	…	…

我们以教学质量为横坐标（x_1），以知识内容为纵坐标（x_2），将散点图画出来，如图 13-1 所示。n 位教师的评价数据在二维空间中的分布大致为一个椭圆，这个狭长的椭圆分布说明数据之间具有一定的关联。

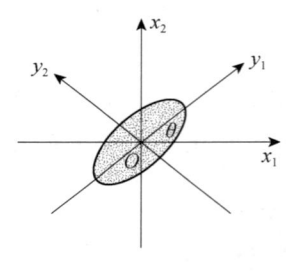

图 13-1 散点图

将坐标系逆时针旋转角度 θ，使椭圆的长轴方向为坐标 y_1，短轴方向为坐标 y_2，得到主成分几何解释图，如图 13-2 所示。

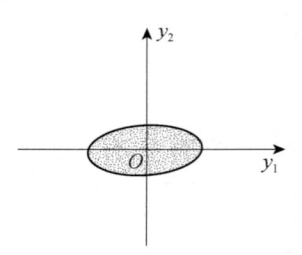

图 13-2 主成分几何解释图

主成分几何解释图有以下特点。
① n 个点的坐标几乎不相关。
② 二维平面上的 n 个点的方差大部分在 y_1 轴上，y_2 轴上的方差较小。

主成分分析方法将原来具有一定相关性的变量重新组合为一组新的互不相关的综合变量。在本例中，y_1 包含的变量信息最多，可以将 y_1 作为第一主成分。我们把某个主成分的方差占全部方差的百分比称为贡献率。贡献率越大，该主成分所包含的原始变量的信息越多。如果第一主成分不足以代表原来的变量信息，再考虑将 y_2 作为第二主成分，且这两个主成分互不相关。

二、主成分分析的数学模型

观测 p 个变量 x_1、x_2、$\cdots$、x_p，n 个样本的数据阵为

$$\boldsymbol{X} = \begin{pmatrix} x_{11} & x_{12} & \cdots & x_{1p} \\ x_{21} & x_{22} & \cdots & x_{2p} \\ \vdots & \vdots & \vdots & \vdots \\ x_{n1} & x_{n2} & \cdots & x_{np} \end{pmatrix} = (x_1, x_2, \cdots, x_j)$$

$$x_j = \begin{pmatrix} x_{1j} \\ x_{2j} \\ \vdots \\ x_{nj} \end{pmatrix} \quad (j = 1, 2, \cdots, p)$$

主成分分析就是将 p 个原始变量综合成 p 个新变量（综合变量），即

$$\begin{cases} F_1 = a_{11}x_1 + a_{12}x_2 + \cdots + a_{1p}x_p \\ F_2 = a_{21}x_1 + a_{22}x_2 + \cdots + a_{2p}x_p \\ \cdots \\ F_p = a_{p1}x_1 + a_{p2}x_2 + \cdots + a_{pp}x_p \end{cases}$$

简写为

$$F_j = a_{j1}x_1 + a_{j2}x_2 + \cdots + a_{jp}x_p \quad (j = 1, 2, \cdots, p)$$

主成分分析的数学模型要满足以下条件。
① F_i、F_j 互不相关（$i \neq j$）。
② F_1 的方差大于 F_2 的方差，F_2 的方差大于 F_3 的方差，以此类推。
③ $a_{j1}^2 + a_{j2}^2 + \cdots + a_{jp}^2 = 1 (j = 1, 2, \cdots, p)$。

F_1 为第一主成分，F_2 为第二主成分，以此类推，共有 p 个主成分。

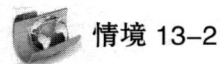

情境 13-2

SPSS 分析实例——比较各地区的经济发展水平

10 个地区某年的经济指标如表 13-2 所示，如何比较各地区的经济发展水平？

表 13-2 10 个地区某年的经济指标

	GDP（亿元）	人均GDP（元）	农业增加值（亿元）	工业增加值（亿元）	第三产业增加值（亿元）	固定资产投资（亿元）	基本建设投资（亿元）	国内生产总值占全国比重（%）	海关出口总额（亿元）	地方财政收入（亿元）
地区 1	5458	13000	14883.3	1376.2	2258.4	1315.9	529	2258.4	123.7	399.7
地区 2	10550	11643	1390	3502.5	3851	2288.7	1070.7	3181.9	211.1	610.2
地区 3	6077	9047	950.2	1406.7	2092.6	1161.6	597.1	1968.3	45.9	302.3
地区 4	2023	22068	83.9	822.8	960	703.7	361.9	941.4	115.7	171.8
地区 5	10636	14397	1122.6	3536.3	3967.2	2320	1141.3	3215.8	384.7	643.7
地区 6	5409	40627	86.2	2196.2	2755.8	1970.2	779.3	2035.2	320.5	709
地区 7	7670	16570	680	2356.5	3065	2296.6	1180.6	2877.5	294.2	566.9
地区 8	4682	13510	663	1047.1	1859	964.5	397.9	1663.3	173.7	272.9
地区 9	11770	15030	1023.9	4224.6	4793.6	3022.9	1275.5	5013.6	1843.7	1202
地区 10	2437	5062	591.4	367	995.7	542.2	352.7	1025.5	15.1	186.7

首先对数据进行相关分析，依次选择"分析"→"降维"→"因子分析"，弹出"因子分析"窗口。把九个指标拉入"变量"框中，单击"描述"按钮，在相关矩阵的"系数"前打钩，如图 13-3 和图 13-4 所示。

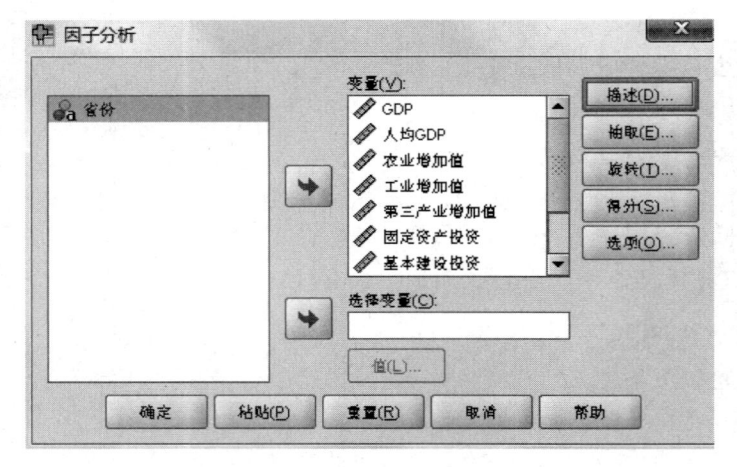

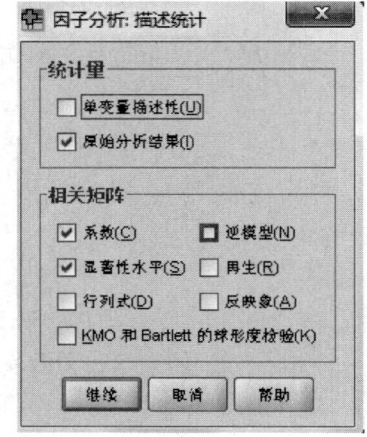

图 13-3 "因子分析"窗口　　　　图 13-4 "因子分析：描述统计"窗口

由此产生相关系数矩阵，如表 13-3 所示。

表 13-3 相关系数矩阵

	GDP	人均GDP	农业增加值	工业增加值	第三产业增加值	固定资产投资	基本建设投资	国内生产总值占全国比重	海关出口总额	地方财政收入
GDP	1.000									
人均 GDP	-0.094	1.000								

续表

	GDP	人均GDP	农业增加值	工业增加值	第三产业增加值	固定资产投资	基本建设投资	国内生产总值占全国比重	海关出口总额	地方财政收入
农业增加值	−0.052	−0.171	1.000							
工业增加值	0.967	0.113	−0.132	1.000						
第三产业增加值	0.979	0.074	−0.050	0.985	1.000					
固定资产投资	0.923	0.214	−0.098	0.963	0.973	1.000				
基本建设投资	0.922	0.093	−0.176	0.939	0.940	0.971	1.000			
国内生产总值占全国比重	0.941	−0.043	0.013	0.935	0.962	0.937	0.897	1.000		
海关出口总额	0.637	0.081	−0.125	0.705	0.714	0.717	0.624	0.836	1.000	
地方财政收入	0.826	0.273	−0.086	0.898	0.913	0.934	0.848	0.929	0.882	1.000

可以看出，GDP与工业增加值、第三产业增加值、固定资产投资、基本建设投资、地方财政收入这几个指标有极其显著的关系，与海关出口总额有显著关系。可见许多指标的直接相关性比较强，证明存在信息上的重叠。

方差分解主成分提取表如表13-4所示。

表13-4 方差分解主成分提取表

成分	初始			提取平方和载入		
	合计	方差占比（%）	累积占比（%）	合计	方差占比（%）	累积占比（%）
1	7.220	72.205	72.205	7.220	72.205	72.205
2	1.235	12.346	84.551	1.235	12.346	84.551
3	0.877	8.769	93.319			
4	0.547	5.466	98.786			
5	0.085	0.854	99.640			
6	0.021	0.211	99.850			
7	0.012	0.119	99.970			
8	0.002	0.018	99.988			
9	0.001	0.012	100.000			
10	−1.534E−16	−1.534E−15	100.000			

主成分的提取原则是主成分对应的特征值大于1。特征值在某种程度上可以看成表示主

成分影响力大小的指标。由表 13-4 可知，提取了 2 个主成分。

初始因子载荷矩阵如表 13-5 所示，GDP、工业增加值、第三产业增加值、固定资产投资、基本建设投资、国内生产总值占全国比重、海关出口总额、地方财政收入在第一主成分上有较高载荷，说明第一主成分能基本反映这些指标的信息；人均 GDP 和农业增加值在第二个主成分上有较高载荷，说明第二主成分能基本反映人均 GDP 和农业增加值的信息。所以，这两个主成分可以代替原来的十个变量。

表 13-5　初始因子载荷矩阵

	第一主成分	第二主成分
GDP	0.949	0.195
人均 GDP	0.112	−0.824
农业增加值	−0.109	0.677
工业增加值	0.978	−0.005
第三产业增加值	0.986	0.070
固定资产投资	0.983	−0.068
基本建设投资	0.947	−0.024
国内生产总值占全国比重	0.977	0.176
海关出口总额	0.800	−0.051
地方财政收入	0.954	−0.128

主成分表达式系数如表 13-6 所示。

表 13-6　主成分表达式系数

	GDP (x_1)	人均 GDP (x_2)	农业增加值 (x_3)	工业增加值 (x_4)	第三产业增加值 (x_5)	固定资产投资 (x_6)	基本建设投资 (x_7)	国内生产总值占全国比重 (x_8)	海关出口总额 (x_9)	地方财政收入 (x_{10})
F_1	0.353	0.042	−0.041	0.364	0.367	0.366	0.352	0.364	0.298	0.355
F_2	0.175	−0.741	0.609	−0.004	0.063	−0.061	−0.022	0.158	−0.046	−0.115

由此得到主成分表达式：

$$F_1 = 0.353x_1 + 0.042x_2 - 0.041x_3 + 0.364x_4 + 0.367x_5 + 0.366x_6 + 0.352x_7 + 0.364x_8 + 0.298x_9 + 0.355x_{10}$$

$$F_2 = 0.175x_1 - 0.741x_2 + 0.609x_3 - 0.004x_4 + 0.063x_5 - 0.061x_6 - 0.022x_7 + 0.158x_8 - 0.046x_9 - 0.115x_{10}$$

根据以下公式得到各地区的主成分得分。

$$F = \frac{7.220}{7.220 + 1.235} F_1 + \frac{1.235}{7.220 + 1.235} F_2$$

第二节　因子分析

因子分析和主成分分析有共同的出发点，都是从变量的相关系数矩阵出发，在损失较少信息的前提下，把多个变量综合成几个综合变量来研究总体各方面的信息，而且这几个综合变量所代表的信息不能重叠，即变量不相关。

因子分析主要有两种基本形式：探索性因子分析（Exploratory Factor Analysis，EFA）和验证性因子分析（Confirmatory Factor Analysis，CFA）。

探索性因子分析致力于找出事物内在的结构，它的目的与主成分分析相似，即用现有的变量建构一些新变量。验证性因子分析用来检验已知的特定结构是否按照预期的方式产生作用。本书主要介绍探索性因子分析。

一、收集观测变量

假设我们设计了 m 个问题，调查了 n 个样本，则能得到 $n \times m$ 个数据。下面我们通过一个市场营销的例子来说明。汽车的特征通常包括很多内容，汽车特征评价表如表 13-7 所示，n 个品牌的汽车形成了 $5n$ 个数据。

表 13-7　汽车特征评价表

	动力	速度	安全	舒适	款式
1	8	7	9	7	6
2	9	8	8	6	6
3	6	6	7	5	5
4	5	5	5	8	7
5	7	6	6	7	7
6	7	7	6	7	6
7	4	5	5	7	7
8	4	4	4	5	5
9	3	3	4	6	5
10	7	6	6	8	7
…	…	…	…	…	…

二、相关系数矩阵

当几个问题的相关性比较高时，数据背后可能存在公因子，能解释数据的大部分信息，使数据具有可比性。汽车特征的相关系数矩阵如表 13-8 所示。

表 13-8　汽车特征的相关系数矩阵

	动力	速度	安全	舒适	款式
动力	1				
速度	0.953	1			
安全	0.831	0.837	1		
舒适	0.052	0.106	−0.058	1	
款式	0.052	0.094	−0.077	0.869	1

动力、速度、安全之间存在显著相关性，舒适、款式之间存在显著相关性。因此，可以通过因子分析减少数据之间的重叠。

三、因子分析适合性判断

（1）KMO 检验。KMO 值的范围为 0～1。当所有变量的简单相关系数平方和远远大于偏相关系数平方和时，KMO 值接近于 1。KMO 值越接近于 1，变量的相关性越强，原有变量越适合进行因子分析。当所有变量的简单相关系数平方和接近于 0 时，KMO 值接近于 0。KMO 值越接近于 0，意味着变量的相关性越弱，原有变量越不适合进行因子分析。

（2）巴特利特球形检验。巴特利特球形检验以变量的相关系数矩阵为出发点，它的零假设是：相关系数矩阵是一个单位矩阵，即相关系数矩阵对角线上的元素都为 1，非对角线上的元素都为 0，即原始变量两两不相关。

巴特利特球形检验的统计量是根据相关系数矩阵的行列式得到的。如果该值较大，且其对应相关概率小于用户指定的显著性水平，就应拒绝零假设，认为相关系数不可能是单位矩阵，即原始变量存在相关性。

四、因子提取

主成分是原变量的线性表达式：

$$F_j = a_{j1}x_1 + a_{j2}x_2 + \cdots + a_{jp}x_p \quad (j=1,2,\cdots,p)$$

而因子分析把原变量分解成公共因子和特殊因子：

$$x_j = b_{j1}z_1 + b_{j2}z_2 + \cdots + b_{jp}z_p + \varepsilon_j (j=1,2,\cdots,p)$$

因子提取中最关键的问题是确定因子数量，一般有以下两种确定准则。

（1）Kaiser 准则。Kaiser 准则建议我们只保留相关系数矩阵中特征值大于 1 的因子。本例中的五个特征可以根据因子分析汇聚到两个综合特征上，两个综合特征的特征根分别为 2.754 和 1.881，如表 13-9 所示。

表 13-9 因子提取

成分	初始 合计	初始 方差占比（%）	初始 累积占比（%）	提取平方和载入 合计	提取平方和载入 方差占比（%）	提取平方和载入 累积占比（%）	旋转平方和载入 合计	旋转平方和载入 方差占比（%）	旋转平方和载入 累积占比（%）
1	2.754	55.088	55.088	2.754	55.088	55.088	2.748	54.959	54.959
2	1.881	37.613	92.701	1.881	37.613	92.701	1.887	37.742	92.701
3	0.191	3.815	96.516						
4	0.130	2.592	99.109						
5	0.045	0.891	100.000						

（2）碎石检验。碎石检验是根据碎石图来决定因子数量的方法，如图 13-5 所示。我们通常会观察特征值的变化趋势，寻找特征值快速降低的位置，然后保留该位置左侧的因子。

图 13-5　碎石图

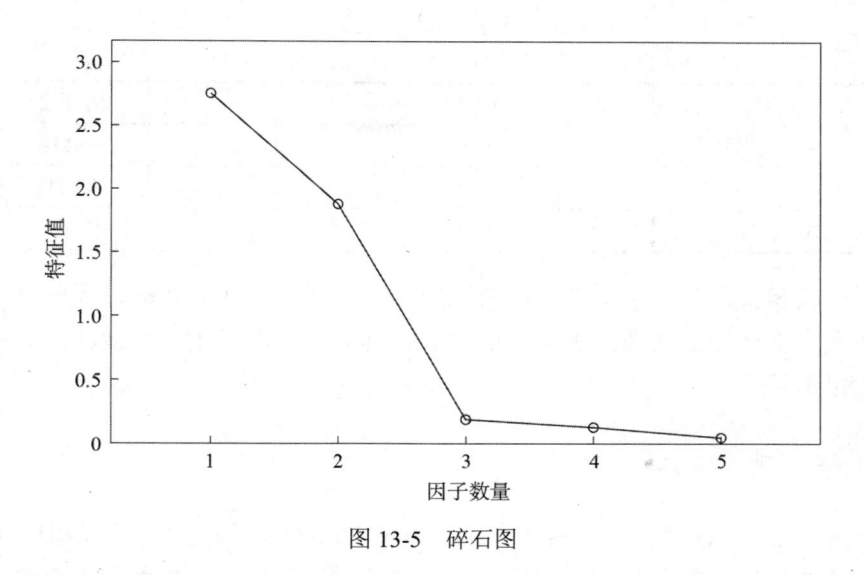

> 如果以上两个方法确定的因子数量是不同的，那么应该采用哪个准则呢？通常，第一种方法有时会保留过多因子，而第二种方法有时会保留过少因子。实际工作中通常先使用多种方法得到数量不等的因子，然后选择最有意义的一种。

五、共同度

当某个特征与所有特征的共同度都很小时，可以考虑删除该特征。共同度越大越好，一般大于 0.7 才足以说明特征能被因子表达得很合理。本例中各特征的共同度如表 13-10 所示，共同度都大于 0.8。

表 13-10　各特征的共同度

	初始	提取
动力	1.000	0.943
速度	1.000	0.952
安全	1.000	0.872
舒适	1.000	0.933
款式	1.000	0.935

六、因子载荷

因子载荷 a_{ij} 的统计意义是第 j 个变量与第 i 个因子的相关系数，本例的初始因子载荷如表 13-11 所示。

表 13-11　初始因子载荷

	因子 1	因子 2
动力	0.970	-0.039
速度	0.976	0.011

续表

	因子 1	因子 2
安全	0.917	−0.174
舒适	0.102	0.961
款式	0.091	0.962

动力、速度和安全在因子 1 上的载荷远远大于在因子 2 上的载荷，因此这 3 个特征对因子 1 更重要；舒适和款式在因子 2 上的载荷远远大于在因子 1 上的载荷，因此这 2 个特征对因子 2 更重要。

七、因子旋转

因子旋转是因子分析中的一个重要步骤，它通过旋转因子的坐标轴，使因子载荷矩阵的结构简化。简单地说，就是使因子所属变量更清晰，使每个变量仅在一个因子上有较大载荷，而在其余因子上的载荷比较小。常用的旋转方法有正交旋转、斜交旋转，最常用的是方差最大化正交旋转法。旋转后的因子载荷如表 13-12 所示。

表 13-12　旋转后的因子载荷

	因子 1	因子 2
动力	0.970	0.045
速度	0.971	0.095
安全	0.929	−0.094
舒适	0.019	0.966
款式	0.008	0.967

八、因子命名

因子命名关系到对数据的进一步解释。本例中速度、安全和动力集中到因子 1 上，可以认为这三项特征都在描述汽车的性能；而舒适和款式描述的是汽车的设计。所以，我们可以把两个因子分别命名为性能和设计。

情境 13-3

SPSS 分析实例——保健品使用者偏好　　　　　　　　　　因子分析

在第十一章的情境中，保健品的功能有 15 项，如果比较每一项会使分析变得比较复杂。如果可以把这 15 项简化，但又不丢失过多信息，就可以使后续的分析变得简单，分析步骤如下。

（1）依次选择"分析"→"降维"→"因子分析"，将 15 项功能拉入"变量"框中，如图 13-6 所示。

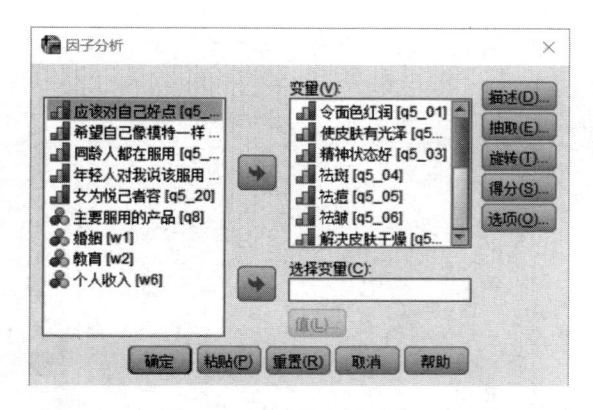

图 13-6 "因子分析"窗口

（2）单击"描述"按钮，在"KMO 和 Bartlett 的球形度检验"前的方框内打钩，单击"继续"，如图 13-7 所示。

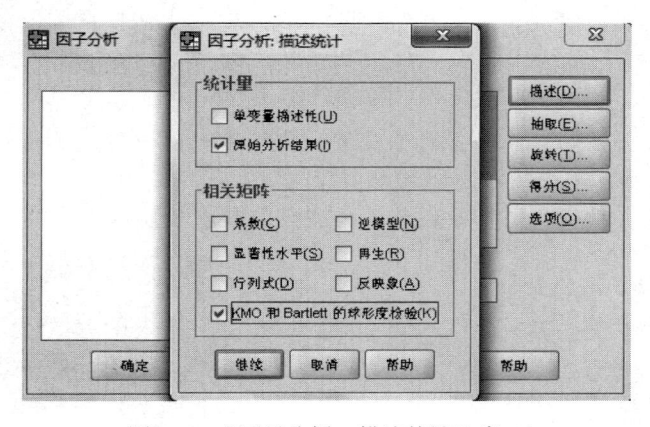

图 13-7 "因子分析：描述统计"窗口

（3）单击"抽取"按钮，对因子分析方法进行选择，默认方法是主成分分析法，单击"继续"按钮，如图 13-8 所示。

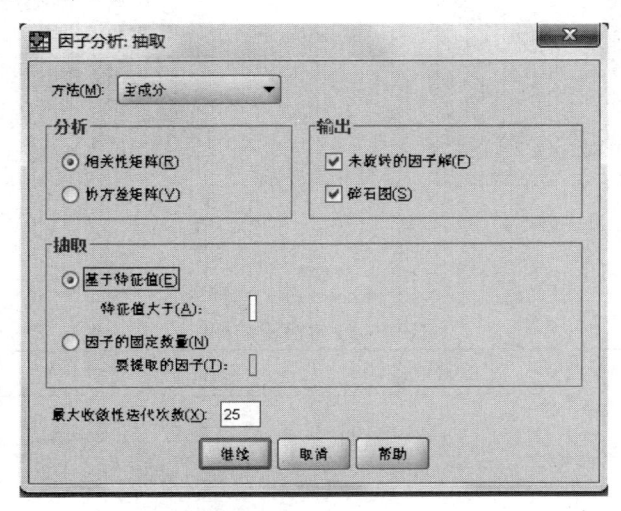

图 13-8 "因子分析：抽取"窗口

（4）单击"旋转"按钮，一般选择最大方差法进行旋转，如图13-9所示，单击"继续"按钮。

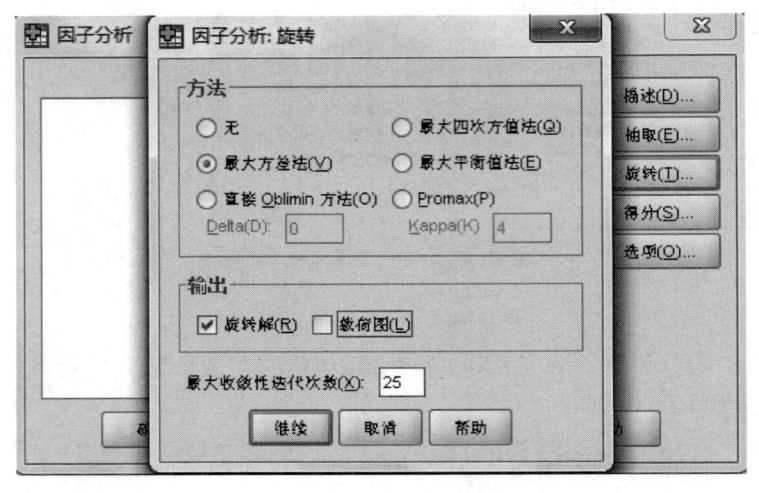

图13-9 "因子分析：旋转"窗口

（5）单击"得分"按钮，在"保存为变量"前的方框内打钩，就可以获得标准化的因子得分，如图13-10所示，单击"继续"按钮。

（6）单击"选项"按钮，选择缺失值的处理方式和系数显示格式，如图13-11所示。

图13-10 "因子分析：因子得分"窗口　　图13-11 "因子分析：选项"窗口

分析结果如表13-13～表13-18所示。

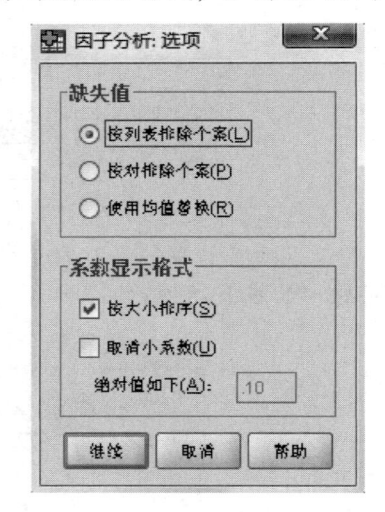

表13-13　检验结果

KMO 值		0.839
巴特利特球形检验	近似卡方	2154.278
	df	105
	Sig.	0.000

KMO 值大于 0.7，且巴特利特球形检验的显著性水平小于 0.05，因此适合进行因子分析。

表 13-14 因子方差（共同度）

	初始	提取
令面色红润	1.000	0.607
使皮肤有光泽	1.000	0.671
精神状态好	1.000	0.456
祛斑	1.000	0.566
祛痘	1.000	0.610
祛皱	1.000	0.592
解决皮肤干燥	1.000	0.401
调节内分泌	1.000	0.463
延缓皮肤衰老	1.000	0.674
去除疲劳	1.000	0.470
提高睡眠质量	1.000	0.605
消除黑眼圈	1.000	0.513
通便润肠	1.000	0.506
抗衰老	1.000	0.612
提高免疫力	1.000	0.392

从表 13-14 中可以看出，有五项的提取因子方差小于 0.5，提取信息不足，可以考虑将其删除，再进行一次因子分析。解释的总方差如表 13-15 所示。

表 13-15 解释的总方差

成分	初始 合计	方差占比（%）	累积占比（%）	提取平方和载入 合计	方差占比（%）	累积占比（%）	旋转平方和载入 合计	方差占比（%）	累积占比（%）
1	3.289	32.892	32.892	3.289	32.892	32.892	1.858	18.579	18.579
2	1.224	12.241	45.133	1.224	12.241	45.133	1.676	16.760	35.339
3	1.116	11.155	56.288	1.116	11.155	56.288	1.583	15.827	51.166
4	1.023	10.228	66.516	1.023	10.228	66.516	1.535	15.350	66.516
5	0.764	7.638	74.153						
6	0.661	6.612	80.765						
7	0.572	5.717	86.482						
8	0.491	4.913	91.395						
9	0.467	4.667	96.062						
10	0.394	3.938	100.000						

由表 13-15 可见，因子分析提取了 4 个因子，方差解释度达到 66.516%。因子初始矩阵、因子旋转矩阵、因子转换矩阵如表 13-16～表 13-18 所示。

表 13-16　因子初始矩阵

	因子 1	因子 2	因子 3	因子 4
祛皱	0.665	0.219	0.238	−0.258
延缓皮肤衰老	0.647	−0.233	0.226	−0.416
使皮肤有光泽	0.642	0.058	−0.582	−0.126
消除黑眼圈	0.629	−0.140	−0.023	0.428
令面色红润	0.626	0.102	−0.572	−0.083
抗衰老	0.613	−0.356	0.278	−0.328
祛斑	0.590	0.502	0.187	0.033
通便润肠	0.435	−0.264	0.404	0.381
祛痘	0.364	0.641	0.175	0.343
提高睡眠质量	0.429	−0.479	−0.186	0.454

表 13-17　因子旋转矩阵

	因子 1	因子 2	因子 3	因子 4
延缓皮肤衰老	0.805	0.179	0.054	0.120
抗衰老	0.789	0.092	−0.021	0.235
祛皱	0.592	0.199	0.472	0.019
使皮肤有光泽	0.188	0.841	0.111	0.121
令面色红润	0.144	0.822	0.154	0.125
祛痘	−0.103	0.049	0.816	0.110
祛斑	0.265	0.187	0.727	0.055
提高睡眠质量	0.037	0.257	−0.146	0.752
消除黑眼圈	0.144	0.259	0.258	0.667
通便润肠	0.279	−0.204	0.195	0.640

我们可以根据问题的意义为因子命名，因子 1 可以命名为"延缓衰老"；因子 2 可以命名为"气色好"；因子 3 可以命名为"皮肤健康"；因子 4 可以命名为"身体健康"。通过分析，我们以 4 个因子为基础开展后续的分析。

表 13-18　因子转换矩阵

	因子 1	因子 2	因子 3	因子 4
1	0.573	0.529	0.510	0.364
2	−0.103	0.395	−0.706	0.579
3	0.628	−0.680	−0.220	0.307
4	−0.516	−0.320	0.440	0.662

情境 13-4

大学生电脑市场

大学生电脑市场是众多电脑公司的必争之地。电脑公司认为市场营销人员需要进一步了解消费者的行为和心理，为自己的产品定位，并辅以有效的广告宣传，从而取得市场份额，这样才能获得较持久的竞争力。

某公司请来了营销专家，专家认为，大学生消费者的生活观念与电脑的选择是密切相关的，根据生活观念将消费者进行分类，可以为产品的市场细分及市场定位提供支持。

为了研究大学生消费者的生活观念，公司采用了心理描述法，即用以下关于社会活动、价值观念的陈述，请消费者根据自己的情况做出评价。调查采用7分制评价法，1分表示非常不同意，7分表示非常同意。

- ✧ 我喜欢购买新潮的东西。
- ✧ 在其他人眼中我是很时髦的。
- ✧ 我用穿着来表达个人性格。
- ✧ 我对自己的成就有很大期望。
- ✧ 生命的意义是接受挑战和冒险。
- ✧ 我会参加/自学一些英语和电脑课程来接受未来的挑战。
- ✧ 我习惯依计划行事。
- ✧ 我喜欢品味独特的生活。
- ✧ 放假时我喜欢放纵自己，什么事都不做。
- ✧ 无所事事会使我感到不安。
- ✧ 我的生活节奏很紧凑。
- ✧ 优柔寡断不是我的处事方式。
- ✧ 经济上的保障对我来说是最重要的。
- ✧ 我选择安定和有保障的工作。
- ✧ 我宁愿少休息多工作，多挣些钱。
- ✧ 我很容易与陌生人结交。
- ✧ 我喜欢社交活动。
- ✧ 我对朋友们有很大的影响力。
- ✧ 我很注意养成规律的饮食习惯。
- ✧ 我会定期检查存款余额，以免入不敷出。

公司通过抽样调查，利用统计软件对数据进行了因子分析。通过分析，公司确定了大学生的不同生活观念类型，并根据这些结果对大学生进行了分类。

思考：

（1）请用量表收集数据，进行因子分析，提取大学生生活观念的相关因子；

（2）根据分析结果，是否可以对大学生进行分类？

思考题

1. 哪些市场营销问题可以采用因子分析法?请举出三例。
2. 简述主成分分析的基本原理。
3. 因子分析和主成分分析中确定因子数量的差异是什么?
4. 因子分析中因子旋转的作用是什么?
5. 一项外国留学生学习汉语态度调查的结果如表 13-19 所示,请根据此结果对各因子进行命名。

表 13-19　一项外国留学生学习汉语态度调查的结果

	因子 1	因子 2	因子 3	因子 4	因子 5
喜欢汉语老师	0.760				
喜欢汉语课本	0.746				
汉语老师很亲切	0.720				
喜欢学习汉语	0.700				
喜欢上汉语课	0.696				
希望学校有汉语课		0.791			
将来会继续学习汉语		0.769			
认为学习汉语很重要		0.718			
希望能看懂中文报纸和杂志		0.694			
学习汉语有用处		0.639			
认为汉语很好听			0.771		
喜欢听中文歌			0.668		
喜欢看中国电影			0.593		
希望自己能说汉语			0.576		
在汉语课上了解了很多中国文化			0.555		
中国人很有礼貌				0.829	
中国人很文明				0.743	
中国人很亲切				0.727	
汉语考试很放松					0.762
认为学习汉语很简单					0.600
上汉语课很轻松					0.578

第十四章　聚类分析与判别分析

学习要点

- ✧ 掌握聚类分析的原理及其对市场定位的作用
- ✧ 掌握判别分析的原理
- ✧ 了解如何使用 SPSS 进行聚类分析和判别分析
- ✧ 掌握如何使用聚类分析做市场细分决策
- ✧ 掌握判别分析在市场营销中的作用

第十四章课件　第十四章习题

情境 14-1

汽车市场如何识别消费者类型

罗兰贝格战略咨询公司是全球顶级战略咨询公司之一。罗兰贝格一直把中国视为企业国际化道路中最重要的市场之一。罗兰贝格对中国汽车市场持续关注，可以说见证了中国汽车消费者的特征变迁。

基于 2021 年的消费趋势，罗兰贝格重新定义和划分了消费者的分类方式，归纳出 6 类典型消费者，特征如下。

第一类：乐活者（传统价值观人群）。这类人是乐于享受人生并乐于规划未来的新"银发族"，他们具有现代化的消费观念，可支配资产为 2 星，人群规模占比 17%，以老年人为主，决策风格是自信、相信自我判断、倾向于独立完成决策。他们自信、有活力，兼具专业性，线下购买的比重高于线上。

第二类：实践者（传统价值观人群）。这类人属于经济适用型群体，他们回归生活与现实，消费观念比较传统，可支配资产为 2 星，人群规模占比 11%，以中年人为主，决策风格是实践至上、信赖自我探索，他们以安全为先，又不乏活力，以线上购买为主。

第三类：追逐者（现代价值观人群）。这类人拥有比较稳定的生活和工作圈子，向往品质生活，拥有现代化的消费观念，可支配资产为 3 星，人群规模占比 20%，以中年人为主，决策风格是满足个性化需求、期待无微不至的定制服务、追求前卫，线上线下购买全覆盖。

第四类：畅想家（现代价值观人群）。这类人热衷于前沿科技，期待科技改善生活，消费观念现代化，可支配资产为 2 星，人群规模占比 16%，以中年人为主，决策风格为系统决策、信赖科学驱动的个性化推荐，他们崇尚科技、便捷，追求定制化，以线下购物为主。

第五类：规划家（价格敏感型人群）。这类人的时间和金钱有限，理性追求最高边际价值，消费观念比较传统，可支配资产为 3 星，人群规模占比 21%，以中青年人为主，他们追求性价比，并注重安全，主要渠道购买是线上平台。

第六类：新贤者（简约型人群）。这类人不爱追逐潮流，以崇尚安逸、舒适生活的佛系新青年为主，消费观念现代化，可支配资产为2星，人群规模占比15%，决策风格为崇尚极简，不期待过多的关注，他们追求治愈和可持续，以线上购买为主。

第一节 聚类分析

一、聚类分析在市场研究中的应用

在市场研究中，常常需要找出类似的消费者，以形成不同的市场片区，从而有针对性地制订市场营销策略，因此对消费者进行分类组合是有必要的。除了对消费者进行分类组合，有时还需要将市场上同类型的企业及产品进行分类组合，以发现它们之间的相似性。聚类分析的作用就是将一些变量、目标、消费者、公司等进行分类组合。

聚类分析的一个重要应用是确定行为相似的消费者集合。聚类分析在营销调查中主要用于细分市场。在特定的行业里，可以根据消费者对特定产品类别的消费行为和偏好进行分组。在更广的层面上，消费者可以根据自己的价值、态度、生活方式进行分组。

二、聚类分析的基本原理

聚类分析是依据研究对象的特征对其进行分类的方法。聚类分析对观察结果的分类不基于变量间的相关性，而基于一系列变量的绝对差距（距离）。下面通过一个例子说明这两种分类方式的差异。

某品牌要在夏季来临前推出一款新口味饮料，为对产品进行定位，在浙江省的4个城市进行了试销，对该产品的价格、口味、功能、包装（数字1~7表示消费者对该变量的接受程度）进行调查，以了解哪几个城市更适合新产品的销售，同时判断在后期的大规模销售中应如何选取市场，如表14-1所示。

表 14-1 聚类分析依据

	价格	口味	功能	包装
杭州	1	2	2	1
宁波	6	7	6	7
温州	2	1	2	1
嘉兴	7	6	7	6

对这几个城市进行分类，如果根据相关性分类，则应将杭州和宁波分为一组，将温州和嘉兴分为一组，因为这些城市的数据大致是同步起落的。根据距离（例如聚类分析）进行分类的话，则应将杭州和温州分为一组，将宁波和嘉兴分为一组，因为它们在四个变量上有相近的值。

聚类分析得到的分组叫簇。假如1个数据集有n个可用的样本，全范围的聚类分析会产生1个簇的解决方案，即所有变量都在1个簇里；2个簇的解决方案将样本为2个簇；3个簇的解决方案将样本分为 3 个簇；照此下去，n 个簇的解决方案将样本分为 n 个簇，每个样本构成 1 个簇，如图 14-1 所示。

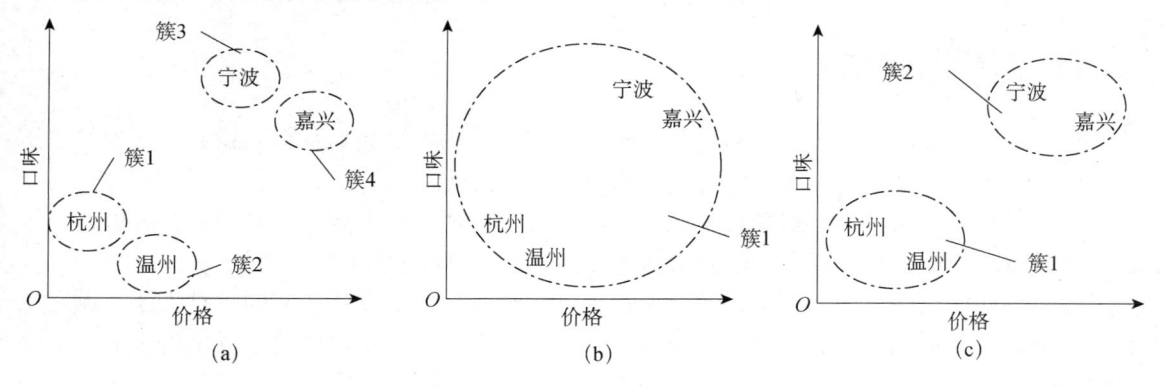

图 14-1　4 个城市的聚类分组

聚类分组可以通过集合法和分离法取得。如果使用集合法，则从 n 个簇的解决方案开始，每一个样本都是独立的，然后逐步将样本组合在一起，直至完全组合成 1 个簇的解决方案。在每一步中，对样本间的距离、变量和上一步定义的簇之间的距离进行计算，将距离最近的两个簇组合在一起。

分离法的步骤正好相反，先从 1 个簇的解决方案开始，将距离最远的簇分离出去，直至得出一个完全分离的 n 个簇的解决方案。

聚类分析最基本的原理是计算目标之间的相似性，根据相似程度将研究目标进行分类。计算研究目标之间的相似性的指标有两个，一是目标之间的距离，二是目标的关联系数。

（1）距离。计算距离的方法有多种，最常用的是欧氏距离，公式为

$$d_{ij}^2 = \sum_{v=1}^{m}(x_{iv} - x_{jv})^2 \tag{14-1}$$

式中，d_{ij} 为目标 i 与 j 之间的距离，x_{iv}、x_{jv} 为变量 v 对应目标 i 和 j 的测量值，m 为变量个数。

因此，两目标之间的距离是各个变量在目标 i 和 j 上的测量值的差的平方和。

（2）关联系数。两目标的关联系数通常用相关系数 r_{ij} 表示，计算公式为

$$r_{ij} = \frac{\sum_{v=1}^{m}(x_{iv} - \bar{x}_i)(x_{jv} - \bar{x}_j)}{\sqrt{\sum_{v=1}^{m}(x_{iv} - \bar{x}_i)^2 \sum_{v=1}^{m}(x_{jv} - \bar{x}_j)^2}} \tag{14-2}$$

式中，$\bar{x}_i$、$\bar{x}_j$ 为目标 i 和 j 在各变量上的测量值的均值（使用标准值）。

接下来以表 14-1 中的数据为例，对 4 个城市的数据进行距离计算。

$$d_{12}^2 = (1-6)^2 + (2-7)^2 + (2-6)^2 + (1-7)^2 = 102$$
$$d_{13}^2 = (1-2)^2 + (2-1)^2 + (2-2)^2 + (1-1)^2 = 2$$
$$d_{14}^2 = (1-7)^2 + (2-6)^2 + (2-7)^2 + (1-6)^2 = 102$$
$$d_{23}^2 = (6-2)^2 + (7-1)^2 + (6-2)^2 + (7-1)^2 = 104$$
$$d_{24}^2 = (6-7)^2 + (7-6)^2 + (6-7)^2 + (7-6)^2 = 4$$

$$d_{34}^2 = (2-7)^2 + (1-6)^2 + (2-7)^2 + (1-6)^2 = 100$$

根据以上距离，可将杭州和温州分为一簇，将宁波和嘉兴分为一簇。

三、聚类分析的方法

（1）最小距离法。首先将相似值从高到低排列，然后将那些具有最高相似值（或最小距离）的个体组成一个簇，最后对所有相似的个体进行聚类。

（2）最大距离法。一个对象要想在某一相似系数下加入一个簇，它必须与簇内的每一个成员都相似。因此，最大距离法趋向于形成非常紧凑、严密的簇。

（3）平均距离法。平均距离法是介于最小距离法和最大距离法之间的一种方法。顾名思义，一个对象要加入一个簇，只要这个对象和簇成员之间的平均相似值超过了给定的距离水平即可。

经验表明，平均距离法一般情况下会发挥很好的作用，它继承了最大距离法的优点（严密的簇），同时摒弃了标准过于严格的缺点。所以，平均距离法是最常用的聚类分析方法。

（4）节点方法。节点方法是指选择一个对象作为焦点对象，或者簇的"节点"，剩余的对象则根据其与焦点对象的相似性被分配到每一个簇中。

节点方法的基本步骤是：首先选择两个彼此之间距离最大的对象作为节点；其次，把这两个对象作为极端节点，根据剩余对象与这两个极端节点的相似性把它们分入两个簇中；最后，用同样的方法将两个簇进一步划分，直至簇的个数与原始对象个数一样。

情境 14-2

SPSS 分析实例——销售人员招聘（1）

某企业为更好地招聘销售人员，提升招聘效率，由人力资源部门对10位销售人员进行测试（1.0～10.0 表示能力由弱到强），对销售人员进行分类，以分析哪一类人员更胜任销售工作，如表14-2所示。请根据表14-2中的数据进行聚类分析。

表 14-2 销售人员测试表

销售人员	专业知识	沟通能力	组织能力
1	9.0	8.0	7.0
2	7.0	6.0	6.0
3	2.0	3.0	3.0
4	8.0	6.0	7.0
5	7.0	5.0	6.0
6	4.0	4.0	4.0
7	3.0	6.0	6.0
8	6.0	3.0	3.0
9	10.0	7.0	8.0
10	8.0	4.0	5.0

（1）录入数据后，依次选择"分析（Analyze）"→"聚类（Classify）"→"层次聚类法（Hierarchical Cluster）"，弹出聚类分析主窗口，如图14-2所示。

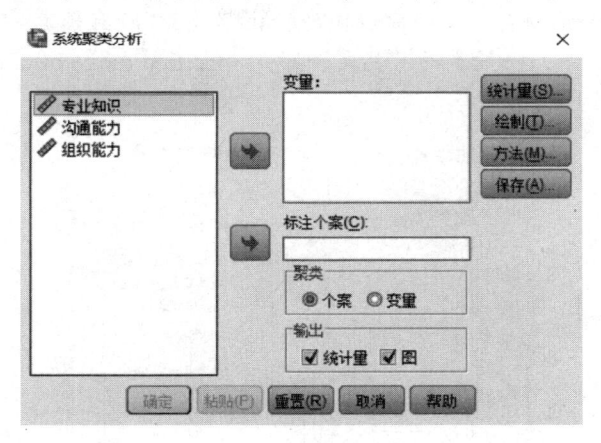

图14-2　聚类分析主窗口

（2）从左侧的变量名中选出"专业知识、沟通能力、组织能力"变量，用箭头放入右边的"变量（Variables）"框中，作为要进行聚类分析的变量。

（3）选择聚类对象。SPSS中有两种聚类对象，一种是对变量（Variables）进行聚类，另一种是对个体（Cases）进行聚类，本例对个体进行聚类。

（4）单击"方法（Method）"按钮，在子对话窗口中指定聚类方法，如图14-3所示。

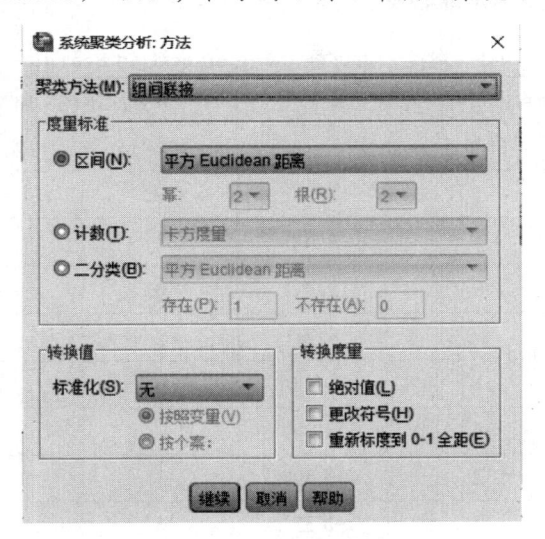

图14-3　指定聚类方法

① 在聚类方法中，SPSS提供了7种可选方法。
② 在"测量（Measure）"一栏中选择相似性计算方法，单击"Continue"按钮。
对于定距变量在区间（Interval）中选择方法，一般选择欧氏距离；如果是分类变量，在计数（Counts）中选择分析方法；如果要处理的是二值变量，则在二分类（Binary）中选择方法。

（5）单击"统计量（Statistics）"按钮，选择输出聚类进度表、距离矩阵和聚类结果，单击"Continue"按钮。

（6）单击"绘制（Plots）"按钮，在其对话窗口中选择要输出的统计图表。选择"树形图（Dendrogram）"选项，会输出树形图，该图显示了在什么尺度上，哪些个体被聚为一类。"冰柱图（Icicel）"选项可以选择冰柱图的输出形式，"所有聚类（All clusters）"选项显示整个聚类过程的冰柱图，而聚类的"指定全距（Specified range of clusters）"选项显示指定范围的冰柱图，如图14-4所示。

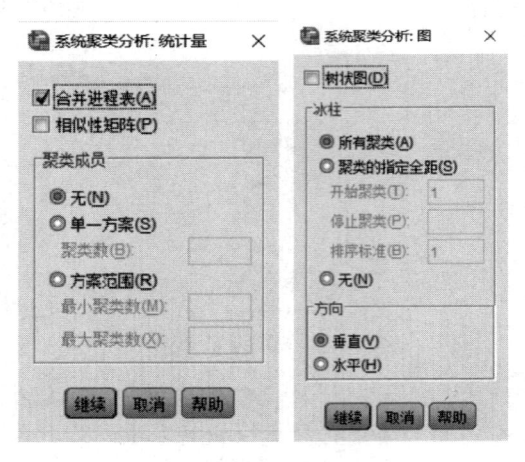

图14-4 选择要输出的统计图表

（7）单击"继续"按钮，回到主窗口，单击"确定"按钮，分析过程结束，聚类分析过程如表14-3所示，树形图和冰柱图如图14-5和图14-6所示。

表14-3 聚类分析过程（Agglomeration Schedule）

阶	群集组合		系数	首次出现阶群集		下一阶
	群集1	群集2		群集1	群集2	
1	2	5	1.000	0	0	2
2	2	4	2.500	1	0	4
3	1	9	3.000	0	0	7
4	2	10	5.667	2	0	7
5	6	8	6.000	0	0	6
6	3	6	11.000	0	5	8
7	1	2	13.500	3	4	9
8	3	7	18.333	6	0	9
9	1	3	38.667	7	8	0

（8）单击"保存"按钮，生成新变量，把聚类结果作为变量保存到数据文件中。这个新变量给出了每个变量属于哪个类的类号。

（9）结果分析：图14-5和图14-6给出的冰柱图形象且直观地描绘了聚类分析过程，这些冰柱反映了被聚类的个体，这里个体的编号为1~10，冰柱反映了分类数，这个数是从底部向顶部读出的。首先，各个观测值被看作一个独立的类，从而10个个体就有10个初始类。在第 1 步，2 个最近的类结合在一起形成 8 个类。冰柱图的最后一行显示了 9 个类，在这一步里，2 号和 5 号个体之间没有空白将它们分开，故形成一类。纵坐标的"8"表明下一步有 8 个类，在这一步，4 号、5 号和 2 号个体分在一组，这一步共有 8 个类，其中有 7 个类含有单个个体，另 1 个类各包含 3 个个体。在以后的每一步中，新类的产生有三种方式：两个单独观测量聚在一起，一个观测量加入到一个已存在的类中，两个类合并在一起。

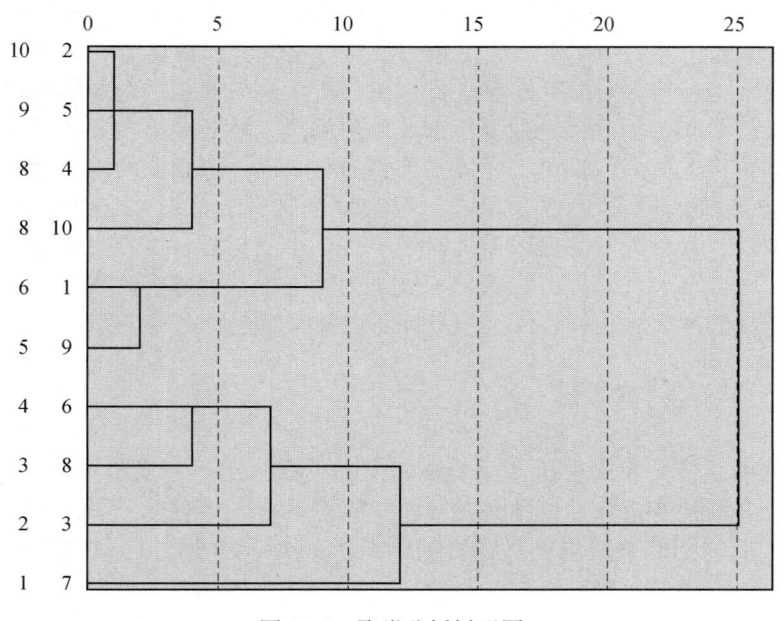

图 14-5　聚类分析树形图

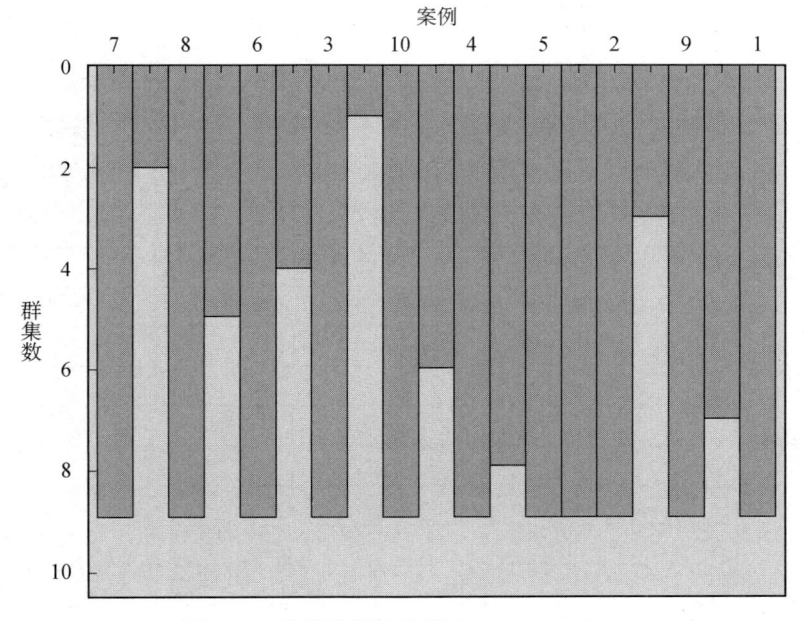

图 14-6　聚类分析冰柱图（Vertical Icicle）

第二节 判别分析

一、判别分析在市场研究中的应用

判别分析是用于判别样本所属类型的一种多变量统计分析方法。所解决的问题是：在已知研究对象被分为若干类的情况下，确定新的研究对象属于已知类型中的哪一类。

下面举例说明为什么要对研究对象进行判别分析。某牛奶生产企业的家庭牛奶、酸奶预订量占其总销量的 20%，因此该企业每年都要为提高预订量开展很多宣传促销活动，一种方法是由各区域的销售人员上门推销。为提高推销的有效性，该企业的销售部门进行了一次调查。他们在全市随机选择了 5000 个家庭，记录每个家庭的情况，包括是否决定预订奶制品、预订的类型、收入范围、家庭成员（有无小孩、小孩年龄）等。对调查结果进行分析后得出判别标准，对全市所有家庭的收入、家庭结构等进行判别分析，找出那些可能需要预订奶制品但尚未预订的家庭，让销售人员重点针对这些家庭进行征订工作。

二、判别分析的基本原理

判别分析利用互依关系来分析多个变量之间的关系（用一些变量预测其他变量）。判别分析给出了二元变量和多元变量与预测变量之间的关系。下面通过一个例子来了解判别分析的过程，继续上面提到的家庭奶制品征订的例子，如表 14-4 所示，从订户和非订户中各选择 10 个样本进行简单判别分析。

表 14-4 判别分析依据

类别	样本编号	家庭结构	收入
订户	1	5	7
	2	5	6
	3	4	8
	4	3	6
	5	4	9
	6	6	10
	7	5	7
	8	5	6
	9	3	7
	10	4	6
均值		4.4	7.2
非订户	1	3	5
	2	2	4
	3	1	3
	4	2	5
	5	3	6

续表

类别	样本编号	家庭结构	收入
非订户	6	4	3
	7	2	4
	8	2	4
	9	3	5
	10	2	3
均值		2.4	4.2

注:"家庭结构"一栏中"1"表示单身之家,"2"表示有 2 名家庭成员,"3"表示有 3 名家庭成员,"4"表示有 4 名家庭成员,"5"表示有 5 名家庭成员,"6"表示有 6 名及以上家庭成员。

"收入"一栏中"1"表示家庭月收入小于 1000 元,"2"表示家庭月收入为 1000~3000 元,"3"表示家庭月收入为 3000~5000 元,"4"表示家庭月收入为 5000~8000 元,"5"表示家庭月收入为 8000~10000 元,"6"表示家庭月收入为 10000~15000 元,"7"表示家庭月收入为 15000~20000 元,"8"表示家庭月收入为 20000~25000 元,"9"表示家庭月收入为 25000~30000 元,"10"表示家庭月收入大于 30000 元。

要根据已有数据对家庭进行判别,首先要了解"家庭结构""收入"与是否预订奶制品的关系,接着建立两个变量构成的判别函数,最后对所有样本进行判别,如图 14-7 所示。

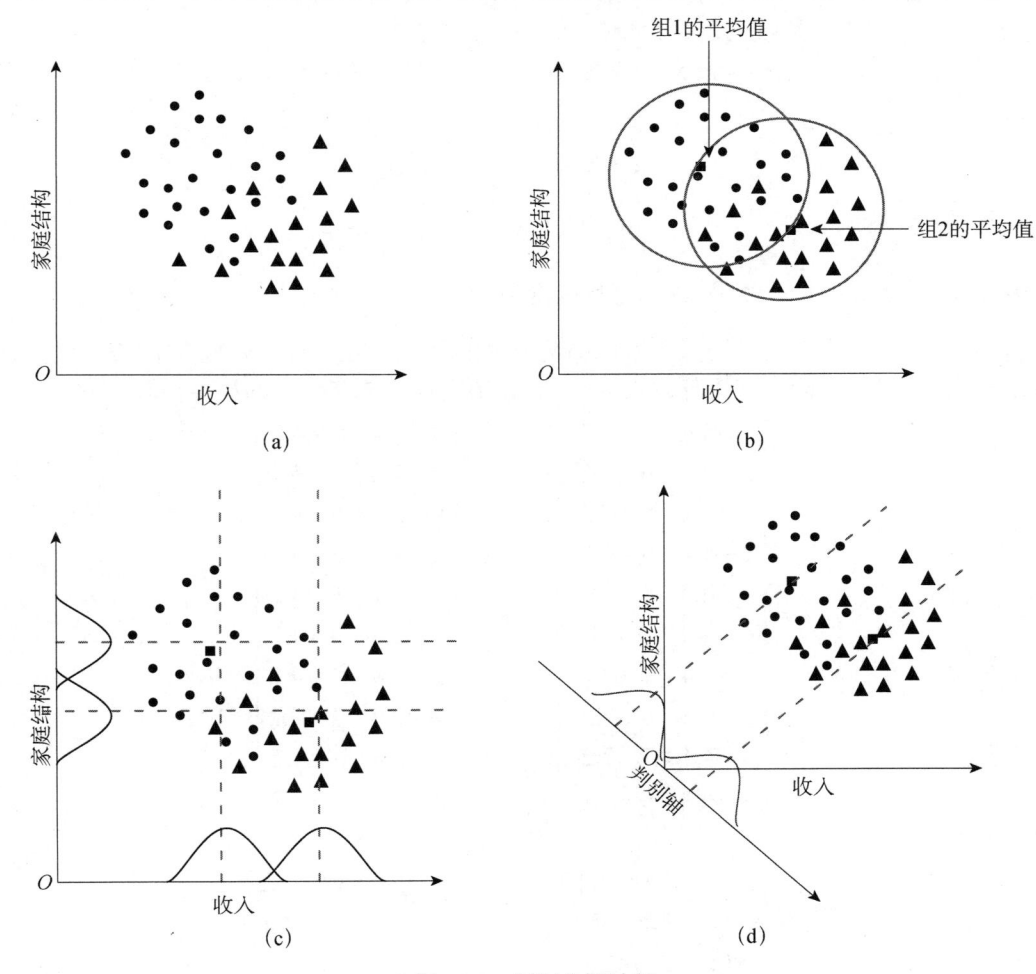

图 14-7 判别分析过程

图 14-7(a)是三个变量的关系图,"家庭结构""收入"是自变量,因变量"类别"分为订户与非订户两组;图 14-7(b)根据均值进行了分组;图 14-7(c)说明,无论通过"家庭结构"变量轴还是"收入"变量轴,两组都有很大的重叠部分,说明两组之间并没有太大的差异,因此需要寻找新的判别方式;图 14-7(d)中出现了一个新轴——判别轴,通过判别轴来看,两组的重叠部分最小,存在显著差异。

判别函数的表达式为

$$y_i = b_1 x_{1i} + b_2 x_{2i} + \cdots + b_j x_{ji}$$

式中,y_i 是第 i 个研究对象的判别值,x_{ji} 是第 i 个研究对象在第 j 个变量($j=1,2,\cdots,n$)上的测量值,b_j 是第 j 个变量的比重或判别系数。

然后根据所收集到的资料计算判别临界值 y_c,作为判别研究对象属于哪一组的标准。如果 $y_i > y_c$,则将第 i 个研究对象归入第 1 组(如订户);如果 $y_i < y_c$,则将第 i 个研究对象归入第 2 组(如非订户)。

对研究对象进行判别分析的主要工作是收集资料,并在此基础上计算判别系数,只要能计算出判别系数,就可以判断研究对象所属的类型。

下面以表 14-4 中的数据为例,介绍判别函数的构建过程。

(1)计算两组均值之差。设 x_1 为家庭结构,x_2 为收入,$D(\overline{x_1})$ 为家庭结构均值之差,$D(\overline{x_2})$ 为收入均值之差,则

$$D(\overline{x_1}) = 4.4 - 2.4 = 2$$
$$D(\overline{x_2}) = 7.2 - 4.2 = 3$$

$$\boldsymbol{D} = \left(D(\overline{x_1}), D(\overline{x_2})\right)^\mathrm{T} = (2,3)^\mathrm{T} 称为平均差向量。$$

可以看出,收入方面的差别大于家庭结构方面的差别,收入对于分组判别作用更大。

(2)计算两组数据的离差矩阵。设 A_1、A_2 分别为订户与非订户的离差矩阵,则

$$A_1 = \begin{bmatrix} 5-4.4 & 7-7.2 \\ 5-4.4 & 6-7.2 \\ 4-4.4 & 8-7.2 \\ 3-4.4 & 6-7.2 \\ 4-4.4 & 9-7.2 \\ 6-4.4 & 10-7.2 \\ 5-4.4 & 7-7.2 \\ 5-4.4 & 6-7.2 \\ 3-4.4 & 7-7.2 \\ 4-4.4 & 6-7.2 \end{bmatrix}, \quad A_2 = \begin{bmatrix} 3-2.4 & 5-4.2 \\ 2-2.4 & 4-4.2 \\ 1-2.4 & 3-4.2 \\ 2-2.4 & 5-4.2 \\ 3-2.4 & 6-4.2 \\ 4-2.4 & 6-4.2 \\ 2-2.4 & 4-4.2 \\ 2-2.4 & 4-4.2 \\ 3-2.4 & 5-4.2 \\ 2-2.4 & 3-4.2 \end{bmatrix}$$

再计算协方差矩阵。

$$S_1 = A_1^\mathrm{T} A_1 = \begin{bmatrix} 8.4 & 4.2 \\ 4.2 & 17.6 \end{bmatrix}, \quad S_2 = A_2^\mathrm{T} A_2 = \begin{bmatrix} 6.4 & 2.2 \\ 2.2 & 9.6 \end{bmatrix}$$

(3)计算两组数据的联合协方差矩阵。

$$S = S_1 + S_2 = \begin{bmatrix} 14.8 & 6.4 \\ 6.4 & 27.2 \end{bmatrix}$$

（4）计算判别系数。

$$B = \begin{bmatrix} b_1 \\ b_2 \end{bmatrix} = S^{-1}D = \begin{bmatrix} 0.097 \\ 0.087 \end{bmatrix}$$

由此得到判别函数为

$$y = 0.097x_1 + 0.087x_2$$

将订户与非订户两组变量的均值代入判别函数，可求得两组的临界值。

订户组的临界值为：$y_b = 0.097 \times 4.4 + 0.087 \times 7.2 = 1.062$。

非订户组的临界值为：$y_a = 0.097 \times 2.4 + 0.087 \times 4.2 = 0.603$。

如果要判断某一家庭是否可能成为订户，只需要将该家庭的家庭结构和收入代入判别函数，就可以求出该家庭的判别值 y_i。

① 如果 $y_i > y_b$，则该家庭为可能的订户，销售人员应进行上门推广；

② 如果 $y_i < y_a$，则该家庭为可能的非订户，销售人员可以不进行上门推广；

③ 如果 $y_a \leq y_i \leq y_b$，则该家庭用户既可能为订户也可能为非订户，与哪一个临界值更近，则归入相应的组中。

情境 14-3

SPSS 分析实例——销售人员招聘（2）

通过情境 14-2 的聚类分析可将近期面试的销售人员分为两类，如表 14-5 所示。请根据表 14-5 中的数据对新面试的人员 11 进行判别，判断其是否适合该企业的销售工作，是否该被聘用。

表 14-5 销售人员测试表

	专业知识	沟通能力	组织能力	是否聘用
1	9.0	8.0	7.0	1.0（是）
2	7.0	6.0	6.0	1.0（是）
3	2.0	3.0	3.0	2.0（否）
4	8.0	6.0	7.0	1.0（是）
5	7.0	5.0	6.0	1.0（是）
6	4.0	4.0	4.0	2.0（否）
7	3.0	6.0	6.0	2.0（否）
8	6.0	3.0	3.0	2.0（否）
9	10.0	7.0	8.0	1.0（是）
10	8.0	4.0	5.0	1.0（是）
11	6.0	5.0	5.0	未知

（1）录入数据后，依次单击"Analyze"→"Classify"→"Discriminant"，弹出判别分析主窗口，如图14-8所示。

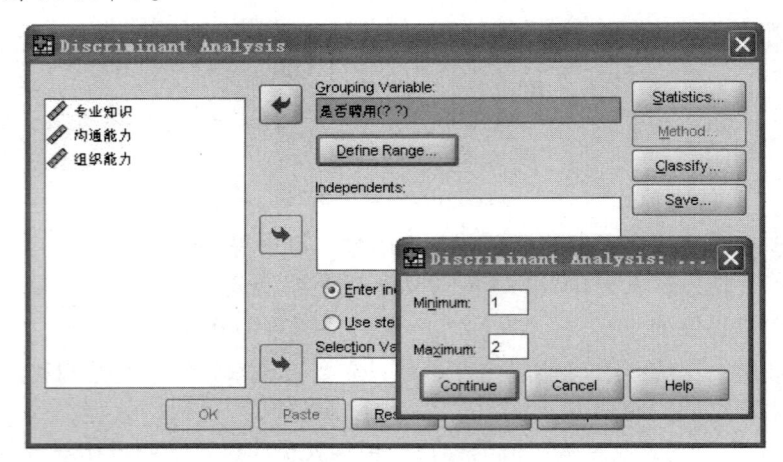

图14-8　判别分析主窗口

（2）选出"是否聘用"变量，放入右边的分组变量框中，单击"Define Range"按钮，弹出新的子窗口，要求输入分组变量的最小值和最大值。本例填入1和2，返回主窗口。

（3）从变量名中选出专业知识、沟通能力、组织能力，放入右边的自变量框中。

（4）单击"Statistics"按钮，在子窗口中选择要输出的统计量，如图14-9所示。该子窗口包括三个部分：

① "Descriptives"部分指定描述统计量；
② "Matrices"部分指定自变量的有关矩阵，如相关系数矩阵、协方差系数矩阵等；
③ "Function Coefficients"部分指定判别函数的系数。

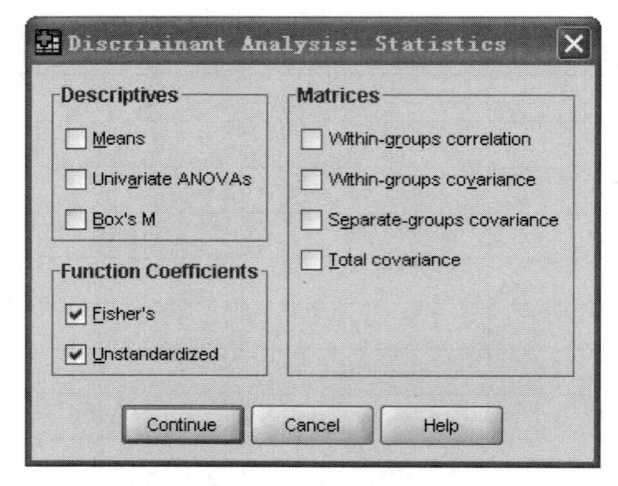

图14-9　选择要输出的统计量

（5）单击"Classify"按钮，在子窗口中选择分组的输出结果，如图14-10所示。

（6）单击"Continue"按钮，回到主窗口。本例接受系统默认的全模型法，单击"OK"按钮，分析过程结束，结果如表14-6～表14-10所示。

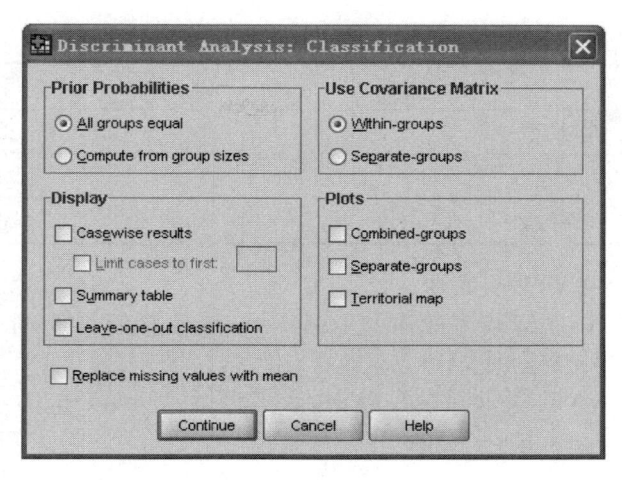

图 14-10　输出选择窗口

表 14-6　聘用组及非聘用组的均值及标准差

是否聘用		平均值	标准差	有效数据	
				未加权	加权
是	专业知识	8.1667	1.16905	6	6.000
	沟通能力	6.0000	1.41421	6	6.000
	组织能力	6.5000	1.04881	6	6.000
否	专业知识	3.7500	1.70783	4	4.000
	沟通能力	4.0000	1.41421	4	4.000
	组织能力	4.0000	1.41421	4	4.000
合计	专业知识	6.4000	2.63312	10	10.000
	沟通能力	5.2000	1.68655	10	10.000
	组织能力	5.5000	1.71594	10	10.000

由表 14-6 可知，从平均值的差值来看，两组专业知识的差值为 4.4167，沟通能力的差值为 2.0000，组织能力的差值为 2.5000。三者相比，专业知识的差值最大，判别能力最强，而沟通能力的判别能力最差。

表 14-7 是典则判别函数对应的最大特征根，可以看出，典则相关系数很大，判别能力较强。

表 14-7　典则判别函数对应的最大特征根

函数	特征根	方差占比（%）	累积占比（%）	典则相关系数
1	4.047	100.0	100.0	0.895

典则判别函数的系数如表 14-8 所示。

表 14-8　典则判别函数的系数

	系数
专业知识	0.573

续表

	系数
沟通能力	−0.446
组织能力	0.814
系数	−5.824

可以得出本例的典则判别函数为

$$y = -5.824 + 0.573 \times 专业知识 - 0.446 \times 沟通能力 + 0.814 \times 组织能力$$

标准化之后的典则判别函数为

$$y = 0.799 \times 专业知识 - 0.630 \times 沟通能力 + 0.976 \times 组织能力$$

聘用组和非聘用组的数据重心如表 14-9 所示。

表 14-9 聘用组和非聘用组的数据重心

是否聘用	数据重心
是	1.469
否	−2.204

如果 $y > 1.469$，则调查对象属于聘用组；如果 $y < -2.204$，则调查对象属于非聘用组。如果调查对象的判别值处于两者之间，则应比较调查对象与哪个判别值更接近。例如，判别值 0.526 时，由于 $|1.469 - 0.526| = 0.943$，$|-2.204 - 0.526| = 2.73$，显然，将该对象划分为聘用组更合理。

对每个个体的判别结果如表 14-10 所示。可以看出，第 11 个个体对于该企业来说，不适合被聘用。

表 14-10 对每个个体的判别结果

编号	实际组	预测组	最高组 P(D>d|G=g) 概率	df	P(G=g|D=d)	相对重心计算的平方马氏距离	第二最高组 组	P(G=g|D=d)	相对重心计算的平方马氏距离	判别得分 函数1
1	1	1	0.994	1	0.999	0.000	2	0.001	13.437	1.462
2	1	1	0.282	1	0.942	1.156	2	0.058	6.748	0.394
3	2	2	0.171	1	1.000	1.878	1	0.000	25.433	−3.574
4	1	1	0.755	1	1.000	0.097	2	0.000	15.874	1.781
5	1	1	0.529	1	0.988	0.396	2	0.012	9.262	0.840
6	2	2	0.886	1	0.998	0.020	1	0.002	12.458	−2.060
7	2	2	0.758	1	0.996	0.095	1	0.004	11.325	−1.896
8	2	2	0.358	1	0.967	0.846	1	0.033	7.578	−1.284
9	1	1	0.068	1	1.000	3.331	2	0.000	30.226	3.294
10	1	1	0.671	1	0.994	0.181	2	0.006	10.546	1.044
11	未分组	2	0.098	1	0.659	2.745	1	0.341	4.064	−0.547

思考题

1. 聚类分析、判别分析的目的分别是什么？
2. 请说明判别函数的确定过程。
3. 解释聚类分析中距离方法和节点方法的区别，以及最大距离法、最小距离法和平均距离法的区别。
4. 判别分析的目的是：预测或分组、解释结构，如何同时达到这些目的？
5. 在聚类分析中，簇的中间值给调查人员提供的信息是什么？为什么在聚类分析中样本的数量很重要？
6. 某企业近期推出了一款新产品，现对该产品进行市场调查以了解消费者的购买情况，同时判别该产品的消费人群，以有针对性地开展促销、广告等宣传活动，调查结果如表14-10所示，数字1~10表示满意程度。

表 14-10　消费者测试表

编号	价格	款式	包装	功能	是否购买
1	9.0	8.0	8.0	7.0	1.0（是）
2	8.0	5.0	6.0	6.0	1.0（是）
3	2.0	5.0	3.0	3.0	2.0（否）
4	8.0	6.0	6.0	7.0	1.0（是）
5	7.0	5.0	5.0	6.0	1.0（是）
6	4.0	4.0	4.0	4.0	2.0（否）
7	3.0	6.0	6.0	6.0	2.0（否）
8	6.0	3.0	3.0	3.0	2.0（否）
9	10.0	7.0	6.0	7.0	1.0（是）
10	8.0	4.0	4.0	5.0	1.0（是）
11	6.0	5.0	5.0	5.0	未知
12	9.0	8.0	9.0	7.0	未知

（1）利用聚类分析对样本1~12进行聚类，与"是否购买"类别进行比较。
（2）用判别分析判断样本11、样本12应该属于哪一组。
7. 假设你是一名调查人员，为一家拥有三种谷类早餐品牌的厂商服务。研发部门研发出了一种新型谷类食品，公司准备以新品牌名称推出该产品。产品经理表示，只有产品定位恰当，才可以调拨公司现有品牌的销售人员。现请你为该企业进行一项研究，以帮助管理者准确定位新产品。你将使用何种方法，为什么？选定方法之后，你必须做哪些基本决定呢？

第十五章　Python 在市场研究中的应用

学习要点

- ◇ 了解 Python 的应用领域
- ◇ 掌握利用 Python 爬取数据、量化分析的过程
- ◇ 理解 Python 在市场研究中的应用

第十五章课件　第十五章习题

情境 15-1

利用 Python 进行商品评论分析

某公司是一家无线耳机的生产和销售企业，主要在线上销售。该公司近期推出了一款新产品——骨传导蓝牙耳机。作为一款网红产品，该产品在网络上有很高的热度。公司的研发小组希望能得到市场对该产品的使用反馈。

市场部门最近引入了技术人才，该员工在公司例会上提出，消费者在电商平台上浏览商品并购物产生了海量的用户行为数据，用户对商品的评论数据对商家具有重要意义。利用好这些碎片化、非结构化的数据，有利于企业在电商平台上持续发展；同时，对这部分数据进行分析，依据评论数据来优化产品也是大数据在企业经营中的实际应用。

于是，他们利用 Python 在电商平台上爬取了前 100 页评论数据，进行数据挖掘。评论中蕴含着消费者对商品的主观感受，反映了人们的态度、立场和意见，具有非常宝贵的研究价值。对企业来说，分析评论数据可以更好地了解客户的喜好，从而有针对性地提高服务和产品质量，增加自身的竞争力；对用户自身来说，可以为购物抉择提供更多参考依据。此次数据分析主要为企业实现了三个目标：对骨传导蓝牙耳机的评论进行情感分析；从评论中挖掘用户的需求、意见、购买原因等信息；根据模型给出改善建议。

第一节　Python 概述

一、Python 简介

Python 是一种跨平台的通用编程语言，由创建者 Guido van Rossum 在 20 世纪 80 年代后期开发，并于 1991 年首次向公众发布。每个人都可以为其代码和库的编写和维护做出贡献，全球范围内大量个人甚至公司花费了许多时间和精力来扩展和完善 Python，进一步增加了 Python 的吸引力。

Python 是一种高级通用语言，它远离 0 和 1，更接近人类语言。其创始人 Guido van Rossum 也明确表示过，希望 Python 像英语一样易于理解。因此，任何使用该语言的个人都不需要担心内存管理、删除对象或其他问题，只需要专注于编程问题。因此，Python 成为"编程小白"的理想之选。

Python 作为一种通用语言，被广泛应用于 Web 开发、机器学习、游戏开发、数据科学、网络爬虫等领域，市场研究也是 Python 应用的一个重要领域。

二、Python 在市场研究中的应用

1. Python 应用于市场数据的爬取

网络爬虫是大数据行业获取市场数据的核心工具，它可以自动地、不分昼夜地、智能地爬取所需要的市场信息和数据。很多编程语言都能编写网络爬虫程序，但 Python 是其中最主流的编程语言，Scrapy 爬虫框架的应用非常广泛。

Python 可以爬取的市场信息非常广泛，如从各大网站上爬取商品折扣信息，获取最优选择；对社交网络上的言论进行收集、分类，生成情绪地图，分析购物习惯；爬取音乐软件上某类歌曲的所有评论，生成词云；按条件筛选电影、书籍信息并生成表格等。

2. Python 应用于市场数据的分析

利用 Python，可以轻松获得庞大的市场数据并进行分析，从而得到关于市场趋势、消费偏好、品牌态度等的重要结论。Python 的库（例如 numpy 和 pandas）广泛用于数据的收集、处理和清理，并应用数学算法分析得到有关市场的结论，辅助企业决策或使客户受益。同时，Python 附带的强大的可视化工具让其成为数据分析的绝佳帮手。

三、Python 的优缺点

Python 提供了非常完善的基础代码库，覆盖了网络、文件、图形界面、数据库、文本等内容。用 Python 开发程序，不必从零开始编写，可直接使用现成的代码库。除了内置的库，Python 还有大量第三方库。

1. Python 的优点

（1）简单易懂。初学者入门容易，Python 的关键字少、结构简单、语法清晰，能非常快速地编写程序。随着不断深入，也可以编写非常复杂的程序。

（2）丰富的代码库。Python 有几百个库，这些库为 Python 增加了很多功能。

（3）可交互和扩展。Python 支持交互模式，也支持将 Python 代码放入其他语言（例如 C++）的源代码中。值得指出的是，Python 在 Windows、Linux 等平台上同样能很好地工作，它的应用程序可以轻松地跨平台移植。

2. Python 的缺点

（1）运行速度慢。Python 是解释型语言，执行代码时会一行一行地将其翻译成 CPU 能理解的机器码，非常耗时。

（2）移动技术薄弱。尽管 Python 已经出现在许多台式机和服务器平台上，但在移动计算上是一种较弱的语言。这也是很少有移动应用程序使用 Python 的原因。

（3）代码不能加密。Python 是解释型语言，因此要想发布使用 Python 编译的程序，就必须把源代码发布出去。

第二节　利用 Python 爬取数据

一、大数据的来源

利用大数据进行市场分析是当前市场研究与分析领域的新进展。一般来说，大数据有两种来源：内部和外部。

内部大数据是从组织内部的数据库或数据统计平台中获取大数据。一般的数据统计平台都支持导出数据，一般采用结构化查询语言从内部数据库中提取数据。

外部大数据的获取方式主要有两种。第一种是获取公开的数据集，例如很多科研机构、企业、政府会开放部分数据，这些数据集通常比较完善，质量较高。第二种是利用网络爬虫程序从网络上爬取，例如从招聘网站中获取某个职位的招聘信息等。

二、利用 Python 爬取市场数据的步骤

1. 准备工作

（1）安装 Python 及其开发环境。安装 Python、Jupyter Notebook，启动 Jupyter Notebook，如图 15-1 所示。

图 15-1　启动 Jupyter Notebook

（2）查看网页结构并熟悉要爬取的内容。

在正式爬取之前，要明确在 Python 代码中需要定位哪些元素，因此需要先检查网页。打开网页检查器，能看到该页面的结构分布，以及页面的每个字段包含的元素。

2. 发起请求，获取响应

（1）安装需要的库。

urllib 是 Python 内置的库，它包含 request、error、parse、robotparser 模块，用户可以根据需求进行调用。

BeautifulSoup 是一个用来解析所爬取的网页源代码的库。相比于正则表达式，BeautifulSoup 能更便捷地进行解析和提取。调用 BeautifulSoup 库时，需要用"from bs4 import BeautifulSoup"语句导入。

（2）向所需爬取的网页发送请求。

确定网页的 URL，通过 HTTP 协议获取对应的页面。值得注意的是，不少网站需要登录认证才能请求网页数据，因此需要设置请求头，以防止被网站屏蔽。

3. 解析内容

使用相应的库对页面进行解析，找到页面中的相应元素。

情境 15-2

利用 Python 爬取二手房信息

（1）安装需要的库，导入相应模块，代码如下。

```
# 安装库
pip install requests
# 导入模块
import requests
from bs4 import BeautifulSoup
import csv
```

（2）发送网页请求，获取页面链接。

```
# 发送网页请求
def get_page(url):
    # 设置请求头，防止被网站屏蔽
    headers = {
        'User-Agent':'Mozilla/5.0 (Macintosh; Intel Mac OS X 10_15_5) AppleWebKit/605.1.15 (KHTML, like Gecko) Version/13.1.1 Safari/605.1.15'
    }
    responce = requests.get(url, headers = headers)
    soup = BeautifulSoup(responce.text,'lxml')
    return soup
# 填写需要爬取的网页地址
link_urls = ['https://XXX.com/ershoufang/pg{}'.format(str(i)) for i in range(1,101)]
all_links = []
# 通过循环获取所有页面的链接
for link_url in link_urls:
    soup = get_page(link_url)
    links_a = soup.find_all('a',class_='img')
    links = [a.get('href')for a in links_a]
    all_links.extend(links)
print(all_links) # 输出结果
```

（3）解析页面，获得所需要的属性及属性值。

```python
# 定义数据保存字典
info = open('hzershouafang.csv','w',encoding='utf-8',newline='') # 定义字典
csv_writer = csv.writer(info)  # 写入爬取的数据
csv_writer.writerow(['小区名','所在区域','总价','单价','房屋户型','所在楼层','建筑面积'])
# 获取属性及属性值
for link in all_links:
    try:
        soup = get_page(link)  # 设置循环，爬取多个网页
        communityname = soup.find('div',{'class':'communityName'}).find('a').text
        areaname = soup.find('div',{'class':'areaName'}).find('a').text
        totalprice = soup.find('div',{'class':'price'}).find('span').text
        unitprice = soup.find('div',{'class':'unitPrice'}).find('span').text
        layout = introcontent[1].text[4:]
        floor = introcontent[2].text[4:]
        area = introcontent[3].text[4:]
        csv_writer.writerow([communityname,areaname,totalprice,unitprice,layout,floor,area])
    except :
        pass
    continue
```

（4）提取并保存对应的属性及属性值，形成本地 CSV 数据集。

```python
class house_info:
    def __init__(self,communityname, areaname, totalprice,unitprice,layout,floor,area):
        self.communityname = communityname
        self.areaname = areaname
        self.totalprice = totalprice
        self.unitprice = unitprice
        self.layout = layout
        self.floor = floor
        self.area = area
    def to_csv(self):
        return [communityname, areaname,totalprice,unitprice,layout,floor,area]
    def csv_title():
        return ['小区名','所在区域','总价','单价','房屋户型','所在楼层','建筑面积']
house_infos = []
# 提取信息
for link in all_links:
    soup = get_page(link)
    info =house_info(communityname, areaname, totalprice,unitprice,layout,floor,area)
    house_infos.append(info)
now_str = datetime.datetime.now().strftime('%y%m%d_%h%M%s')
with open(f'trade_date_{now_str}.csv','w',encoding='utf-8',newline='') as f:
    csv_writer = csv.writer(f)
    csv_writer.writerow(house_info.csv_title())
    for info in house_infos:
        csv_writer.writerow(info.to_csv())
```

这样就得到了二手房信息，如图 15-2 所示。

1	A 小区名	B 总价	C 单价	D 房屋户型	E 所在楼层	F 建筑面积	G	H
2	庭院深深	222	25006	2室2厅1厨1卫	中楼层(共16层)	88.46㎡		
3	经纬美耀湾	210	22874	2室2厅1厨1卫	中楼层(共16层)	91.81㎡		
4	中大文锦苑	1000	108179	5室2厅1厨2卫	高楼层(共15层)	92.44㎡		
5	竹海水韵	352	22258	3室2厅1厨2卫	中楼层(共5层)	158.15㎡		
6	邱山小区	134	18967	3室1厅1厨1卫	中楼层(共5层)	70.65㎡		
7	润达花园	240	32095	3室2厅1厨2卫	高楼层(共6层)	74.78㎡		
8	紫薇公寓	310	34977	2室1厅1厨1卫	低楼层(共25层)	88.63㎡		
9	金帝金色钱塘	323	35502	2室2厅1厨1卫	中楼层(共24层)	90.84㎡		
10	明华明辉花园	285	16346	4室2厅1厨2卫	高楼层(共19层)	174.36㎡		
11	万通时尚公馆	78	17334	1室1厅1厨1卫	高楼层(共23层)	45㎡		
12	三塘竹园	265	37847	2室2厅1厨1卫	中楼层(共6层)	70.02㎡		
13	青枫墅园	240	26679	3室1厅1厨1卫	高楼层(共32层)	89.96㎡		
14	伊世纪城市花园	250	19520	3室1厅1厨2卫	低楼层(共6层)	127.87㎡		
15	假山路5弄	200	33196	2室1厅1厨1卫	中楼层(共7层)	60.25㎡		
16	和睦南苑	238	31628	3室1厅1厨1卫	高楼层(共7层)	75.25㎡		
17	景芳五区	247	44779	2室1厅1厨1卫	低楼层(共7层)	55.16㎡		
18	五彩商城	117	15337	2室1厅1厨1卫	中楼层(共5层)	76.16㎡		
19	湖墅北路95号	170	31511	2室1厅1厨1卫	中楼层(共6层)	53.95㎡		

图 15-2　二手房信息

第三节　利用 Python 进行市场数据分析

一、使用 numpy 和 scipy 进行数据分析

1. 使用 numpy 进行定量数据分析

（1）使用 numpy 计算均值和中位数的代码如下。

```
#导入需要的库和模块
from numpy import mean, median
#计算均值
mean(data)
#计算中位数
median(data)
```

（2）计算发散程度。数据的发散程度可以用极差、方差、标准差、离散系数来衡量，代码如下。

```
#导入需要的库和模块
from numpy import mean, ptp, var, std
#计算极差
ptp(data)
#计算方差
var(data)
#计算标准差
std(data)
#计算离散系数
mean(data) / std(data)
```

（3）计算偏离程度。数据的均值容易受异常值的影响，因此常用标准分数来衡量偏离程

度,码如下。

```
#导入需要的库和模块
from numpy import mean, std
#计算第一个值的标准分数
(data[0]-mean(data)) / std(data)
```

(4) 计算相关程度。两组数据是否相关、相关程度有多少常用协方差和相关系数来衡量,代码如下。

```
#导入需要的库和模块
from numpy import cov, corrcoef
#随机生成两组数据
x = normal(0, 10, size=100)
y = randint(0, 10, size=100)
#生成矩阵
data = array([x, y])
#计算两组数据的协方差
cov(data, bias=1)
#计算两组数据的相关系数
corrcoef(data)
```

2. 使用 scipy 进行定性数据分析

使用 scipy 计算众数的代码如下。

```
#导入需要的库和模块
from scipy.stats import mode
# 计算众数
mode(data)
```

二、使用 matplotlib 进行图分析

1. 定性数据的频数分析

(1) 柱状图。某商品 2017 年—2021 年的销量如表 15-1 所示。

表 15-1　某商品 2017 年—2021 年的销量

年份	2017	2018	2019	2020	2021
销量（件）	165	191	221	288	272

使用 matplotlib 绘制柱状图,代码如下。

```
#导入需要的库和模块
from matplotlib import pyplot
#定义数据
year = ["20{}".format(i) for i in range(17,22)]
sales = [165, 191,221, 288, 272]
#绘制柱状图
plt.rcParams["font.sans-serif"]=['SimHei']
plt.rcParams["axes.unicode_minus"]=False
plt.bar(year,sales,color='y')
#设置标签
```

```
plt.title("sales analysis")
plt.xlabel("year")
plt.ylabel("sales")
#绘图
plt.show()
```

柱状图效果如图 15-3 所示。

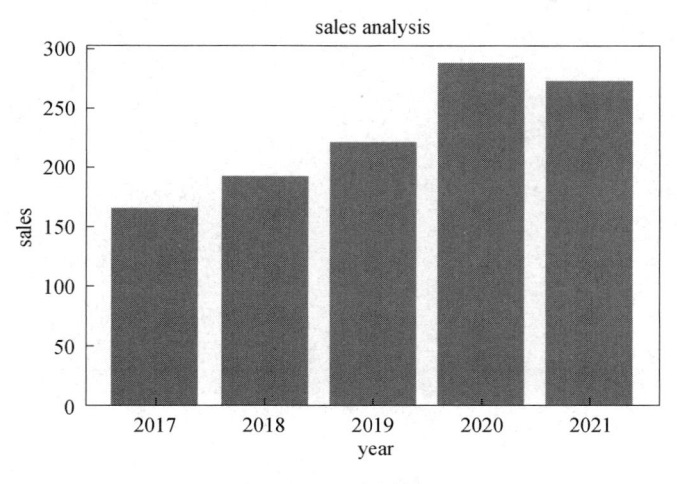

图 15-3　柱状图效果

（2）饼状图。使用 matplotlib 将表 15-1 中的数据绘制成饼状图，代码如下。

```
#导入需要的库和模块
from matplotlib import pyplot
#定义数据
year = ["20{}".format(i) for i in range(17,22)]
sales = [165, 191,221, 288, 272]
#绘制饼形图
plt.style.use('fivethirtyeight')
plt.title('sales analysis', fontsize=18)
plt.legend()
plt.show()
```

饼状图效果如图 15-4 所示。

图 15-4　饼状图效果

2. 定量数据的频数分析

（1）直方图。使用 matplotlib 绘制直方图的代码如下。

```
#导入需要的库和模块
from numpy.random import normal
from matplotlib import pyplot
#随机生成某商品的销量数据
sales = normal(172, 30, 1000)
#绘制直方图
plt.style.use('fivethirtyeight')
pyplot.hist(sales, bins = 100, color= 'y')
pyplot.xlabel('sales')
pyplot.ylabel('frequency')
pyplot.title('sales of city')
pyplot.show()
```

直方图效果如图 15-5 所示。

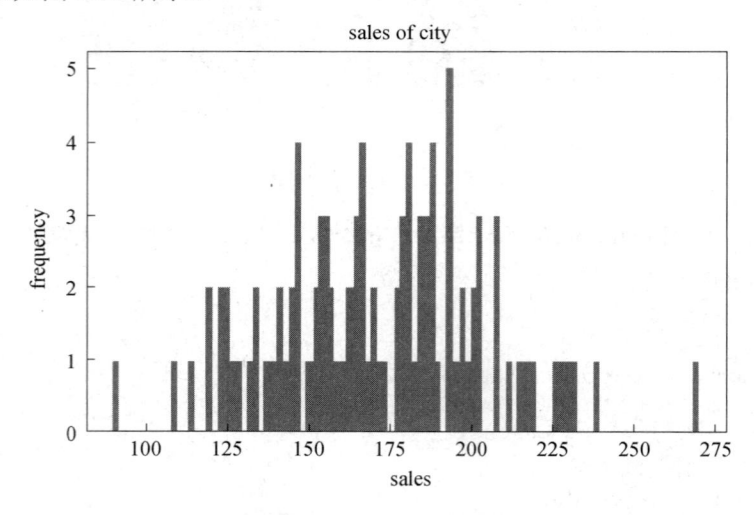

图 15-5　直方图效果

（2）累积曲线。使用 matplotlib 绘制累积曲线的代码如下。

```
#导入需要的库和模块
from numpy.random import normal
from matplotlib import pyplot
#随机生成某商品的销量数据
sales = normal(172, 30, 1000)
#绘制累积曲线
pyplot.hist(sales, 20, histtype='step', cumulative=True, color= 'y')
pyplot.xlabel('sales')
pyplot.ylabel('frequency')
pyplot.title('sales of city')
pyplot.show()
```

累积曲线效果如图 15-6 所示。

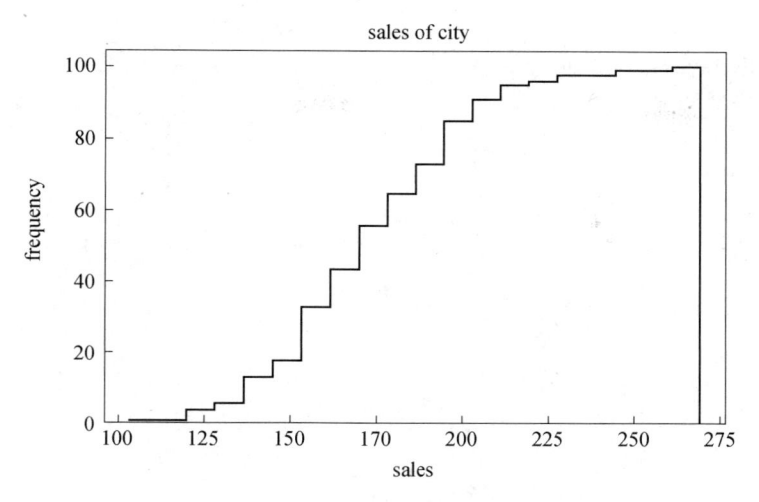

图 15-6 累积曲线效果

3. 定量数据的关系分析

某商品 10 个季度的营销费用和销量如表 15-2 所示。

表 15-2 某商品 10 个季度的营销费用和销量

季度	19Q3	19Q4	20Q1	20Q2	20Q3	20Q4	21Q1	21Q2	21Q3	21Q4
营销费用（万元）	76	77	68	65	69	66	68	72	70	71
销量（件）	179	180	168	166	173	168	169	180	178	178

使用 matplotlib 绘制散点图的代码如下。

```
#导入需要的库和模块
from matplotlib import pyplot
#导入数据
expense = [76, 77, 68, 65, 69, 66, 68, 72, 70, 71]
sales = [179, 180, 168, 166, 173, 168, 169, 180, 178, 178]
#绘制散点图
pyplot.scatter(expense, sales)
pyplot.xlabel('expense')
pyplot.ylabel('sales')
pyplot.title('marketing expense & sales')
pyplot.show()
```

散点图效果如图 15-7 所示。

4. 定量数据的探索性分析

在分析市场数据时，有时可能不太明确如何进行数据分析，这就需要对数据进行一些探索性分析。使用 matplotlib 绘制箱形图的代码如下。

```
#导入需要的库和模块
from numpy.random import normal
from matplotlib import pyplot
#随机生成某商品的销量数据
sales = normal(172, 30, 1000)
```

```
#绘制箱形图
pyplot.boxplot([sales], labels=['sales'])
pyplot.title('sales of city')
pyplot.show()
```

箱形图效果如图 15-8 所示。

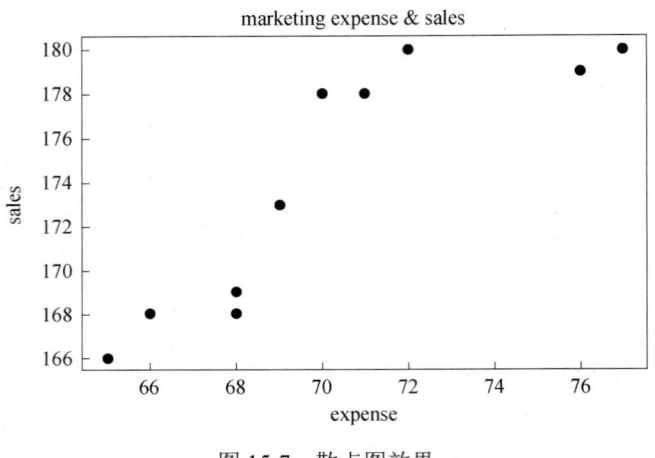

图 15-7　散点图效果

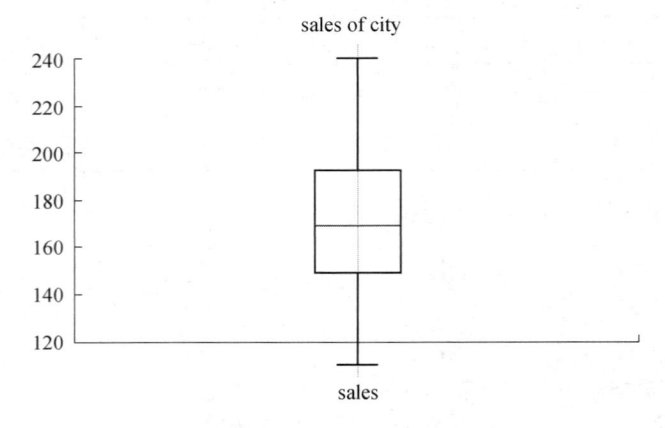

图 15-8　箱形图效果

第四节　利用 Python 进行文本分析

一、文本分析基础

1. 数据预处理

（1）数据获取。文本分析的第一步是采集数据，文本存在于邮件、公司年报、在线评论等中，可以使用 Python 设计网络爬虫程序采集数据。

（2）分词。将获取的数据拆解成"颗粒度"更小的词语，这个过程称为分词。

（3）清洗。数据清洗包括处理缺失值、删除重复项、数据归一化等，以确保数据的准确性和有效性。

2. 文本信息提取

（1）实体抽取。姓名、地址、品牌、产品属性等都可以看作实体信息。实体抽取可以用来监测舆论、商业竞争情报等，也可用作机器学习中的特征（预测指标）。

（2）关系抽取。关系抽取是指从文本中抽取实体之间的关系并将其明确表达出来。但这样的方法需要人工设置复杂的规则，当前通用的方法是机器学习，即通过人工标注相关数据来训练机器学习模型。

3. 文本分析指标

（1）计数。使用相应的词典统计实体出现的次数，可以对不同的实体进行比较。

（2）相似度。有时调查人员需要了解两个对象的相似程度，就需要分析文本之间的相似度。

二、文本分析过程

下面以商品评论分析为例，进行文本分析。

1. 数据准备

首先读取商品评论数据。

```
#安装库
pip install pd
#导入需要的模块
import pandas as pd
#读取商品评论数据
getdata=pd.read_excel(r'/Users/mayolg/Desktop/京东手机壳评价数据.xlsx',usecols= [2])
print(getdata)
```

得到的评论数据如图 15-9 所示。

```
0    这个手机壳还不错，透明的，很贴合手机，我买的苹果13的，孔位什么的对的很准，镜头保护到位，还...
1    透明外壳真心不粗。干净 通透，还原裸机手感及效果 做工精细，拿到手里很有质感。四周包裹性很好...
2    京造的这款手机壳，商品质量不错，细节、品质、做工都非常好，发货贼快，京东快递也给力，棒棒哒~...
3    完美的手机壳，做工精细，材质触感非常好，拿在手上轻薄如纸。就如同广告语，轻薄防摔手机保护壳，...
4    收到好多天了，和充电器一起买的，京东快递就是快，包装完好无破损，服务热情周到，这个手机壳和充...
5                                  京东京造的这个手机壳真的很不错。
6    材质很好，质量也不错，到货也很快，完美贴合，开孔准确，按键舒适，通透感很好，推荐大家购买。
7                            做工质感：做工不错，没有发现瑕疵。
8                  做工质感：手感很好，做工也很好还是用前后膜保护了手机壳 细节满分
9    京东京兆轻薄防摔手机壳，这时候iPhone13购买的手机壳，是全透明的，外壳相对比较硬，应该...
10                         做工质感：做工精细，没有明显的瑕疵
11   选了各种手机壳，之前也买了好几个，便宜的贵的都有，有的一次都没用过，直接就扔了，这个手机壳以...
12                  做工质感：透明感十足，背面玻璃材质设计，两边软硅胶。
13   背板硬硬的，但是包边的四周又不会很硬，不用担心挂花手机，通透性挺好，镜头位置也有凸起，综合来...
14   玻璃壳的材质一点都不会沾指纹，很清晰透亮，壳子表面是亮光滑的，看着舒心摸着舒服，手感是真的舒...
15                              优点就是便宜，确实质感一般
16                       做工质感：手感十分棒，一摸就是玻璃质感
17   做工质感：手机壳收到了 做工和手感都还可以 很满意 就是手机还得半个月才能到 第一次购买京东...
18                       壳子很漂亮，手机也很流畅！好nice
```

图 15-9　得到的评论数据

2. 词频统计

进行分词处理的代码如下。

```
pip install jieba
import jieba
import jieba.analyse
text = open("/Users/mayolg/Desktop/京东手机壳评价数据.txt", encoding="utf-8").read()
words  = jieba.lcut(text)
```

再根据分词结果统计词频，代码如下。

```
counts = {}
for word in words:
      if len(word) == 1:
            continue
      else:
            counts[word] = counts.get(word,0) + 1
print(counts)
```

词频统计结果如图 15-10 所示。

```
{'这个': 4, '手机': 19, '不错': 6, '透明': 3, '贴合': 4, '苹果': 2, '13': 3, '孔位': 1, '什么': 2, '很准': 1, '镜头': 2, '
保护': 5, '到位': 1, '可以': 4, '就是': 5, '容易': 2, '指纹': 2, '特别': 2, '留下': 1, '难看': 1, '冬天': 1, '那些': 1, '女
生': 1, '护手霜': 1, '估计': 1, '更油': 1, '外壳': 2, '真心': 1, '干净': 1, '通透': 2, '还原': 1, '裸机': 1, '手感': 8, '效
果': 1, '做工': 14, '精细': 3, '拿到': 1, '手里': 1, '质感': 9, '四周': 2, '包裹': 2, '还有': 2, '钢化': 2, '自己': 1, '理
想': 1, '设计师': 1, '老公': 1, '眼光': 1, '喜欢': 1, '推荐': 2, '入手': 1, '京造': 1, '这款': 1, '商品质量': 1, '细节': 2,
'品质': 1, '非常': 4, '发货': 1, '京东': 5, '快递': 2, '棒棒': 1, '舒适': 2, '对比': 1, '其他': 2, '品牌': 2, '握持': 1, '
起来': 1, '更加': 1, '圆润': 1, '没有': 4, '那么': 2, '生涩': 1, '背部': 1, '摄像头': 1, '区域': 1, '降低': 1, '灰尘': 1, '
侵入': 1, '侧边': 1, '按键': 2, '不会': 3, '完美': 4, '材质': 4, '触感': 1, '拿在手上': 1, '轻薄': 4, '如纸': 1, '如同': 2,
'广告语': 1, '真机': 1, '开模': 1, '精准': 1, '对位': 1, '负重': 1, '减震': 1, '安心': 1, '呵护': 1, '防弹衣': 1, '用时': 1
, '安全感': 1, '无缝': 1, '对接': 1, '失色': 1, '物流': 1, '很快': 2, '小哥': 2, '服务态度': 1, '服务到位': 1, '点个': 1, '
收到': 2, '好多天': 1, '充电器': 2, '一起': 2, '包装': 1, '完好': 1, '破损': 1, '服务': 1, '热情周到': 1, '东京': 3, '质量':
3, '过压': 1, '全世界': 1, '通用': 1, '放心': 2, '购买': 4, '真的': 3, '到货': 1, '开孔': 1, '准确': 1, '大家': 1, '发现':
1, '瑕疵': 2, '还是': 1, '前后': 1, '满分': 1, '京兆': 1, '这时候': 1, 'iPhone13': 1, '全透明': 1, '相对': 1, '比较': 1, '
应该': 1, '能防': 1, '购物': 1, '方便': 1, '一天': 1, '晚上': 1, '下单': 1, '第二天': 1, '早就': 1, '送到': 1, '家门口': 1,
'明显': 1, '各种': 1, '之前': 1, '好几个': 1, '便宜': 2, '一次': 1, '没用过': 1, '直接': 1, '颜色': 1, '相当': 1, '满意': 2
, '匹配': 1, '蓝色': 1, '绝对': 1, '好评': 1, '十足': 1, '背面': 1, '玻璃': 3, '设计': 1, '两边': 1, '硅胶': 1, '背板': 1,
'硬硬': 1, '但是': 1, '包边': 1, '不用': 1, '担心': 1, '挂花': 1, '通透性': 1, '位置': 1, '凸起': 1, '综合': 1, '来讲': 1,
'漂亮': 1, '一点': 1, '清晰': 1, '透亮': 1, '壳子': 2, '表面': 1, '光滑': 1, '看着': 1, '舒心': 1, '舒服': 2, '很值': 1, '
性价比': 1, '优点': 1, '确实': 1, '一般': 1, '十分': 1, '一摸': 1, '半个': 1, '才能': 1, '第一次': 1, '商品': 1, '希望': 1,
'以后': 1, '过硬': 1, '很漂亮': 1, '流畅': 1, 'nice': 1}
```

图 15-10　词频统计结果

3. 绘制词云

```
pip install jieba
pip install wordcloud
from wordcould import WordCloud
import matplotlib.pyplot as plt
import jieba
```

读取评价数据，进行分词处理，并形成词云。

```
text = open("/Users/mayolg/Desktop/京东手机壳评价数据.txt", encoding="utf-8").read()
words  = jieba.lcut(text)
split = " ".join(words)
stop_words = ['的','了','还','就','很']
ciyun_words=" "
for word in result:
      if word not in stop_words:
            ciyun_words+= word
            mywordcloud=WordCloud(
                              background_color='white',
```

```
                font_path = '/system/Library/Fonts/Supplemental/Arial Unicode.ttf',
                Stopwords=stop_words,
                width=1000,
                height=500)
mywordcloud.generate(split)
plt.imshow(mywordcloud)
plt.axis('off')
plt.show()
```

形成的词云如图 15-11 所示。

图 15-11 形成的词云

4. 主题特征提取

主题特征提取就是提取用户评论中的关键词，读取数据并按照词频排名确定各关键词的权重，代码如下。

```
pip install jieba
pip install pd
import jieba
import pandas as pd
import matplotlib
text = open("/Users/mayolg/Desktop/京东手机壳评价数据.txt", encoding="utf-8").read()
#权重分析
tags = jieba.analyse.extract_tags(text, topK = 20, withWeight=True)
for tag weight in tags:
    print(tag,":",weight)
```

排名前 20 的关键词及其权重如图 15-12 所示。

```
手机 : 0.33504175638365713
做工 : 0.3345337359840003
质感 : 0.23851812442345716
手感 : 0.21224130594582857
京东 : 0.1400904727107143
贴合 : 0.12717815919657144
轻薄 : 0.1073122073766857
不错 : 0.10608400830342857
13 : 0.10246943573914284
材质 : 0.0999701263712
完美 : 0.08571908807622858
钢化 : 0.07943244372571429
保护 : 0.07712863246028571
精细 : 0.06770796663437142
小哥 : 0.066876874712
购买 : 0.0656640315904
充电器 : 0.06231397359085715
透明 : 0.0607665709146
壳子 : 0.059997030115999994
玻璃 : 0.0590912779929771424
```

图 15-12 排名前 20 的关键词及其权重

将 20 个关键词进行可视化分析，绘制出的横向柱状图如图 15-13 所示。

```
plt.rcParams['font.family'] = ['Arial Unicode MS']
plt.figure(figsize=(8,6))
tags = pd.DataFrame(tags)
plt.barh(tags.iloc[:,0],tags.iloc[:,1])
```

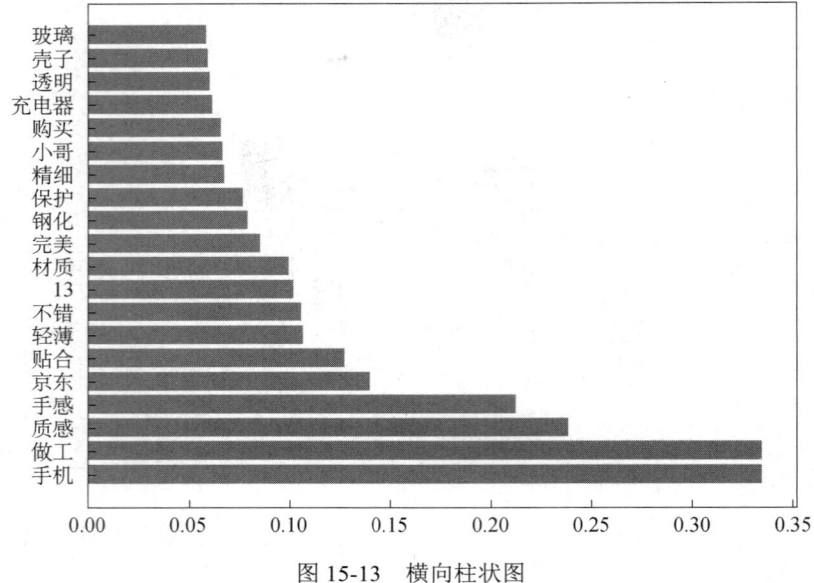

图 15-13　横向柱状图

练习

请利用 Python 对《淘宝用户购物行为数据集》中的数据进行分析，针对用户在购物流程中各个环节的转化流失情况，分析用户的消费行为，为改善平台运营、增加销量提供建议。

该数据集包含约一百万个随机用户在 2017 年 11 月 25 日—2017 年 12 月 3 日之间的所有行为（包括点击、购买、加购、喜欢）。一行数据表示一条用户行为，由用户 ID、商品 ID、商品类目 ID、行为类型、时间戳组成，并用逗号分隔，如表 15-3 所示。

表 15-3　字段及其类型

字段	含义
用户 ID	字符串类型
商品 ID	字符串类型
商品类目 ID	字符串类型
行为类型	字符串类型
时间戳	整型

用户行为类型包括点击、购买、加购、喜欢，如表 15-4 所示。

表 15-4　用户行为类型

行为类型	含义
pv	点击
buy	购买
cart	加购
fav	喜欢

请进行以下练习。

1. 利用 Python 统计用户行为在工作日和周末的表现。
2. 利用 Python 统计用户行为在不同时间段的表现。
3. 利用 Python 对用户的四种行为进行统计，计算用户从点击到购买的转化率。
4. 利用 Python 分析转化率偏低的原因，以下思路可供参考。

（1）商品种类和数量少，导致用户搜索不到想购买的商品（可通过统计"商品ID"的数量进行分析）。

（2）商品集中于同一个类目，导致用户可选购的范围小（可通过统计不同"商品类目ID"下的"商品ID"数量进行分析）。

（3）平台推送的商品并不是用户想购买的商品（可通过统计浏览量高的"商品类目ID"和购买量高的"商品类目ID"的重合情况进行分析，也可通过统计浏览量高的"商品ID"和购买量高的"商品ID"的重合情况进行分析）。

（4）购买流程中的某些环节转化率低，导致用户没有购买商品（可通过汇总每个环节的用户数量进行分析）。

5. 根据用户的购买频率，对用户进行价值分类，并提出营销建议。

第十六章　调查结果表述

学习要点

- ✧ 了解书面报告的组成部分
- ✧ 学习书面报告中每个部分应包含的内容
- ✧ 了解口头报告的特征

第十六章课件　第十六章习题

情境 16-1

"破晓立新，百舸争流"——2021年新能源汽车市场调查报告

中国汽车市场在经历了多年的高速增长后，于2018年首次出现负增长，并连续三年市场销量下滑，正式进入存量竞争时代。在"碳中和"和"碳达峰"的大背景下，国内的新能源汽车市场在政策扶持、市场引导、营销多元化、用户接受度提升等因素的共同影响下，年销量从2011年的5000辆快速增长至2020年的125万辆，渗透率达到了6.2%。2021年新能源汽车市场逐渐由政策驱动转向市场驱动，市场成熟度日渐提升，调查报告由以下几方面构成。

① 数据来源。

新能源汽车的调查数据来源包括中汽协、保监会等。样本来源于抖音等平台上对新能源汽车感兴趣的人群。

② 问卷样本。

共收集有效问卷2681份，调查对象包括传统汽车车主及新能源汽车车主，以及潜在的新能源汽车购车人群，覆盖了不同年龄段、不同城市、不同职业的人群。

③ 专家访谈。

访谈专家来自代表车企、行业协会、第三方研究机构，代表着不同方面的观点。

④ 研究结果。

通过对不同数据、问卷和专家访谈结果的汇总分析，得到以下几方面结果。

- 2021年新能源汽车市场的特征及未来趋势。
- 2021年新能源汽车市场的消费者及高潜人群画像。
- 2021年新能源汽车车主与传统汽车车主的差异。
- 2021年新能源汽车内容平台的生态发展趋势。

在移动互联网时代，消费者行为路径、人群结构、消费偏好以及购车需求等产生了新的变化。面对纷繁复杂的市场形势，唯有洞悉趋势，方能把握机遇。

（资料来源：巨量算数、盖世汽车研究院）

针对情境16-1，进行如下思考：（1）这个报告的哪个部分反映了有效的调查结果？（2）用图表的形式是否能更好地表达报告的内容？（3）这个报告中还有什么有价值的补充信息？（4）假设你必须要把研究结果展示成一个更正式的报告，应如何撰写？

虽然本章所介绍的内容是调查流程的最后一步，但是将调查结果传达给决策者是一个很重要的环节。实际上，调查结果是否以及在多大程度上影响决策者往往取决于如何传达调查结果。

本章对撰写报告所需要的技巧和需要注意的问题进行详述。无论研究过程的其他环节如何完备，研究报告的失败意味着整个研究项目的失败。

第一节　书面报告

> 撰写报告时要明确读者的需求。

一、理解读者的特征和需求

调查人员总是用书面报告来汇报调查项目和调查结果。他们通常也用口头汇报来补充书面报告以突出关键的结果或回答决策者的问题。不论是书面汇报还是口头汇报，其影响都取决于是否适合读者或听众的背景和需求。

在准备书面或口头报告时，要理解读者的特征和需求。你可以问自己一些问题，例如：读者或听众来源于哪个层次？这些人员有多忙碌？他们对调查项目的熟悉程度如何？他们最可能对调查项目的哪个方面感兴趣？他们是否具备相关的背景并能理解调查项目的技术复杂性和相关术语？

调查人员通常无法获得上述所有问题的答案。然而，对上述问题保持敏感是确保形成良好报告或汇报的前提条件。另外，当读者由不同背景的人群组成时，调查人员应该准备几份不同的报告或汇报并针对每个人群进行专门的汇报，尽可能地扩大调查项目的影响。

二、书面报告的组成部分

书面报告没有单一的形式，但以下形式是相当标准的，同时也是灵活的。

（一）封面

封面包括调查的标题、调查报告作者的名称和所属单位、调查日期。吸引人的封面会让读者产生最初的好印象。

（二）目录

当调查报告包括很多章节时，目录可以帮助读者迅速确定感兴趣的章节。目录通常不包括调查的题目。当报告主体包括大量表格、数字或其他说明时，需要将额外的一页即"表格清单"或"图录"等附在目录之后。

(三) 执行概要

执行概要是从整个报告中谨慎提炼的概要，通常只有几页。作为报告的前导部分，执行概要应概述调查的宗旨、采用的方法论、重要发现、关键结论和建议。

起草执行概要时要列出大纲，说明调查的主要目的并列出调查结果。

(四) 正文

1. 研究方法

为了让读者更深入地理解调查过程中用到的研究方法、数据收集方法、样本选取过程及分析技术，一些重要的信息必须被写入。但是，应该删去一些专业术语，因为很多读者并不懂这些专业术语。

研究方法包括以下内容。

◆ 采用的整体调查方式是什么（探索性、结论性还是先探索性后结论性）？为什么该方式是最适合的？

◆ 该调查是否完全依赖二手资料？是否需要收集原始资料？二手资料来源是什么？

◆ 原始资料是如何收集的（通过观察、询问还是这两种方式的结合）？调查对象是如何构成的？如何选取样本？在什么时期收集数据？

◆ 采用哪种技术来分析所收集的数据？

2. 研究结果

报告的研究结果应当有相应的图表作为支撑。研究结果需要能解决具体问题，并且必须要有逻辑结构。首先，应当删掉与具体问题不相关的信息。其次，图表不应是随机集合，而应以有意义的顺序排列，例如可以按照子问题、地理区域、时间或其他标准等方式排列。附录中的表格应该是复杂的、详细的，但是正文中的表格应当是对核心信息的简要概括。

3. 研究局限

每项研究都有其局限性，调查人员不应对读者隐瞒这些局限性。事实上，对研究局限的坦白承认比不承认（有时是害怕承认）更能提高读者对研究质量的认可程度。

(五) 结论与建议

结论与建议来自研究结果。每一项研究都应有结论，调查人员应当注意结论要不偏不倚。

调查人员的建议应当是根据结论得出的。在得出建议时，应注意所收集的信息有何价值，然后对信息进行解释。做这项工作的最好方法之一是，为合适的行动提供具体的建议，并且说明原因。

(六) 附录

附录包括那些过于复杂、详细并且不完全有必要在正文中涉及的内容。附录一般包括在数据收集时使用的调查问卷，也包括在抽样过程中使用的地图或者决定样本容量大小时所使用的详细计算过程。附录也可以包含统计检验的计算方程和正文中一些简要表格对应的详细表格。

三、书面报告的撰写原则

(一) 完整性

如果一份报告以读者能理解的语言提供了读者需要的全部信息,这份报告就是完整的,这就意味着撰写者必须不停地思考当初设计的每一个问题是否都被解决了。报告必须包括必要的定义和解释,但这些定义和解释必须是简明的。

(二) 准确性

一份准确的报告应当是清楚的,其陈述应当无歧义。它也应是综合性的,能包括所有相关信息并让读者获得完整和真实的图像。准确性意味着能提供足够多细节,例如样本性质、数据收集流程、分析技术等。撰写报告时必须仔细,但也不要过头,例如列举调查中遇到的所有细枝末节的问题。

同时,撰写报告时要注意避免在阐述数据时粗心大意,或在解释原因时缺乏逻辑、表达不适当。表 16-1 列举了报告不准确的例子。

表 16-1　报告不准确的例子

1. 计算方面的简单错误
"14%的人是小学学历,30%的人是初中学历,21%的人是高中学历,14%的人是大专学历,16%的人上过大学。" ◆ 错误是 14+30+21+14+16≠100
2. 百分数与百分点的混淆
"公司的销售利润率在 2016 年为 6.0%,2020 年为 8.0%。因此,五年内销售利润率仅增长 2.0%。" ◆ 在这个例子中,其增长是 2 个百分点,或者 33.3%
3. 语法错误
"政府对日用品的价格支持削减使农场每年的收入从 6000 万美元减少到 8000 万美元。" ◆ 为了表达这个跨度,调查人员应该这样写:"政府对日用品的价格支持削减使农场的收入从每年减少 6000 万美元变为每年减少 8000 万美元。"
4. 专业术语错误导致结论错误
"在过去的 10 年内,王先生的家庭年收入从 200000 元增加到 400000 元,因此,其家庭购买力翻了一番。" ◆ 尽管王先生的家庭年收入翻了一番,但他的家庭购买力可能并没有增长

(三) 逻辑性

书面报告必须有逻辑性,让读者容易阅读。报告中的各章节必须在逻辑上富有条理以确保流畅性。如果基本逻辑模糊不清或者表达不简明,读者将很难理解他们阅读的内容。为做到清晰明了,报告内容的组织应该按照主要观点的框架进行。

(四) 简洁性

报告应该只详细说明客户感兴趣、能对决策者产生直接影响的内容。撰写者必须避免给读者造成阅读压力,如果与主题不直接相关,可将其删掉。报告的长度并没有标准,取决于读者的需要，因此需要根据具体的情境而定。需要记住的原则是，报告不能包括与目标读者不相关的材料。

第二节　口头报告

一、口头报告的准备

由于与听众直接互动，准备口头报告在某种程度上比准备书面报告更困难。有效的口头报告需要认真准备内容及阐述方式，也需要考虑某些意外因素。因此，即使是 30 分钟的汇报也需要数小时（或数天）的准备，认真规划和预演是保证口头报告有效性的关键。

口头报告的陈述有两种常见形式，都以阐明研究的一般目的和具体目标开始，区别在于何时引出结论，最流行的形式是在所有证据提出后给出结论。另一种形式是在阐明目的和目标之后就引入结论，随后给出证据。采用何种形式要看具体的公司文化和陈述者的舒适度，还可以考虑采用可视化工具——PPT、黑板等。

二、口头报告的陈述

陈述口头报告时要遵守会议的时间限制，用较少的时间进行正式表述，不超过整体时间的 1/3 或者 1/2。同时，在陈述时不要着急，留一些提问和讨论的时间。口头报告的优点之一是可以进行互动，这有利于澄清困惑和强调需要特别注意的问题。

报告的陈述要简单明了，以便使听众可以随着所陈述的问题思考。在写陈述词时，要选择可以自然说出的以及平常使用的语言所形成的简单词语和句子。

同时，以下三个基本原则对口头汇报的成功特别有用。

◇ 调查听众。了解谁是你的听众（他们的背景和信息需求）可以让你预见他们可能会提出的问题。

◇ 选择在报告中陈述的调查关键点。注意不要选择过多主要观点。

◇ 有效使用图形辅助——简单的视频、PPT 等可以提高报告的清晰度。

思考题

1. 书面报告需要具备简洁和准确的特点，这两者之间有冲突吗？如果有，你如何来协调？如果没有，为何不会有冲突？
2. 为什么执行概要是调查报告的重要部分？
3. 书面报告最基本的标准是什么？请对其进行解释。
4. 针对书面报告，哪一部分最重要？

附录 A　市场环境数据动态研究与决策模拟仿真系统介绍

一、系统简介

随着市场竞争日益激化，企业必须根据市场的变化快速调整自己的营销策略。在制订新的营销策略时，市场调查起着非常关键的先导性作用，它使营销决策能建立在科学的市场信息基础之上。企业在进行市场调查的过程中，通过传统调查手段以及在线业务积累了很多市场动态数据。如何用好这些数据，从数据中挖掘有用的信息，以支持科学的决策，对于市场调查工作具有格外重要的意义，也是"市场研究"课程的授课重点。

目前，"市场研究"课程面临的痛点是，学生在课堂上学习了一系列市场研究和分析的工具与方法，但面对一个较综合的实战任务时仍缺乏应用操作能力，这与传统授课中的知识和方法"碎片化"有关。例如，教师针对不同分析方法提供不同背景的数据，但很多数据的仿真性不高；传授的时候，方法和方法之间较独立，无法形成关联。我们需要一个能提供仿真模拟市场数据，让学生运用所学的理论和方法，进行数据分析和模拟决策的综合演练平台。

本书作者本着"将企业搬进校园"的指导思想，设计了市场环境数据动态研究与决策模拟仿真系统。该系统以一家销售快消品的公司为背景，虚拟仿真该公司电子商务的业务数据，以及消费者特征相关的市场数据。学生登录后采用角色扮演的方式，模拟真实公司市场部的运作情况。学生以市场决策任务为导向，需要完成 6 个决策任务。为了完成每个决策任务，学生必须来到数据大屏前观察数据，根据所学的相关理论和知识构建数据分析思路，找到合适的数据，进行计算解读，并做出相应的决策。

这个过程与真实公司的运作逻辑一致，能帮助学生进行角色转换，理解市场数据与营销决策之间的关系，帮助学生学会从决策需要出发，综合选择合适的数据和分析方法，从数据中提炼重要信息，形成科学决策。这正好与课堂教学中"方法先行"的思路形成了良性互补，课堂上解决方法理解问题，虚拟仿真系统解决应用问题。

市场环境数据动态研究与决策模拟仿真系统让学生在虚拟的市场环境中，以市场研究任务为导向，综合构建市场研究分析思路，科学选择调查和分析方法，通过设计落地，最终进行市场决策。这是将课堂所学到的市场研究理论、知识和方法，以及市场营销相关理论知识得以综合运用的平台。通过市场环境数据动态研究与决策模拟仿真系统，学生能达到以下学习效果。

（1）培养基于市场数据分析形成决策的思想；

（2）了解市场数据的各类形态和特征；熟悉各类市场研究和市场数据分析方法；

（3）理解市场数据与营销决策之间的关系，学会从决策需要出发，综合选择合适的数据和分析方法；

（4）能从数据结论中提炼重要信息，形成科学决策。

仿真界面图示例如图 A-1 所示，仿真数据大屏如图 A-2 所示。

图 A-1　仿真界面图示例　　　　　　图 A-2　仿真数据大屏

二、操作介绍

本系统通过特效、动画等搭建了公司办公环境，并通过数据仿真模拟构建了公司产品、市场和业务数据，形成仿真数据大屏，学生根据系统发布的任务，完成数据观察和选择、分析方法选取、相应的指标计算和数据分析，形成市场营销决策，最终提交调查和决策报告。整个项目将理论知识和实验操作流程进行了融合，通过实验帮助学生理解数据与营销决策之间的关系。

本系统采用面向服务的软件架构开发，使用者可通过谷歌、火狐等新型浏览器使用。使用者通过网页可直接进入实验进行操作。本系统采用教师、学生、专家三种通道登录方式，教师、学生需要输入账户密码才可登录，专家无须输入账号密码即可登录。

本系统采用"教学引导进程"的方式，分为"市场营销基础知识学习和考核""公司背景和角色认知""六大分析决策任务""最终报告提交和评价"。其中，"六大分析决策任务"包括公司线上经营状况分析、市场细分分析、产品备货分析与决策、广告投放渠道分析与决策、促销策略分析与决策、广告形式和内容分析与决策，每个任务之前都有相应的知识学习环节，学生可以直接将知识运用于实际任务中。最终，系统通过每个部分的完成情况给予学生综合评分。

三、虚拟仿真实验背景介绍

A 公司位于浙江省杭州市，是一家主营食品饮料的生产销售公司，速溶咖啡是 A 公司的主要产品。A 公司以独特的经营方式和颇具特色的产品实现了销售额的连续增长，目前 A 公司的知名度和美誉度颇高。2015 年 6 月 18 日，A 公司开始速溶咖啡的线上销售，业绩取得了明显提升，目前已是 A 公司速溶咖啡的主要销售渠道。A 公司注重每一个细节，用点滴的努力换取事业的成就。A 公司文化有这样一句话：因为关怀，所以温暖；因为真诚，所以相遇。

A 公司目前有四种口味的速溶咖啡，基本覆盖咖啡主流市场，包括卡布奇诺、丝滑拿铁、摩卡、原香黑咖啡。A 公司在销售经营过程中积累了一些数据，包括产品的销售数据、线上的流量数据、广告相关数据以及促销相关数据。这些数据形成了公司市场数据库，公司的传统是依据数据开展决策，发现数据背后的故事，让决策更精准。

学生被赋予 A 公司速溶咖啡产品的市场部经理的角色，A 公司新一季度的工作即将展开，市场总监根据工作需要布置了相关市场分析和决策任务，学生需要在规定的时间内完成。

四、虚拟仿真知识点框架

市场环境数据动态研究与决策模拟仿真系统设置了六个任务，分别是公司线上经营状况分析、市场细分分析、产品备货分析与决策、广告投放渠道分析与决策、促销策略分析与决策、广告形式和内容分析与决策。这些任务的逻辑关系如图 A-3 所示。

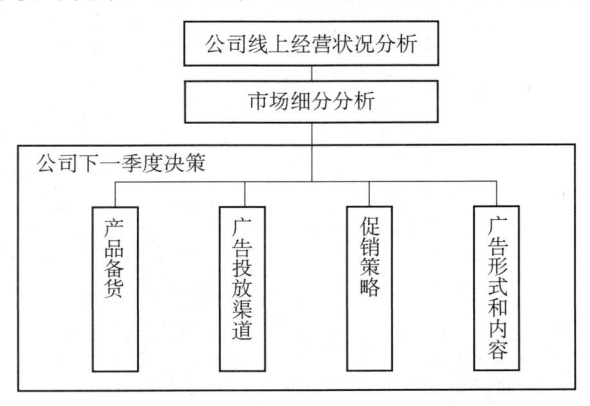

图 A-3 决策任务的逻辑关系

图 A-3 的框架中包括以下 9 个知识点。

（1）市场营销 STP 理论：该理论是市场营销的核心理论，在模拟系统里这个理论贯穿始终，特别体现在市场细分分析、广告形式和内容分析两个任务上；

（2）线上经营状况分析指标体系：从生意增长、客户规模、转化效率、复购留存方面评估线上经营状况；

（3）信度分析：问卷收集数据的可靠性分析；

（4）因子分析：市场细分的先期步骤，提炼核心信息的方法；

（5）聚类分析：市场细分的核心步骤；

（6）产品备货指标：从产品价值分析和产品活跃度/兴趣度两方面分析；

（7）流量分析相关指标：从流量规模、流量结构、流量行为、流量转化率方面进行分析；

（8）促销形式选择相关指标：包括方案吸引力、吸引新顾客和转化价值三个方面；

（9）广告形式选择相关指标：包括内容能见度、内容吸引度、内容引导力、内容获客力和内容转粉力五个方面。

五、部分知识点详解

1. 线上经营状况分析指标体系

线上经营状况分析从生意增长、客户规模、转化效率、复购留存四个维度展开，每个维度由 2~3 个指标构成，如图 A-4 所示，仿真任务示例图如图 A-5 所示。

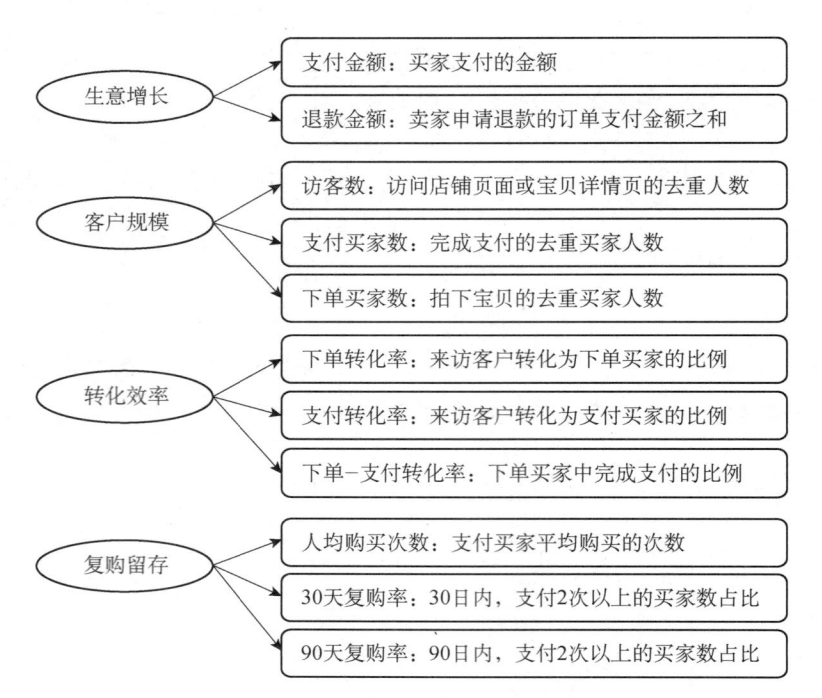

图 A-4　线上经营状况分析指标体系

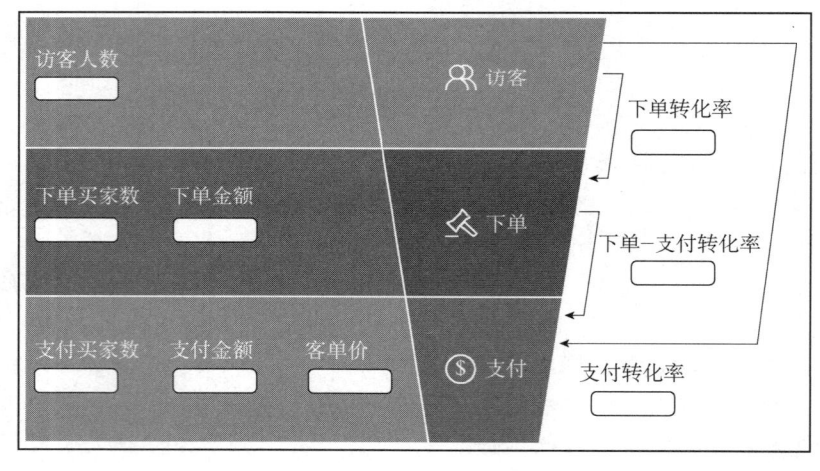

图 A-5　仿真任务示例图

2. 产品备货指标

产品备货指标可以产品价值分析和产品活跃度/兴趣度两方面展开，每个维度由 2~3 个指标构成，如图 A-6 所示。

3. 渠道流量分析指标

渠道流量特征分析从流量规模、流量结构、流量行为、流量转化率四个维度展开，每个维度由 2~3 个指标构成，如图 A-7 所示。

4. 促销方案选择相关指标

促销方案选择相关指标包括方案吸引力、吸引新顾客和转化价值三方面，如图 A-8 所示。

附录 A 市场环境数据动态研究与决策模拟仿真系统介绍

- 产品价值分析
  - 支付转化率：来访客户转化为支付买家的比例
  - 访客平均价值：平均每个访客带来的支付金额
- 产品活跃度/兴趣度
  - 收藏人数占比：收藏人数占访客人数比例
  - 平均停留时长：详情页平均停留时间
  - 人均浏览量：每个访客平均浏览详情页的次数

图 A-6 产品备货指标

- 流量规模
  - 人均浏览量：访客平均浏览店铺和商品详情页的次数
  - 浏览量：店铺和商品详情页被访问的总次数
- 流量结构
  - 新访客占比：新访客数量占总访客数的比例
  - 老访客占比：老访客数量占总访客数的比例
- 流量行为
  - 平均停留时间：访客在店铺和详情页停留平均时长
  - 跳转率：访客浏览次数为1的数量占总访客的比例
  - 访客收藏率：收藏人数占总访客数的比例
- 流量转化率
  - 支付转化率：某（类）流量渠道支付访客数占该（类）渠道总访客数的比例

图 A-7 渠道流量分析指标

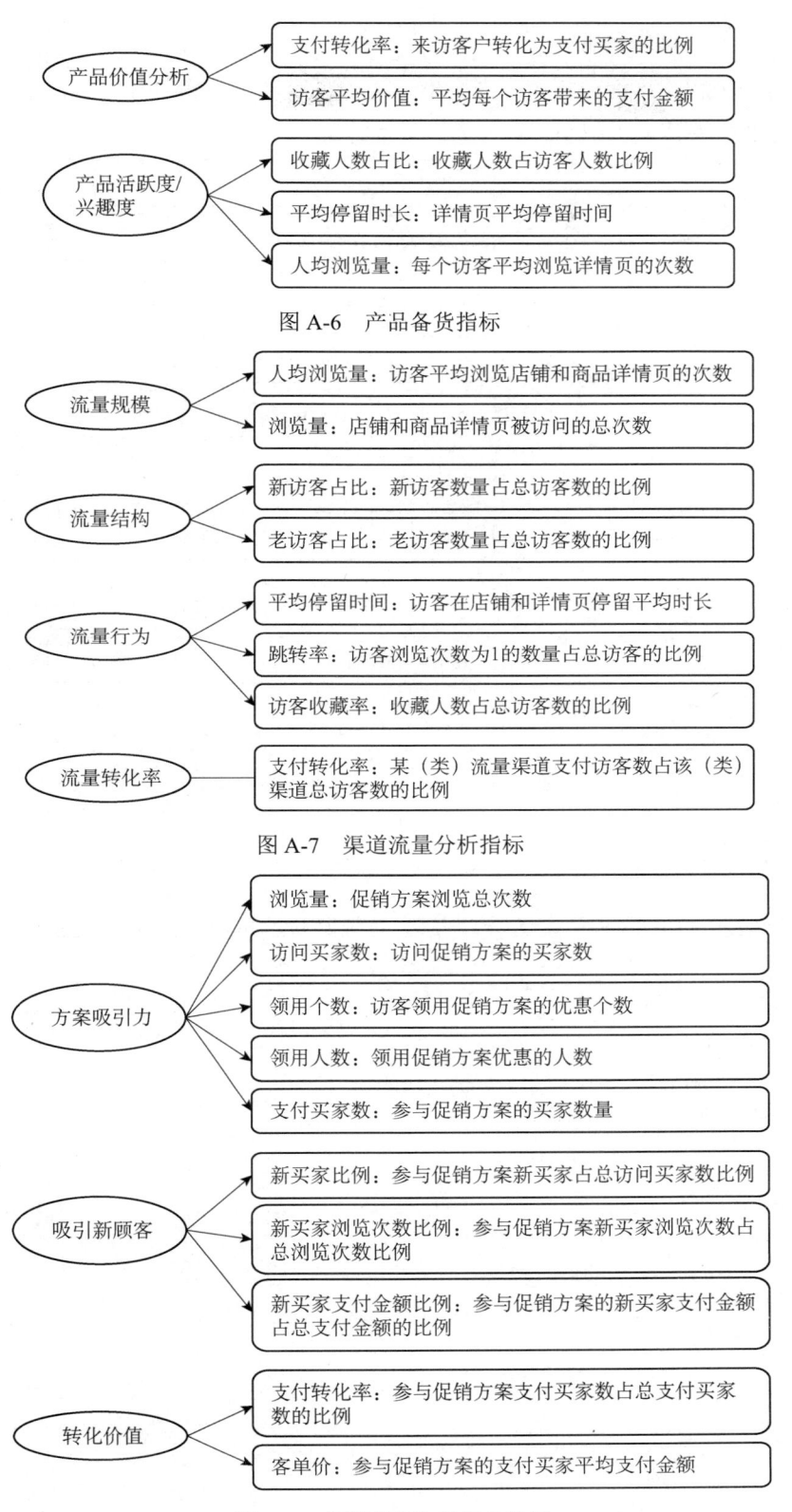

- 方案吸引力
  - 浏览量：促销方案浏览总次数
  - 访问买家数：访问促销方案的买家数
  - 领用个数：访客领用促销方案的优惠个数
  - 领用人数：领用促销方案优惠的人数
  - 支付买家数：参与促销方案的买家数量
- 吸引新顾客
  - 新买家比例：参与促销方案新买家占总访问买家数比例
  - 新买家浏览次数比例：参与促销方案新买家浏览次数占总浏览次数比例
  - 新买家支付金额比例：参与促销方案的新买家支付金额占总支付金额的比例
- 转化价值
  - 支付转化率：参与促销方案支付买家数占总支付买家数的比例
  - 客单价：参与促销方案的支付买家平均支付金额

图 A-8 促销方案选择相关指标

· 219 ·

5. 广告内容分析相关指标

广告内容分析相关指标包括内容能见度、内容吸引度、内容引导力、内容获客力和内容转粉力五个方面，如图 A-9 所示。

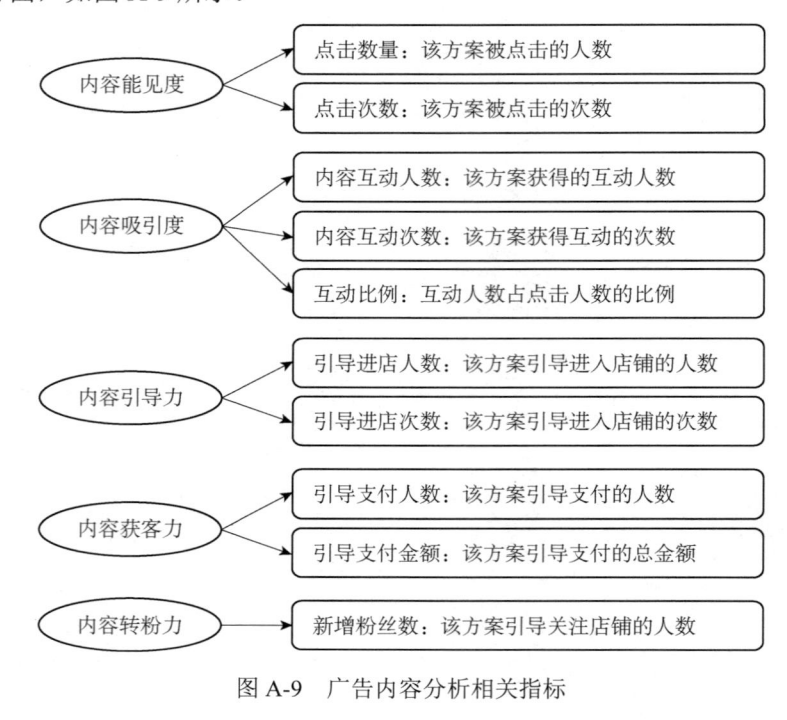

内容能见度
- 点击数量：该方案被点击的人数
- 点击次数：该方案被点击的次数

内容吸引度
- 内容互动人数：该方案获得的互动人数
- 内容互动次数：该方案获得互动的次数
- 互动比例：互动人数占点击人数的比例

内容引导力
- 引导进店人数：该方案引导进入店铺的人数
- 引导进店次数：该方案引导进入店铺的次数

内容获客力
- 引导支付人数：该方案引导支付的人数
- 引导支付金额：该方案引导支付的总金额

内容转粉力
- 新增粉丝数：该方案引导关注店铺的人数

图 A-9　广告内容分析相关指标

六、登录方式

市场环境数据动态研究与决策模拟仿真系统网址：https://www.hxedu.com.cn/Resource/OS/cjlu.htm。

体验账号信息如下。

用户名：Guest。

姓名：学生体验。

初始密码：123456。

参考文献

[1] 庄贵军. 市场调查与预测[M]. 3版. 北京：北京大学出版社，2020.

[2] 周正柱. 市场调查与分析[M]. 上海：复旦大学出版社，2022.

[3] 陈静. 市场调查理论与方法[M]. 北京：科学出版社，2020.

[4] 刘常宝. 市场调查与预测[M]. 北京：机械工业出版社，2017.

[5] 罗洪群，王青华. 市场调查与预测[M]. 3版. 北京：清华大学出版社，2022.

[6] 吕亚荣. 市场调查与预测[M]. 北京：中国人民大学出版社，2021.

[7] 简明，金勇进，蒋妍，等. 市场调查方法与技术[M]. 4版. 北京：中国人民大学出版社，2018.

[8] 李国强，苗杰. 市场调查与市场分析[M]. 3版. 北京：中国人民大学出版社，2017.

[9] 王庆丰. 市场研究[M]. 北京：中国纺织出版社，2020.

[10] 陈凯. 市场调研与分析[M]. 2版. 北京：中国人民大学出版社，2021.

[11] 张西华. 市场调研与数据分析[M]. 2版. 杭州：浙江大学出版社，2022.

[12] Gilbert A，Dawn L. 营销调研方法论基础[M]. 北京：北京大学出版社，2010.

[13] William G. 商务调研方法[M]. 北京：机械工业出版社，2006.

[14] Alvin C，Ronald F. 营销调研（英文版）[M]. 2版. 北京：中国人民大学出版社，2022.

[15] 沈渊，董永茂. 市场调研与分析[M]. 杭州：浙江人民出版社，2007.

[16] Carl M，Roger G. 当代市场调研[M]. 北京：机械工业出版社，2012.

[17] Tony P. 营销调研精要[M]. 北京：机械工业出版社，2004.

[18] 蔡继荣. 市场分析与软件应用[M]. 北京：机械工业出版社，2011.

[19] 田志龙，张婧. 市场研究理论与方法[M]. 武汉：华中科技大学出版社，2009.

[20] 郑宗成，陈进，张文双. 市场研究实务与方法[M]. 广州：广东经济出版社，2011.

[21] 马庆国. 管理统计：数据获取、统计原理 SPSS 工具与应用研究[M]. 北京：科学出版社，2002.

[22] 郭志刚. 社会统计分析方法：SPSS 软件应用[M]. 北京：中国人民大学出版社，2004.

[23] 陈正昌，程炳林，陈新丰，等. 多变量分析方法：统计软件应用[M]. 北京：中国税务出版社，2005.

[24] 卢纹岱. SPSS for Windows 统计分析[M]. 北京：电子工业出版社，2002.

[25] 简明，黄登源. 市场研究定量分析方法与应用[M]. 北京：中国人民大学出版社，2009.

[26] 郑长娟. 市场研究：理论与基于项目的实训[M]. 北京：经济科学出版社，2010.

[27] 林根祥. 市场调查与预测[M]. 武汉：武汉理工大学出版社，2011.